松山大学研究叢書　第98巻

労働法の再構築

――働き方改革の時代を迎えて――

村 田 毅 之 著

晃 洋 書 房

はしがき

　長時間労働の是正や正規・非正規労働者間の不合理な格差解消等，対応しなければならない問題に向けて，労働法が再構築を迫られている．「働き方改革」の名のもとに，関連する改正法が成立の運びとなったが，安定した政権が示した労働法改革の中身も，統一した理念の下で理解するには困難なものとなっており，確固たる理念のもとでの労働法の再構築のための法改正が，早晩必要とされることになるかもしれない．

　本書は，労働基準法を中心とする個別的労使関係に関する法律や，これまでの判例理論，学説などに対して検討を加えることにより，労働法による規制の現在の姿を確認することを意図するものであるが，法改正については，2019年4月1日時点で施行されている内容を盛り込んだものである．その後に施行されるものは，必要に応じて指摘している．

　今般の法改正は，これまでの商慣習や雇用慣行と矛盾，衝突する要素も少なくなく，まずは適用の当事者である労使への正確な広報，周知が図られ，労働の現場への導入がスムーズに進み，生産性を阻害することがないことを切に期待するものである．

　本書の出版については，松山大学研究叢書の一書として助成金を交付していただいたことを付記する．

目　　次

はしがき

第Ⅰ部　労働法総論

第1章　労働法とは ……………………………………………………… 3

第1節　労働法の成立　（3）

　　1　社会法としての労働法の登場／2　雇用契約から労働契約へ

第2節　日本の労働法と労働運動の展開　（6）

　　1　日本国憲法と労働法の体系／2　労働三法の制定と労働組合運動

第3節　労働法の法源　（9）

　　1　法源の意義／2　労働法の法源

第Ⅱ部　個別的労使関係法

第2章　個別的労使関係法総論 ……………………………………… 17

第1節　個別的労使関係法　（17）

　　1　個別的労使関係法の意義／2　労働基準法と労働契約法の性格

第2節　労働基準法や労働契約法の適用　（18）

　　1　労働者と使用者の概念／2　適用の除外

第3節　労働憲章と労働基準法の実効性の確保　（20）

　　1　労働憲章の意義／2　労働基準法の定める労働憲章／

　　3　労働基準法の実効性の確保

第4節　労働契約の意義とその基本原則　（26）

　　1　労働契約の意義とその成立／2　労働契約の原則

第5節　労働契約内容の決定とその変更　（30）

1　労働契約内容の決定／2　労働契約内容の変更

第6節　就業規則の意義と効力　(*34*)

1　就業規則の意義と作成義務／2　就業規則の効力

第7節　労働契約の当事者の権利義務　(*38*)

1　労働契約から生じる当事者の権利義務／

2　労働契約の当事者の基本的権利義務／

3　労働契約に付随する当事者の権利・義務

第3章　労働契約の締結 ……………………………………………… 43

第1節　労働契約の締結に際しての法的規制　(*43*)

1　契約期間の制限／2　労働条件の明示／3　賠償予定の禁止／

4　前借金相殺の禁止／5　強制貯金の禁止・任意貯金の規制／

6　労働者の損害賠償責任と身元保証契約の規制

第2節　採　用　内　定　(*51*)

1　採用内定の意義とその取消の問題／2　採用内定の法的性質論／

3　内々定の意義とその法的性質／4　内定（内々定）取消の法的性質／

5　内定（内々定）者の研修応諾義務

第3節　試　用　期　間　(*55*)

1　試用期間の意義と労働基準法の規定／

2　試用期間の法的性質論とその有効性／

3　使用者による留保解約権行使の法的性質／4　試用期間と雇用期間

第4章　人事と企業の組織変動 ……………………………………… 59

第1節　人事と企業の組織変動の意義　(*59*)

1　人事の意義／2　企業の組織変動の意義

第2節　配　置　転　換　(*59*)

1　配置転換の意義／2　配置転換命令権の根拠と限界

第3節　出向と転籍　(*63*)

1　出向，転籍の意義と出向，転籍命令の根拠／

目　　次　v

　　　2　出向命令の根拠と限界，出向期間中の労働契約関係／3　転籍命令の根拠

　第4節　休　　　職　　（65）

　　　1　休職の意義／2　休職の種類

　第5節　企業の組織変動　　（67）

　　　1　合併と労働契約／2　事業譲渡と労働契約／3　会社分割と労働契約

第5章　懲　戒　処　分 ……………………………………………………… 70

　第1節　懲戒処分の意義と懲戒権の法的根拠　　（70）

　　　1　懲戒処分の意義と機能／2　懲戒権の法的根拠

　第2節　懲戒権濫用法理と懲戒処分の手続　　（72）

　　　1　懲戒権濫用法理／2　懲戒処分の手続

　第3節　懲戒の事由と懲戒処分

　　　1　懲戒の事由／2　懲　戒　処　分

第6章　賃　　　金 ……………………………………………………………… 78

　第1節　賃金総論　　（78）

　　　1　賃金の意義／2　賃金の定義／3　一時金（賞与）や退職金の法的問題

　第2節　賃金の支払方法　　（82）

　　　1　通貨払いの原則／2　直接払いの原則／3　全額払いの原則／

　　　4　毎月一回以上一定期日払いの原則

　第3節　賃金の保障と最低賃金　　（87）

　　　1　出来高払いの保障給／2　休　業　手　当／3　最低賃金法に基づく最低賃金

　第4節　賃金債権の確保と賃金債権の消滅時効　　（91）

　　　1　賃金債権の確保／2　賃金債権の消滅時効

第7章　労働時間・休憩・休日 ……………………………………………… 96

　第1節　法定労働時間と労働時間の意義　　（96）

　　　1　法定労働時間　週40時間制／2　労働時間管理・把握義務／

　　　3　労働時間の意義

第2節　労働時間の計算　　(*100*)

　　1　事業場通算制／2　坑内労働（坑口計算制）／3　みなし労働時間制総説／

　　4　事業場外労働のみなし労働時間制／5　裁量労働のみなし労働時間制

第3節　変形労働時間制とフレックスタイム制　　(*107*)

　　1　変形労働時間制とフレックスタイム制の趣旨／

　　2　1カ月単位の変形労働時間制／3　1年単位の変形労働時間制／

　　4　1週間単位の非定型的変形労働時間制／5　フレックスタイム制

第4節　時間外・休日労働　　(*113*)

　　1　災害等や公務の臨時の必要がある場合の時間外・休日労働／

　　2　労使協定に基づく時間外・休日労働／3　割増賃金

第5節　労働時間等の適用除外と特定高度専門業務・成果型労働制　　(*121*)

　　1　労働時間等の適用除外／2　特定高度専門業務・成果型労働制

第6節　休憩・休日，勤務間インターバル制度　　(*125*)

　　1　休　　　憩／2　休　　　日／3　勤務間インターバル制度

第8章　年次有給休暇 …………………………………………………… *128*

第1節　年次有給休暇の意義と要件，付与日数　　(*128*)

　　1　年次有給休暇の意義／2　年次有給休暇の要件／3　年次有給休暇の付与日数

第2節　年次有給休暇の取得　　(*130*)

　　1　年次有給休暇の取得／2　労働者の時季指定権／3　使用者の時季変更権／

　　4　労使協定による計画的付与制度と使用者による付与義務／

　　5　年次有給休暇の利用目的

第3節　年次有給休暇の繰越，買い上げ等，不利益取扱いの禁止　　(*136*)

　　1　年次有給休暇の繰越／2　年次有給休暇の買上げ等／

　　3　年次有給休暇の取得と不利益取扱いの禁止

第9章　非典型的雇用 …………………………………………………… *140*

第1節　総　　　論　　(*140*)

　　1　非典型的雇用／2　非典型的雇用労働者への労働関係法規の適用

目　次　vii

第2節　有期契約労働者　（*141*）

　　1　有期契約労働者／

　　2　有期労働契約の当事者間の紛争防止のために使用者が講ずべき事項／

　　3　期間の定めのない労働契約への転換／4　有期労働契約の法定更新法理／

　　5　有期労働契約における不合理な労働条件の相違の禁止

第3節　パートタイム労働者　（*148*）

　　1　パートタイム労働者の意義とパートタイム労働法の制定／

　　2　パートタイム労働法の内容

第4節　派遣労働者　（*153*）

　　1　労働者派遣の問題と労働者派遣法の制定・改正／

　　2　労働者派遣事業に対する規制／3　労働者派遣契約に対する規制／

　　4　労働者派遣の期間に関する規制／

　　5　派遣労働者の保護／6　派遣元と派遣先の使用者としての責任

第5節　雇用形態に関わらない公正な待遇の確保のための関連法改正の成立　（*162*）

　　1　法改正の目的とその概要等（2020年4月1日施行）／

　　2　不合理な待遇の格差を解消するための規定の整備／

　　3　労働者への待遇に関する説明義務の強化／

　　4　紛争の解決に関する規定等の整備

第10章　雇用の平等 ………………………………………………………… *165*

第1節　総　　　論　（*165*）

第2節　均等待遇の原則と男女同一賃金の原則　（*165*）

　　1　均等待遇の原則／2　男女同一賃金の原則

第3節　判例による男女平等法理の展開　（*167*）

　　1　判例による男女平等法理の意義と基本的考え方／

　　2　判例による男女平等法理の展開

第4節　雇用機会均等法　（*168*）

　　1　雇用機会均等法の制定／2　性別を理由とする差別の禁止／

　　3　間接差別の禁止／

viii

 4 婚姻・妊娠・出産等を理由とする不利益取扱いの禁止等／

 5 女性労働者に係る措置に関する特例（ポジティブ・アクション）／

 6 セクシュアルハラスメント対策／

 7 就業環境保全のための雇用管理上の措置義務／

 8 妊娠中及び出産後の健康管理に関する措置／9 紛争の解決／10 実効性の確保

第11章　家庭生活と職業生活の両立 ……………………………………… 179

第1節　育児介護休業　（179）

 1 育児介護休業法の制定／2 育児休業制度／3 介護休業制度／

 4 育児・介護休業制度における通則

第2節　次世代育成支援　（188）

 1 次世代育成支援対策推進法の制定，国や事業主等の責務／

 2 一般事業主行動計画／3 認定制度

第12章　年少者・妊産婦等 ………………………………………………… 191

第1節　年少者　（191）

 1 最低年齢／2 未成年者の労働契約と賃金請求権／

 3 労働時間についての制限／4 危険有害業務の制限と坑内労働の禁止，帰郷旅費

第2節　妊産婦等　（194）

 1 坑内労働の制限／2 有害業務への就労禁止／3 産前産後の休業等／

 4 育児時間／5 生理日の休暇

第13章　安全衛生・労災補償 ……………………………………………… 198

第1節　安全衛生　（198）

 1 労働安全衛生法／2 安全衛生管理体制の確立／

 3 事業者が遵守すべき安全衛生に関する措置義務・規制

第2節　労災補償　（201）

 1 労働者災害補償保険法／2 労災保険給付の種類と労災保険給付の請求／

 3 業務災害の認定／4 通勤災害の認定／5 労災民事訴訟

目　次　ix

第14章　労働契約の終了 ……………………………………………………… *209*

第1節　解雇以外の労働契約の終了事由　（*209*）

1　労働契約の終了の意義と労働契約の終了事由／2　辞職と合意解約／

3　期間の定めのある労働契約における期間の満了／4　定　年　制／

5　当事者の消滅と約定の終了事由の発生

第2節　解　　　雇　（*214*）

1　解雇の意義／2　労働基準法等による解雇の制限／

3　労働協約や就業規則による解雇の制限／4　解雇権濫用法理／

5　整理解雇と変更解約告知／6　解雇と賃金，不法行為，解雇の金銭解決制度

第3節　労働契約の終了に伴う措置　（*224*）

1　退職時等の証明等／2　金品の返還と帰郷旅費の支給

第4節　雇用保険制度による失業等給付　（*227*）

1　雇用保険制度による失業等給付の意義／2　被保険者の範囲と種類／

3　失業等給付／

4　失業した場合に雇用保険制度による求職者給付を受給するまでの手続

第Ⅲ部　労使紛争処理制度

第15章　個別的労使紛争処理制度 ……………………………………………… *235*

第1節　総　　　論　（*235*）

1　日本の労使紛争の現状と個別的労使紛争処理制度の展開／

2　企業内の労使紛争処理制度

第2節　裁判所における労使紛争処理　（*239*）

1　裁判所における労使紛争処理／2　労働関係民事訴訟／3　労働審判制度／

4　簡易裁判所における労使紛争処理

第3節　行政機関による労使紛争処理　（*253*）

1　労働委員会における個別的労使紛争処理／

2　労政主管事務所における労使紛争処理／

3　都道府県労働局における個別的労使紛争処理

第4節　私的機関における労使紛争処理　　(*272*)

1　労使紛争処理を行う私的機関の特性／

2　兵庫労使相談センターにおける労働相談，あっせんサービス／

3　社会保険労務士会が行う労働相談と個別的労使紛争のあっせん／

4　弁護士会紛争解決センターにおける労使紛争処理／

5　公益社団法人民間総合調停センターにおける労使紛争処理／

6　一般社団法人日本産業カウンセラー協会設置のADRセンターによる労使紛争処理／

7　弁護士団体や労働組合，NPO法人等による労使紛争処理

あとがき　　(*283*)

図 表 一 覧

表 7 - 1　変形労働時間制とフレックスタイム制の概要　　（*108*）

図 7 - 1　フレックスタイム制の典型例　　（*112*）

表 8 - 1　年次有給休暇の付与日数　　（*130*）

図15 - 1　民事訴訟の流れと民事法廷　　（*242*）

図15 - 2　労働審判の流れと労働審判委員会　　（*246*）

図15 - 3　道府県労働委員会における個別的労使紛争処理の概要　　（*256*）

図15 - 4　個別労働紛争解決促進法に基づく個別的労使紛争処理制度の概要　　（*260*）

図15 - 5　紛争調整委員会（機会均等・均衡待遇・両立支援・障害者雇用調停会議）の
調停手続の流れ　　（*266*）

図15 - 6　社労士会労働紛争解決センターにおけるあっせん手続の流れ　　（*277*）

第Ⅰ部　労働法総論

第1章　労働法とは

第1節　労働法の成立

1　社会法としての労働法の登場

1）「契約自由の原則」が生み出す社会的矛盾

資本主義社会では，工場・機械や原材料などの生産手段を所有する使用者（資本家，経営者，企業）と労働力を提供する労働者との関係は，「契約自由の原則」を基本原理とする私法によって規律されることになる．法は，公法と私法に大別される．私法は，本来，自由な意思により行動する対等な当事者である市民と市民との関係を規律するものである．対等ではない当事者間では，双方の自由な意思決定に基づく行動は期待できず，「契約自由の原則」の存在の正当性の根拠は失われることになる（有田謙司・石橋洋・唐津博・古川陽二編著（唐津博）『ニューレクチャー労働法』（成文堂，2012）3頁は，「現実の社会経済環境のもとでは，労働者と資本家の間に契約自由の原則は存在しない」と表現する）．

労働者は，経済的には，使用者とは対等ではあり得ず，大きく劣位に置かれている．労働者が唯一所有する，その身体と不可分の労働力という商品は，「売り惜しみ」ができず，労働者は，賃金やその他の労働条件がいかに低くても，生きていくために労働力を売り続ける，すなわち働き続けなければならない宿命にある．

「契約自由の原則」が，労働者と使用者との関係に適用されることにより，資本主義社会においては，その当初より，資本主義社会の永続に対する障害となる社会的矛盾が生じることになった．

2）労使関係における「契約自由の原則」の現実的機能

「契約自由の原則」は，「契約締結の自由」，「契約内容の自由」，「契約解約の自由」として現われる．

第Ⅰ部　労働法総論

　「契約締結の自由」は，使用者の「採用の自由」としてのみ機能する．労働者からみれば，契約を締結しない自由は，「飢える自由」でしかないのである．

　また，「採用の自由」が「契約内容の自由」にも大きく影響して，「契約内容の自由」のもとで決定される労働条件は，使用者側に一方的に有利なものとなる．経済不況期には，それが極限にまで達することになる．労働者は，自分や家族の生存のために，いかなる労働条件でも甘受して，働き続けなければならない．生活するための賃金を得るために，長時間労働でも，低賃金でも，応じる以外の選択肢はない（片岡昇（村中孝史補訂）『労働法（1）第4版』（有斐閣，2007）15頁は，労働者は，「自由の名のもとに労働力の売却を社会的に強制されている」と表現する）．使用者が，経営者として合理的に行動するならば，その行きつく先は，労働者の酷使であり，とくに女性や年少者の健康への悪影響が社会問題となった（荒木尚志『労働法　第3版』（有斐閣，2016）4頁）．

　そして，「契約解約の自由」は，使用者の「解雇の自由」としてのみ機能する．労働者にとっての「契約解約の自由」は，「退職の自由」であり，それはまた「飢える自由」でしかないのである．

3）労使関係に対する法規制の歴史と社会法としての労働法の登場

　労働者は，このような状況を打開するために，労働組合を作り，労働条件の改善・向上をめざして，ストライキなどの集団的行動をとるようになる．しかし，資本主義国家は，当初は，そのような行動は，使用者の「取引の自由」を制約するものとして，違法とし，これを禁圧した．日本においても，日清戦争後の労働組合運動の本格化に対応して，1900（明治33）年に治安警察法が制定され，労働組合に対する弾圧が行われた（本田淳亮『労働組合法』（ダイヤモンド社，1978）15頁）．

　しかし，労働者の「人間として生きていくための行動」を防ぎきることはできず，やがては，形式的な契約自由の原則を修正して，労働者の団結と，その団結力を背景として行なわれる団体交渉および争議行為を承認するとともに，労働者保護法を制定し，労働関係の当事者に最低の労働条件を強制することになった（片岡昇（村中孝史補訂）『労働法（1）第4版』328頁は，「団結権の確立こそ，労働法成立の理論的かつ現実的基礎となる」と述べる．労働法の歴史について詳しくは，水町勇一郎『労働法入門』（岩波書店，2011）1頁以下）．

　このような労働法の生い立ちから，1920年代初頭に，東京帝国大学法学部において，日本で初めて「労働法制」の名のもとに労働法の講義を行った末弘厳太郎

博士（「日本労働法学の創始者」と言える末弘厳太郎について，詳しくは石井保雄「わが国
労働法学の生誕——戦前・戦時期の末弘厳太郎——」獨協法学96号（2015）21〜145頁及び
石井保雄「労働法学の再出発——戦後・末弘厳太郎の光と陰——」獨協法学103号（2017）
21〜114頁参照）は，労働法を，資本主義社会が生み落した「騏麟児」（「将来の大成
が期待される才能に優れた若者」を意味する），と表現した（末弘厳太郎『労働法のはなし』
（一洋社，1947）2頁，市毛景吉編著（拙稿）『労働法教材』（東京教学社，2001）141頁）．
なかには，「市民法の反逆児」と言い表す立場もある（大西典茂・田村譲・前田繁一
（田村譲）『現代社会の生活と法』（晃洋書房，1989）58頁）．「労働法」という概念は，
第一次世界大戦前にドイツで成立し，各国に普及したものである（西谷敏『労働法
第2版』（日本評論社，2013）5頁）．

　このように，資本主義社会の発展とともに露呈された社会的矛盾を是正するた
めに登場した法が，社会法である（市毛景吉監修，入江博邦・草壁泰之編著（草壁泰之）
『実定法学——法と社会——』（東京教学社，1999）13〜15頁）．社会法は，私法に対し
て公法的な規制を加えることにより形成される法である．労働法は，経済法や社
会保障法などとともに，社会法において重要な位置を占めている（小西國友・渡辺
章・中島士元也（小西國友）『労働関係法〔第5版〕』（有斐閣，2007）10頁は，「市民法の
所有権絶対性の原則や契約自由の原則や過失責任主義などを修正した法の全体を社会法と
いう」と表現する．社会法について，より詳しくは，橋本文雄『社会法と市民法』（有斐閣，
1957）参照）．

2　雇用契約から労働契約へ

　対等な当事者間で締結されることが想定され，契約自由の原則が支配する民法
上の雇用契約（民法623条）は，労働法の規制の下で締結されることにより，労働
契約に生まれ変わる．「労働法の規制のもとに形成される雇用契約が労働契約に
ほかならない」（市毛景吉編著（市毛景吉）『労働法教材』3頁）．

　日本において就職するということは，法的には，労働者が使用者（経営者，企業）
と労働契約を締結する，ということを意味する．労働契約法6条では，「労働契
約は，労働者が使用者に使用されて労働し，使用者がこれに対して賃金を支払う
ことについて，労働者及び使用者が合意することによって成立する」と表現され
ている．

6   第Ⅰ部　労働法総論

第2節　日本の労働法と労働運動の展開

1　日本国憲法と労働法の体系

1）日本国憲法における生存権と労働基本権の保障

　今日, 世界のほとんどの国々において, 法制度としての労働法が存在している. 日本においても, 統一的な法典の形態ではないものの, 日本国憲法のもとに, 多くの法律が体系をなして, 労働法を形成している.

　日本国憲法は, その25条1項で, 「すべて国民は, 健康で文化的な最低限度の生活を営む権利を有する」として, 生存権保障の理念を表明する. そして, 生存権保障の理念を基礎とする労働者の基本的な権利を, 27条と28条で規定している.

　27条は, 「勤労の権利の保障」（1項）と「勤労条件法定の原則」（2項及び3項）を定めている. 「勤労の権利の保障」は, 国には, その能力に応じた労働の機会を国民に与える政治的努力義務があるということを宣言するものである.

　「勤労条件法定の原則」は, 賃金, 労働時間などの重要な労働条件は労働者にとって非常に重要なものであるところから, 労働条件の最低基準を, 原則として衆参両議院の議決を経て制定される法形式である「法律」（憲法59条）で定めるものとしたものである. この原則の趣旨からして, 近年現れてきている, 具体的な労働条件基準の定めを命令に委ねる立法は, 大いに問題がある.

　28条は, 「団結権, 団体交渉権および団体行動権の保障」を定めている. 団結権は, 労働者が自主的に労働組合を結成する権利である. 団体交渉権は, 労働組合が使用者と団体交渉を行う権利である. 団体行動権（争議権）は, 団体交渉を労働者側に有利に導くためにストライキなどの争議行為を行う権利である.

　この憲法27条及び28条が保障する労働者の基本的な権利は, 「労働基本権」と呼ばれている（盛誠吾『労働法総論・労使関係法』（新世社, 2000）51頁. なお, 判例の中では, 団結権, 団体交渉権および団体行動権の総称である「労働三権」が労働基本権と表現されている. 林和彦編著（林和彦）『労働法』（三和書籍, 2010）13頁）.

2）日本の労働法の体系

　日本における労働法は, 日本国憲法による「労働基本権」保障を受けて制定されている「個別的労使関係, 集団的労使関係および雇用保障（労働市場）に関する法」であると, 表現することができる（菅野和夫『労働法〔第11版補正版〕』（弘文堂,

2017）1頁）.

憲法27条2項及び3項の「勤労条件法定の原則」に基づく個別的労使関係法の基本法となるのが労働基準法（1947年）である. 個別的労使関係法と把握される法律には, 労働者災害補償保険法（1947年）, 船員法（1947年）, 最低賃金法（1959年）, 家内労働法（1970年）, 労働安全衛生法（1972年）, 賃金確保法（1976年）, 男女雇用機会均等法（1985年）, 育児介護休業法（1991年）, パートタイム労働法（1993年）, 労働契約承継法（2000年）, 個別労働紛争解決促進法（2001年）, 次世代育成支援対策推進法（2003年）, 公益通報者保護法（2004年）, 労働審判法（2004年）, 労働契約法（2007年）などがある.

憲法28条の「団結権, 団体交渉権および団体行動権の保障」に基づく集団的労使関係法の基本法となるのが労働組合法（1945年）である. 集団的労使関係法と把握される法律には, 労働関係調整法（1946年）, 国家公務員法（1947年）, 特定独立行政法人等労働関係法（1948年）, 地方公務員法（1950年）, 地方公営企業等労働関係法（1952年）, スト規制法（1953年）などがある.

憲法27条1項の「勤労の権利の保障」に基づく雇用保障（労働市場）法と把握される法律には, 職業安定法（1947年）, 雇用対策法（1966年）, 障害者雇用促進法（1970年）, 雇用保険法（1974年）, 職業能力開発促進法（1985年）, 労働者派遣法（1985年）, 高年齢者雇用安定法（1986年）, 地域雇用開発等促進法（1987年）などがあり, 近年, その重要性を増している（奥山明良『労働法』（新世社, 2006）18〜19頁）.

2　労働三法の制定と労働組合運動

1）労働三法の制定

第二次世界大戦後, 連合国最高司令官総司令部（GHQ）による日本の民主化改革の一環としての労働運動助長策を受けて, 1945年12月に労働組合法が制定され, 労働組合の保護などに関する基本的な事項が定められた. 同法は, 1949年に全面改正され, 現行の労働組合法に至っている. また, 1946年9月には, 労働争議の予防と労働委員会による解決のための調整手続を定めた労働関係調整法が制定された. さらに, 1947年4月には, 労働時間や休憩, 休日などの労働条件の最低基準を定めた労働基準法が制定された. この3つの法律は, 「労働三法」と呼ばれている（野川忍『わかりやすい労働契約法』（商事法務, 2007）3頁は, 労働関係調整法と2007年11月に制定された労働契約法を入れ替えて, 「労働基準法・労働組合法・労働契約法」を, 「新しい労働三法」と呼んでいる）.

2）労働組合運動の展開

労働組合法の成立をうけて，数多くの労働組合が結成され，1949年には，組織率のこれまでのピークである55.8％を記録している．1950年には，全国の連合組織としての日本労働組合総評議会（総評）が設立された．1954年からは，賃金水準の向上を軸とする春闘方式による産業別の統一行動も行われるようになり，とくに高度経済成長期には賃金水準の改善が進んだ（水町勇一郎『労働法入門』17頁は，労働法などによる社会的保護と経済成長が有機的に結びつく形で社会と経済が発展していく現象を，「黄金の循環」と表現している）．しかし，1973年の石油危機以降は，賃金・労働条件の向上よりも雇用の確保に労働運動の力点が置かれるようになり，1989年には，日本労働組合総連合会（連合）とその路線に反対する全国労働組合総連合（全労連）などに労働運動は再編成されている．

2017年6月30日現在の労働組合員数（単一労働組合）をみると，日本労働組合総連合会（連合）が679万9000人（全労組合員数に占める割合は68.1％），全国労働組合総連合（全労連）が54万2000人（同5.4％），全国労働組合連絡協議会（全労協）が9万9000人（同1.0％），などとなっている（厚生労働省政策統括官付参事官付雇用・賃金福祉統計室2017年12月25日発表「平成29年労働組合基礎調査の概況」7頁）．

労働組合の推定組織率は，組織化が困難な派遣労働者，パート，契約社員などの非正規労働者が増えるなかで低下を続けてきた．2009年6月30日時点では，非正規労働者の組織化による組織労働者の増加により，一時的に，前年比0.4％増の18.5％と，34年ぶりの反転上昇が見られた．しかし，2011年からは低下傾向に戻り，2017年6月30日現在の推定組織率は，17.1％となっている（「平成29年労働組合基礎調査の概況」3頁）．この低い組織率も，民間の大企業の労働組合に特徴的な，正社員に加入を強制するユニオン・ショップ協定に支えられているという実態がある（西谷敏『労働法　第2版』540頁）．

なお，パートタイム労働者に関しては，調査の対象に加えた1990年以降，一貫して上昇傾向にあり，2017年6月30日現在では，労働組合員数（単一労働組合）は120万8000人（前年比6.8％増），全体の労働組合員数に占める割合は12.2％（前年より0.8％上昇），推定組織率は7.9％（前年より0.4％上昇）となり，いずれにおいても過去最高を更新している（「平成29年労働組合基礎調査の概況」4頁）．

日本の労働組合の主要な組織形態は企業別組合であり，個々の企業別に，その企業に雇用されている労働者だけで組織される労働組合である．近年は，労働者が，地域別または業種別に，企業とは関係なく結成する合同労組（ユニオン）が，

労働運動の新しい担い手として注目されている．合同労組の最も重視する活動の1つとなっているのが，労働相談や労使紛争の解決である．労働者が解雇や賃金不払いなど（個別的労使紛争）に直面したときに，合同労組の労働相談から組合加入に至り，合同労組の支援を受けて，団体交渉や労使紛争処理機関の手続において納得のいく解決を見出すことも少なくない（呉学殊『労使関係のフロンティア――労働組合の羅針盤【増補版】』（労働政策研究・研修機構，2012）348頁）．

　日本においては，労働者が，憲法28条の団結権保障のもとにある労働組合の存在意義をよく理解し，一致団結して，不安定な政府や使用者に対抗し，労働法の改悪や不当な労務管理を根絶させる運動を展開しない限り，経済的生活の安定を期待することはできない．いかなる形態であれ，労働者の組織化が自発的，積極的に進むことが大いに期待される．

第3節　労働法の法源

1　法源の意義

　労働者と使用者との法律関係を判断する根拠となる，実質的な意味での労働法を形成するものを法源という．労使間で紛争が発生した時に，その紛争が法的に見ていかに解決されるべきことになるかは，労働法の法源に照らして判断されることになる．裁判官が，労働事件に関して判決を下す際に援用するのが，労働法の法源である．労働法による規制の実際の姿を理解するためには，様々な法源を検討する必要がある．

　なお，以下の外，「学説」も，多くの学者の支持を得て通説的な考えとなった場合には，時として裁判所による法規の解釈・適用に際して重要な影響を及ぼすことがあるという意味で，「事実としての法源の一つとして考えることも可能」と述べる立場もある（奥山明良『労働法』13頁）．

2　労働法の法源
1）憲法・法律・命令

　労働法の法源として重要な機能を果たすのが，上述した憲法の関連条文と労働法体系に属する種々の法律（国会が制定する狭義の法律）及び法律を補うために制定される命令（省令・政令，国の行政機関が制定する法規範）である．これらは，成文の形式を採るものであり，明確な法源となる．

10 第Ⅰ部 労働法総論

2）判例

　判例とは，裁判において，裁判所が行った判断，解釈を意味する．裁判にあたって裁判所は，一般的・抽象的な労働法令を，事件の具体的な事実関係に適用し，判断，解釈し，労働法令の具体的な内容を明らかにすることによって，事件に決着を付けることになる．

　日本は，判例法主義ではなく，成文法主義をとることから，判例に先例拘束性は認められず，制度上の「法源」とはされていない．しかし，同じような判断，解釈を示す判例が積み重なると，その後の裁判における法律解釈の基準となり，それに従う裁判所も多くなる．上位にある裁判所の判例は，大きな影響力を持つことが多い．とくに最高裁判所の判例は，訴訟法上，裁判所の最終判断を示すもので，高等裁判所以下の下級裁判所の判断に対して，事実上の拘束力を持ち，非常に重要な法源として機能することになる（労働判例に関しては，八代徹也『実務家のための労働判例の読み方・使い方』（経営書院，2010）や，同『実務家のための労働判例用語解説』（経営書院，2010）が参考になる）．

　重要な問題に関して，最高裁判所の判断がなく，また下級裁判所の判断が分かれている場合には，労使の現場におけるルールや労使紛争処理のための拠り所となる基準が存在しないことになる．そのような場合には，労使それぞれが自らに有利な判断を援用するのが常となり，労働現場において混乱が生じたり，労使紛争の自主的解決に困難を招くこともある（慶谷淑夫『労働法入門』（ダイヤモンド社，1968）27頁）．

3）労働委員会の命令

　労働組合法は，労働者や労働組合の権利を保障する憲法28条の趣旨を蔑ろにする使用者の行為を不当労働行為として類型化し，禁止する（労組法7条）．不当労働行為が行われた場合には，労働者や労働組合の申立に基づいて，労働委員会により救済が行われることになる（労組法27条以下）．

　不当労働行為事件においては，行政機関である労働委員会が，使用者側の行為が不当労働行為に該当するか否かについて審査を行い，その判断や解釈を，命令という形で示すことになる．労働委員会の命令も，中央労働委員会の命令や，多くの労働委員会によって支持されるもの，取消訴訟（行政訴訟）において裁判所によって認められることが通常となっているものについては，不当労働行為の分野における重要な法源として機能することになる（不当労働行為制度については，

拙著『労使関係法』（晃洋書房，2015）134頁以下）。

4）通達

各省大臣などの中央官庁が，法の趣旨にしたがった統一的な実施・監督を行うために，その機関の所掌事務に関連して，現場の行政官庁に対して，法令の解釈，運用や行政執行の方針を示したものが，通達である（国家行政組織法14条2項）。解釈例規や行政解釈と表現されることもある（厚生労働省労働基準局編『平成22年版労働基準法上』（労務行政，2011）13頁は，同書の内容について，「厚生労働省労働基準局において第一線労働基準監督官のよるべき解釈として通達されているいわゆる解釈例規を中心として解説する」という表現をしている）。

労働法令に関しては，通達の形で，多数の法令解釈が発せられている。たとえば，労働基準法14条1項1号により，5年までの有期労働契約が認められる高度の専門的知識，技術又は経験を有する労働者として，厚生労働大臣が定める基準（平15・10・22厚労告356号）により定められている「博士の学位を有する者」の解釈に関して，労働者が博士の学位を有するのみならず，当該博士の学位に関係する業務を行うことが労働契約上認められていること等が必要である，という内容の労働基準局長名通達（平15・10・22基発1022001号）が発せられている。

通達は，本来，行政官庁内部の準則に過ぎず，理論的には，裁判所の解釈等に優先するものではないが，行政実務は，通達にしたがって処理されるのが通常であることから，裁判所の解釈などにも大きな影響を与えることもあり，そのような意味で，通達も法源として機能する。

5）労働協約

労働協約は，労働組合と使用者又はその団体との間の労働条件その他に関する合意であり，書面に作成し，両当事者が署名又は記名押印することにより効力が生じる（労組法14条）。

労働協約には，自主的規範として強い効力が認められており，当事者の関係を規制するのみならず，労働組合員の労働条件を規律する（労組法16条）。さらに，一定の要件を満たせば，当事者以外の労使をも規律する一般的拘束力（拡張適用の制度）が認められている（労組法17〜18条）。労働協約は，労働条件の決定の仕組みとして最強のものと位置づけられており（宮里邦雄『労働組合のための労働法』（労働教育センター，2008）22頁），重要な法源として機能する。

6）就業規則

　就業規則は，使用者が，労働者が就業に際して遵守すべき服務規律や，賃金や労働時間などの労働条件の細目を定めたものである．法令や労働協約に抵触しない範囲で，職場を規律する効力を有し，重要な法源として機能している．

　労働組合のない職場の多い日本では，就業規則が，労働契約内容の大半を規律する機能を果たしている．労働基準法は，事業場単位で常時10人以上の労働者を使用する使用者に，一定事項を記載した就業規則の作成義務を課し，その作成，変更の手続を定めている（労基法89〜90条）．そして，労働契約法は，「就業規則で定める基準に達しない労働条件を定める労働契約は，その部分については，無効とする．この場合において，無効となった部分は，就業規則で定める基準による」と規定し（労契法12条），就業規則の労働契約に対する強行的効力と直律的効力を定めている．

　多発する個別的労使紛争の典型事案である解雇や賃金，退職金等をめぐる紛争において，その雌雄を決するのは，該当する就業規則の規定の解釈であることが多いことに留意する必要がある．

7）組合規約

　組合規約とは，労働組合の組織や運営，組合員資格の得喪，ストライキの実施手続など，労働組合の組織運営の根本規則を定めたものである．組合規約は，労働組合の設立総会で制定され，総会において変更，改廃されるべきものである（外尾健一『労働団体法』（筑摩書房，1975）67頁）．

　組合規約に規定する事項については，労働組合法が，労働組合の民主的運営を誘導するために，一定の事項を組合規約で定めることを，不当労働行為申立（労組法27条）や法人登記（労組法11条）等を行う際に必要とされる資格審査の要件の1つとしているが（労組法5条1〜2項．拙著『労使関係法』40〜41頁），いかなる事項をその内容とするかは，労働組合の自由である．

　組合規約により判断される組合員や組合機関の行為の当否は，労働組合の内部関係にとどまらず，使用者に対する関係においても，その法的効力が問題となることもあり，組合規約も法源として機能する．たとえば，組合規約に定められたストライキ（同盟罷業）開始手続に重大な違反があった場合には，当該ストライキの使用者に対する責任を考慮する上での違法性評価に大いに影響するものと解される（諏訪康雄『労使コミュニケーションと法』（独立行政法人労働政策研究・研修機構，

2007）197頁）.

8）労使慣行

労使慣行とは，法令や労働協約，就業規則などの明文化された規範に基づかないで，反復・継続して行なわれている取扱いないし事実を意味する．個性が強く，流動的な性格を有する労使関係は，法令や労働協約，就業規則のような明文の規範のみならず，様々な労使慣行によって規制されている部分も多い．反復・継続して行なわれ，行為規範として機能している労使慣行は，重要な法源となる．

労使慣行として，その法源性が認められるためには，一般的には，① 同種の行為・事実が長期間にわたり反復継続して行われていたこと，② 労使双方が当該行為・事実を明示的に排除・排斥していないこと，③ 当該行為・事実が労使双方の規範意識により支えられていたこと，が必要であると解されている（八代徹也『実務家のための労働判例用語解説』34頁）.

その効力が認められる典型的なパターンは，次の3つの場合である.

① 労使慣行により，労働契約の内容が付加される場合

たとえば，労働協約や就業規則などに退職金規程がない場合においても，長年にわたり，退職金を退職者のすべてに支給してきた事実があるときは，退職金支払義務が労働契約の内容になっていたと認められることがある.

② 労使慣行が，就業規則や労働協約の解釈基準となる場合

たとえば，就業規則の始業時間規定について，始業時刻から1分未満にタイムカードを打てばよいという扱いが長年継続していた事実があるときは，就業規則の始業時間の59秒後が始業時刻となることがある.

③ 労使慣行に反する権利行使や事実行為が，権利濫用として無効とされたり，使用者の行為にあっては不当労働行為と判断される場合

たとえば，所定労働時間終了後の飲酒をしながらの就労を長年黙認してきた事実があるときは，残業時間中の飲酒行為に関して，懲戒処分を行うことは，権利濫用と評価され，無効と解されることがある.

9）ILO条約

ILO（国際労働機関）は，国際連合の専門機関の1つであり，労働基準に関して，条約や勧告を採択して，加盟国に対する監督を行う国際機関である．その組織上

14　第Ⅰ部　労働法総論

の特徴は，他の機関と異なり，政府代表，使用者代表，労働者代表の三者構成を
とるとこにあり，総会では，各国それぞれ，２人，１人，１人の代表が出席して，
独立して投票権を行使する．採択された条約については，加盟国が批准すると，
その実施及びそれに関する報告義務が課せられる（国際労働機関憲章22条）．勧告
には法的拘束力はないものの，加盟国には，それに関する現況報告を行う義務が
課せられる（浅倉むつ子・島田陽一・盛誠吾（盛誠吾）『労働法〔第５版〕』（有斐閣，
2015）14頁）．

　日本もILOに加盟しており，批准した条約は法源とみることができる．たとえ
ば，1973年６月に採択された「就業が認められるための最低年齢に関する条約（第
138号）」は，就業の最低年齢を義務教育終了年齢とし，いかなる場合も15歳を下
回ってはならない，と定めている．日本は，この条約を2000年６月に批准し，労
働基準法も，その内容に合わせて改正し，義務教育を終了する時点の満15歳に達
した以後の最初の３月31日が終了するまでは，児童を使用することはできない，
と定めている（労基法56条１項）．

第Ⅱ部　個別的労使関係法

第2章　個別的労使関係法総論

第1節　個別的労使関係法

1　個別的労使関係法の意義

　賃金や労働時間といった労働条件など個別的労使関係の内容は，労働者と使用者との合意により決められることになる．しかし，労働者保護と契約関係の明確化（労使紛争予防）等のために，その基本的事項については，個別的労使関係法が規制している．その中心となっているが，労働基準法と労働契約法である．

2　労働基準法と労働契約法の性格

　労働基準法は，違反に対しては刑事罰や監督指導をも予定した，使用者に義務の履行を強制する行政取締法規であるのに対して，労働契約法は，労働者と使用者との権利義務関係を定めた民事法規であるという点で，両者はその性格を大きく異にするものである（労働調査会出版局編『変わるワークルール労働関係法の改正点』（労働調査会，2007）16頁）.

　そのため，たとえば，労働基準法37条1項違反となる「不払い残業」，「サービス残業」（時間外労働をしたにもかかわらず，割増賃金が支払われないもの）については，労働者が，労働基準監督署に申告すること（労基法104条）により，労働基準監督官が「指導」や「是正勧告」を行い，比較的容易に権利回復に至ることが期待できる（拙著『日本における労使紛争処理制度の現状』（晃洋書房，2008）158頁）．しかし，解雇された労働者が，労働契約法16条に基づいて，客観的に合理的な理由がなく，社会通念上相当ではないとして，解雇は無効であると会社に主張する強制的な方法としては，民事訴訟という利用困難な方法しか用意されていない．

第 2 節　労働基準法や労働契約法の適用

1　労働者と使用者の概念

　規制を受ける当事者を明らかにするために，労働基準法及び労働契約法は，その適用対象としての労働者及び使用者の概念について定めを置いている（労働関係の多様化・複雑化のなかでの労働者と使用者の概念について詳しくは，水町勇一郎『労働法入門』（岩波書店，2011）181頁以下）.

1）労働者
（1）労働基準法及び労働契約法上の定義規定

　「労働者」について，労働基準法は，「職業の種類を問わず，事業に使用される者で，賃金を支払われる者」と定義する（労基法9条）.労働契約法は，「使用者に使用されて労働し，賃金を支払われる者」と定義する（労契法2条1項）.両者に文言の不一致が見られるが，基本的には同一のものと解される（岩出誠・中村博・大濱正裕『労働契約法って何？』（財団法人労務行政研究所，2008）18頁）.すなわち，「使用者の指揮命令を受けて労働力を提供し，その対償として使用者から賃金を得ている者」を「労働者」と捉え，その規制や保護の対象としているのである.

　労働基準法9条の定義は，最低賃金法や労働安全衛生法等において同一のものと規定され（最賃法2条，労安法2条），また，雇用機会均等法や労働者災害補償保険法等の同種の労働保護法においても，同じ定義が妥当すると解釈されている（荒木尚志『労働法〈第3版〉』（有斐閣，2016）53頁）.

（2）労働力提供の実態からの実質的判断

　労働者か否かは実質的に判断される.その実態において，「使用される者」であれば，その契約形式は，「労働契約」や「雇用契約」に限定されない.労働力の提供をその契約内容とする民法の典型契約である「請負」（民法632条，一方が仕事を完成させ，他方がそれに報酬を支払う契約）や「有償委任・準委任」（民法643条，648条及び656条，一方が事務の処理を行い，他方がそれに報酬を支払う契約），その他の無名契約の形式を採る場合においても，その労働力の提供の実態から判断して，「使用者の指揮命令を受けて労働力を提供し，その対償として使用者から賃金を得ている者」とみられるものについては，労働基準法や労働契約法にいう「労働者」として，規制や保護の対象とされなければならない（具体的には，従業員兼務

取締役，外勤・在宅勤務者，専属的個人請負事業主などが問題となるが，詳しくは，西谷敏・野田進・和田肇編（青野覚）『新基本法コンメンタール労働基準法・労働契約法』（日本評論社，2012）31頁以下参照）．

　労働力提供の実態が，労働法によって保護すべき労使関係であるにもかかわらず，契約形式を「請負」や「委任」等に整えるだけで労働法の規制を免れることができるとするならば，労働基本権を保障する憲法27条及び28条の存在意義も無に帰する．しかし，日本の現状では，労働コストの削減のために，アウトソーシングという美名の下に，販売や修理等に従事する労働者を，「個人事業主」として対等な契約相手と偽装し，労働法の規制を逃れ，労働保険料等の負担を回避しようとする会社が少なくない．

　なお，労働基準法及び労働契約法の労働者は，現に「使用される者」を意味するものであり，失業者は含まない．これに対し，労働組合法は，労働者を，「職業の種類を問わず，賃金，給料その他これに準ずる収入によって生活する者」と定義して（労組法3条），労働者として生きて行く立場にある者を広く捉え，失業者をも含むものであることに留意する必要がある（労働組合法の労働者の概念については，拙著『労使関係法』（晃洋書房，2015）19頁以下参照）．

2）使用者

（1）労働基準法上の使用者

　労働基準法は，「事業主又は事業の経営担当者その他その事業の労働者に関する事項について，事業主のために行為をするすべての者」と定義し（労基法10条），労働基準法が規定する事項に関して一定の権限と責任を有する者を広く「使用者」とする．

　労働基準法の責任主体として使用者を把握するものである．事業主に限らず，支配人，取締役，理事などの経営担当者のほか，部長や課長，係長等も，実質的に労働者に関する事項について権限と責任を有していれば使用者と把握され，労働基準法違反の場合には，罰則の適用を受けることになる（労基法117条以下）．

（2）労働契約法上の使用者

　労働契約法は，使用者を，「その使用する労働者に対して賃金を支払う者」と定義し（労契法2条2項），労働基準法10条において「事業主」と表現されている「労働契約上の使用者」を，「使用者」と捉えている．

　労働契約において労働者の相手方となる当事者が使用者ということになる．個

人企業なら企業主個人，法人企業なら法人自体が，使用者となる.

2　適用の除外

1）労働基準法の適用の除外

　労働基準法は，同居の親族のみを使用する事業や，家事使用人については，その
ような労働関係に国家が介入するのは適切でなく，また，規制も困難であると
いうことで，適用がないとされている（労基法116条2項）.「同居」とは，「世帯を
同じくして常時生活を共にしていること」を指し，「同一家屋に住んでいるとい
うこと」よりは狭く，「居住及び生計を一にしている」必要があると解される（厚
生労働省労働基準局編著『平成22年版労働基準法下』（労務行政，2011）1041頁）.　親族と
されるのは，6親等内の血族，配偶者，3親等内の姻族である（民法725条，親等
の計算は，民法726条）.「家事使用人」とは，家庭において家事一般に使用される
労働者を意味しており，お手伝いさんや子守などがこれに該当すると解される.

　また，国家公務員，地方公務員，船員などについては，その規定の一部ないし
は全部の適用が除外されている（国公法附則16条，地公法58条3項，労基法116条1項）.

2）労働契約法の適用の除外

　労働契約法は，国家公務員及び地方公務員については適用がない（労契法22条
1項）.　使用者が同居の親族のみを使用する場合の労働契約についても適用がな
い（労契法22条1項）.

　また，船員法の適用を受ける船員については，労働契約法の規定の一部の適用
が除外されている（労契法21条1項）.

第3節　労働憲章と労働基準法の実効性の確保

1　労働憲章の意義

　労働基準法は，労働条件の決定原則として，労働条件の原則と労使対等決定の
原則などを定めるとともに，憲法14条の法の下の平等原則に基づく均等待遇の原
則と男女同一賃金の原則，非近代的労使関係を除去するための強制労働の禁止や
中間搾取の排除，平等な政治参加を保障するための公民権行使の保障について定
めている.　これらの原則は，労働憲章と総称されている（労働憲章の捉え方につい
ては，石松亮二・宮崎鎮雄・平川亮一［山下昇・柳澤武補訂］（宮崎鎮雄）『労働法［四訂版］』

（中央経済社，2006）42頁）．

労働憲章は，過去において，前近代的・封建的な労働慣行があったことから規定されているものである．しかし，残念なことに，人権侵害ともいえる強制労働や長時間労働が，日本においては，今もなお，根絶されてはおらず，労働憲章の意義は現在においても失われていない．

2 労働基準法の定める労働憲章
1）労働条件の原則

憲法25条の生存権保障の理念に基づいて，労働条件は，労働者が人たるに値する生活を営むための必要を充たすものであることを要し（労基法1条1項），労使は，労働基準法の基準を理由に労働条件の基準を低下させてはならず，その向上を図るよう努力しなければならない（労基法1条2項），とするものである．

1条1項が定める部分は理念的な意味合いを持つに過ぎないものである．また，1条2項後段の定める部分は努力義務である．しかし，1条2項前段については，その文言からするならば強行規定と解すべきであり，労働基準法の規定があることを理由として，労働条件基準が下げられたときには，無効と判断されることになる（松岡三郎『条解労働基準法（新版）上』（弘文堂，1958）38頁）．

2）労働条件の決定

労働条件は，社会的，経済的に優位に立つ使用者が一方的に定めるのではなく，労使が，対等な立場で決定すべきものであり（労基法2条1項），また，労使ともに，労働条件を定める労働協約，就業規則及び労働契約を遵守し，誠実にその義務を履行すべきである，とするものである（労基法2条2項）．

2条1項の定める部分は，労使対等決定の原則と呼ばれている．実際には，労働者が労働組合に結集しても，使用者の経済的優位を克服することは困難であるが，理念的には，労使が対等に話し合って，労働契約関係を決めるべきことを定めたものであり，理念的な意味合いを持つにすぎない．

2条2項の定める部分は，実際の労働契約関係の拠り所となるのは，労働協約，就業規則そして個別の合意という意味での労働契約であり，それらの内容に応じて，労使の権利義務の内容が決定されることになることから，労使が，それらを遵守すべきことは当然のことであり，それを確認的に規定するにすぎない（青木宗也・片岡曻編著（角田邦重）『労働基準法(1)』（青林書院，1994）46頁）．労使間で紛争

が発生した場合には，それらの内容から導き出される基準により，解決が図られることになる．

3）均等待遇の原則

均等待遇の原則は，労働者の国籍，信条又は社会的身分を理由として，使用者が，賃金，労働時間その他の労働条件に関して差別をすることを禁止するものである（労基法3条）．

均等待遇の原則は，男女同一賃金の原則とともに，「すべて国民は，法の下に平等であって，人種，信条，性別，社会的身分又は門地により，政治的，経済的又は社会的関係において，差別されない」とする憲法14条に基づくものである．詳しくは，第10章第2節で述べる．

4）男女同一賃金の原則

男女同一賃金の原則は，労働者が女性であることを理由として，使用者が，賃金について，男性と差別的取扱いをすることを禁止するものである（労基法4条）．詳しくは，第10章第2節で述べる．

5）強制労働の禁止

強制労働の禁止は，労働者の人格の尊厳と労働の自由を確保するために，使用者が，暴行，脅迫，監禁その他精神又は身体の自由を不当に拘束する手段により，労働者の意思に反して労働を強制することを禁止するものである（労基法5条）．

強制労働の禁止は，憲法18条が保障する奴隷的拘束及び苦役からの自由を，労使関係において具体化したものである．過去においては，鉱山等におけるタコ部屋等での強制労働がその典型であったが，現代においても，パスポートを取り上げて外国人労働者を強制的に風俗営業に従事させるといった事件が報道されている．

強制労働の禁止に対する違反には，その重大性に鑑み，1年以上10年以下の懲役又は20万円以上300万円以下の罰金という，労働基準法では最も厳しい刑罰が予定されている（労基法117条）．これは懲役刑だけをみると，刑法225条が定める「営利目的等略取及び誘拐の罪」に相当するものであり，強制労働の禁止違反は，重大犯罪である．

意に沿わない退職を封じるために，使用者が退職に条件を設定し，条件違反に

ついては，退職金減額などの経済的負担を課すことも，その内容によっては賠償予定の禁止（労基法16条）違反に加えて，強制労働の禁止違反が成立することもあると解される（西谷敏『労働法　第2版』（日本評論社，2013）73頁）．

6）中間搾取の排除

中間搾取の排除とは，手配師や労働ブローカー等による賃金のピンハネ等の弊害を防止するために，法律により許される場合以外は，業として他人の就業に介入して利益を得てはならないとするものである（労基法6条）．中間搾取を認めると，第三者による利益確保のために，強制労働が誘発される危険性も高くなる．

自己の雇用する労働者を他の会社に派遣することにより，派遣先から得る派遣料と，労働者に支払う賃金との差額を利益として，その事業を運営している派遣会社は，その実態は，まさに中間搾取の典型とみられる．「派遣元が第三者として労働関係に介入」したものではないという形式的な論理で，労基法6条の禁止する中間搾取に該当しないという説もある（菅野和夫『労働法〔第11版補正版〕』（弘文堂，2017）238頁）．しかし，労働者派遣法という法律により許されているということを根拠として，労働基準法が禁止する中間搾取には該当しないものと解すべきである．

7）公民権行使の保障

公民権行使の保障は，労働者が，労働時間中に，選挙権その他公民としての権利を行使し，又は公の職務を執行するために必要な時間を請求した場合は，使用者は，拒絶することはできないとするものである．但し，権利の行使又は公の職務の執行に妨げのない限りで，請求された時刻を変更することはできる（労基法7条）．労働者としての立場と，主権者たる国民として権利・義務を有する立場の両立を図る趣旨である．権利行使に用いた時間に関しては，ノーワーク・ノーペイの原則が妥当し，使用者には賃金支払義務はない．

公民としての権利には，法令に根拠を有する公職である国会議員の選挙権及び被選挙権や，最高裁判所裁判官の国民審査（憲法79条），特別法の住民投票（憲法95条），憲法改正の国民投票（憲法96条）等があるが，私法上の訴権は含まれないと解される（田中清定『2006概説労働基準法』（労働法令協会，2006）59頁）．公の職務には，法令に基づく公の職務である国会議員，地方議員や労働委員会の委員，労働審判制度の労働審判員，裁判員制度の裁判員等がある．

最高裁の十和田観光電鉄事件判決（最2小判昭38・6・21民集17巻5号754頁）は，市議会議員選挙に当選し，会社に，就任中の休職扱いを求めた従業員に対し，従業員が会社の承認を得ないで公職に就任したときは懲戒解雇する旨の就業規則に基づいて，懲戒解雇が行われた事案において，就業規則の当該条項は，労働基準法7条の趣旨に反し無効である，とした．公職就任により労働契約上の義務の遂行が困難であるときには，普通解雇が認められることはある．

3　労働基準法の実効性の確保
1）労働基準法の実効性の確保の意義
　労働基準法は，使用者に，労働条件の最低基準を遵守することを義務づけている．しかし，使用者は，無知や利益優先などにより，法違反に走ることも珍しくない．そこで，使用者に，いかにきちんと守らせるか，すなわち，その実効性確保が重要な課題となり，労働基準法は，様々な制度を規定している．

2）労働基準法の実効性の確保に資する諸制度
（1）刑事罰，両罰規定
　労働基準法の違反者に対しては，懲役刑を含む刑事罰が定められている（労基法117〜120条）．近年は，労働基準法違反事案における書類送検の事例も珍しいものではない．是正勧告に従わず，悪質な事業主に関しては，逮捕に踏み切ることもある．
　予防効果を高めるために，直接の行為者でない事業主をも処罰の対象になるものとする，「両罰規定」も設けられている．従業員が，労働者に関する事項について事業主のために労働基準法違反行為を行ったときに，事業主が，「違反の防止に必要な措置」をしていなかった場合には，事業主に対しても罰金刑が科されることになる（労基法121条1項）．
（2）労働基準監督制度
　厚生労働省は，労働基準局以下，47の都道府県労働局から321署と4支署の労働基準監督署に至るまで，全国的に統一された監督行政機構を整備し，労働基準法の実施・監督を行っている．2017年3月31日現在の全国の労働基準監督署の労働基準監督官は2923人で，前年度比22人増であった（厚生労働省労働基準局『平成28年労働基準監督年報』（2018）31頁）．
　労働基準監督官は，労働基準法違反行為に対しては，行政指導として「指導」

や「是正勧告」を行い，重大・悪質な違反には，捜査，逮捕等の刑事訴訟法に規定する司法警察官の職務を行い（労基法102条），労働基準法の実効性の確保に努めている（詳しくは，拙著『日本における労使紛争処理制度の現状』158頁）．その職務に鑑み，身分保障が図られており，労働基準監督官を罷免するには，厚生労働省に設置される労働基準監督官分限審議会の同意が必要とされている（労基法97条3〜5項）．

　労働基準監督官の権限発動を促進するために，労働者は，労働基準法や労働基準法に基づく命令に違反する事実がある場合には，それを行政官庁または労働基準監督官に申告することができる．申告を理由として，使用者が労働者に解雇その他の不利益な取り扱いをすることは禁止されている（労基法104条）．（5）で後述する労働者への労働基準法等の周知義務の徹底により，この申告は一層の実効力を持つことになる．

（3）民事的効力の否定

　民事的には，最低基準に達しない労働条件を定める労働契約を無効とし（労基法13条），その民事的効力を否定する．たとえば，1日10時間労働の契約をしても，労働者は，原則として，労働基準法32条が定める1日8時間を超える労働に従事する義務を負わない．

（4）附加金制度

　使用者が支払い義務のある時間外・休日・深夜割増賃金や年次有給休暇中の賃金，解雇予告手当や休業手当を支払わないときは，労働者の請求により裁判所が未払いの賃金や手当に，同額の金額を附加して支払わせることのできる「附加金制度」が設けられている．その請求は，不払いという違反のあった時から2年以内にする必要がある（労基法114条）．この2年は時効期間ではなく，除斥期間と解されているので，付加金の支払いを求める訴えは，必ず2年以内にする必要がある（厚生労働省労働基準局編著『平成22年版労働基準法下』1036頁）．

　附加金制度は，労働者が，使用者に対して，不払い賃金や手当を，裁判上請求し，それが認められて，それに付加する形で，裁判所が命じて初めて支払い義務が生じるものであり，非常に動きの鈍い制度である．労働基準法違反の主因が労働コストの抑制である使用者が大半であることからすると，「附加金制度」は，より効果的に機能する可能性を大いに秘めており，附加金の支払い命令が，より機動的に発動される仕組みへの改正が必要である．

（5）労働者への労働基準法等周知義務

使用者には，就業規則や労働基準法に基づくすべての労使協定（労使委員会の決議を含む）とともに，労働基準法及び同法による命令の要旨を，労働者に周知させる義務が課せられている（労基法106条，労基則51条の2）．その保護を受けるべき労働者自身が労働基準法等をよく知らないことが，労働者の労働条件に不利益に作用することも多く，また，労使紛争になることも多いので，使用者のこの周知義務を，より徹底させる必要がある（厚生労働省労働基準局編『平成22年版労働基準法下』1004頁）．

近年，労働者が労働法規をよく知らず，保護の外に置かれ，使用者による労働基準法違反による不利益を被っていることが社会的に問題とされ，学校教育などにおける労働法教育の必要性が叫ばれているが，そもそも，この使用者の労働基準法等周知義務を徹底させるのが，採るべき第一の方策と思われる．

周知の方法としては，① 常時各作業場の見やすい場所へ掲示し，又は備え付ける方法，② 書面で交付する方法，③ 磁気ディスク等に記録し，かつ，各作業場に労働者が当該記録の内容を常時確認できる機器を設置する方法，のいずれかと定められている（労基法106条，労基則51条の2）．しかし，なかなか周知が進まない現状に鑑みると，たとえば就労開始の際に，労働者に，認定を受けた講師による一定時間の労働法の講習を義務付けるとか，最低限の労働法の知識を盛込んだ冊子の交付を義務付けるといった，より積極的な方策を講じる必要がある．

第4節　労働契約の意義とその基本原則

1　労働契約の意義とその成立

1）労働契約の意義

（1）労働契約の意義

民法の典型契約の「雇用契約」（民法623条）に対して，労働基準法をはじめとする労働法の規制が加えられて形成されるのが労働契約である．労働者が使用者の指揮命令を受けて一定の労働条件のもとで働くことを約束し，その対償として使用者が一定の賃金を支払うことを約束する契約である．労働者の「就職」，使用者の「採用」は，法的に見れば労働契約の締結である．

（2）労働契約の特色

労働契約は，指揮命令を予定し，人と人とのやり取りが継続的に行われる契約

関係である．そのため，当事者間の信頼関係が，労働契約関係を考慮する際に，非常に重要な事項となる．また，その内容（労働条件）が不明確なまま契約が結ばれることも多く，使用者の経済的優位性から，その具体化が労働者の不利に行われることも多い（菅野和夫『労働法〔第11版補正版〕』143頁）．

2）労働契約の成立
（1）労働契約の成立
労働契約は，「労働者が使用者に使用されて労働し，使用者がこれに対して賃金を支払うことについて，労働者及び使用者が合意することによって成立する」とされている（労契法6条）．

（2）労働契約の契約としての特質
労働契約は，債権契約の一種であり，労働者も使用者も互いに義務を負う双務契約である．また，労働者の労務提供に対して使用者が賃金という対価を支払う有償契約である．そして，労働者と使用者との合意だけで成立する諾成契約であり，契約自体は文書によることを要せず，口頭でも有効に成立する（山口浩一郎『労働契約』（労働政策研究・研修機構，2006）11〜13頁）．

2　労働契約の原則
労働契約法は，1）労使対等合意，2）均衡考慮，3）仕事と生活の調和配慮，4）信義誠実，5）権利濫用禁止を，労働契約の原則として定めている（労契法3条）．

1）労使対等合意の原則
労働契約は，「労働者及び使用者の対等の立場における合意に基づいて締結し，又は変更すべき」とするものである（労契法3条1項）．

経済的には，使用者に比べて立場が非常に弱い労働者の現実を認識しながらも，理想の姿を表明したものである．労働基準法2条1項が定める「労使対等決定の原則」と同趣旨である．この規定が直接的に当事者の権利義務を発生させる根拠になるものではない．この原則の重大な例外として，使用者が，労働者への周知と内容の合理性を要件として，就業規則の変更により労働条件を一方的に変更することが認められている（労契法10条）．

なお，労働者と使用者は，対等の立場における合意により，労働契約を締結な

いし変更できる．しかし，当然のことながら，法令に従う必要はある（労基法92条）．たとえば，労働基準法が定める最低基準に達しない労働条件は無効とされ，労働基準法の定める最低基準が契約内容となる（労基法13条）．また，就業規則を下回ることもできない（労基法93条及び労契法12条）．さらに，労働組合員については，労働協約に定められたものが，その労働条件になる（労基法92条）．

結局，個々の労働者と使用者が，対等の立場で合意に至る場合においても，労働条件を自由に決定できるのは，労働協約に定めがない事項で，かつ法令や就業規則の基準を上回る範囲に限られることになる．

2）均衡考慮の原則

労働契約は，「労働者及び使用者が，就業の実態に応じて，均衡を考慮しつつ締結し，又は変更すべき」とするものである（労契法3条2項．この労働契約法の文言だけでは，何を意味するか読み取ることは困難と言わざるを得ないような，不完全な法規定と評価することができる）．

労働基準法3条の「均等待遇の原則」が，「国籍・信条・社会的身分」を理由とする労働条件差別を禁止するにとどまることから，丸子警報器事件判決（長野地裁上田支判平8・3・15労働判例690号（1996）32頁）が示した「均等待遇の理念」（およそ人はその労働に等しく報われなければならないという理念）を，正社員以外の非典型的雇用形態の労働者の労働条件の決定に当たって，考慮すべきことを求めるものであると解される．この規定も，直接的に，当事者の権利義務を発生させる根拠になるものではない．

なお，第9章で述べるように，とくに有期契約労働者と短時間労働者に関しては，同趣旨の規定が，労働契約法とパートタイム労働法に定められている．有期契約労働者については，期間の定めがあることを理由として不合理と認められる労働条件の相違を設定することは，禁止されている（労契法20条）．また，短時間労働者については，通常の労働者と同視すべき短時間労働者に対する差別的取扱いの禁止を定めるとともに（パート労働法9条），通常の労働者と同視すべき短時間労働者以外の短時間労働者については，通常の労働者との均衡を考慮しつつ，その職務の内容，職務の成果，意欲，能力又は経験等を勘案し，その賃金を決定するように努めるものとする，とされている（パート労働法10条）．

3）仕事と生活の調和配慮の原則

労働契約は，「労働者及び使用者が仕事と生活の調和にも配慮しつつ締結し，又は変更すべき」とするものである（労契法3条3項）.

少子高齢化に対応して，近年，重要な政策課題として注目されている「ワークライフバランス」への配慮を求めるものである（野川忍『わかりやすい労働契約法〔第2版〕』（商事法務，2012）88頁）. この規定も直接的に，当事者の権利義務を発生させる根拠になるものとは解されない. しかし，時間外・休日労働命令が権利濫用に当たるか否かの判断では，積極的に援用可能な規定となり得るであろう（山川隆一編（皆川宏之）『プラクティス労働法〈第2版〉』（新山社，2017）71頁）.

なお，育児介護休業法にも同趣旨の規定があり，「事業主は，その雇用する労働者の配置の変更で就業の場所の変更を伴うものをしようとする場合において，その就業の場所の変更により就業しつつその子の養育又は家族の介護を行うことが困難となることとなる労働者がいるときは，当該労働者の子の養育又は家族の介護の状況に配慮しなければならない」とされている（育介法26条）.

4）信義誠実の原則

「労働者及び使用者は，労働契約を遵守するとともに，信義に従い誠実に，権利を行使し，及び義務を履行しなければならない」とするものである（労契法3条4項）. 労働関係事件に援用されることの多かった民法の一般条項の「信義則」（民法1条2項）を，労働法体系に取り込んだものである（野川忍『わかりやすい労働契約法〔第2版〕』91頁は，労働契約法3条4項により，「労働契約上の信義則の内容が拡大されていく可能性もある」と述べる）.

「信義」とは，欺かないことを意味しており，信義誠実の原則は，権利行使や義務の履行においては，相手方の信頼や正当な期待を裏切らないように誠意をもって行動することを求めるものである. 労働契約の特色として上述したように，労働契約は，人と人とのやり取りが継続的に行われる関係であることから，当事者間の信頼関係が重要な考慮事項となる.

信義誠実の原則は，労働契約関係の展開過程において広範囲に活躍することが期待され，本章第7節で述べるように，使用者の配慮義務や労働者の誠実義務のような，当事者の義務を発生させる根拠にもなっている.

5）権利濫用禁止の原則

「労働者及び使用者は，労働契約に基づく権利の行使に当たっては，それを濫用するようなことがあってはならない」とするものである（労契法3条5項）.

権利濫用禁止の原則も，労働関係事件に援用されることの多かった民法の一般条項の「権利濫用禁止」（民法1条3項）を，労働法体系に取り込んだものである.

権利は，権利者により行使されれば，その権利内容通りの効果が発生することになるのが原則である．しかし，権利が行使された具体的状況において，それが濫用と評価される場合には，権利の行使を法律上認めることが妥当ではないとされ，その効果が発生しないものとするものである.

労働契約法においては，出向命令権（労契法14条），懲戒権（労契法15条），解雇権（労契法16条）に関して，明文で，権利濫用禁止が定められている．しかし，当事者によるその他の権利行使，たとえば使用者の業務命令権や労働者の賃金請求権なども，権利濫用禁止の原則の適用を受ける．アイビ・プロテック事件（東京地判平12・12・18労働判例803号74頁）では，在職中に懲戒解雇相当の重大な背信行為を行った労働者からの退職金請求が，権利濫用とされている.

第5節　労働契約内容の決定とその変更

1　労働契約内容の決定

1）労働契約内容の決定における労使合意の原則

労働契約内容（労働条件）は，労働者と使用者による自主的な交渉による合意により成立する（労契法1条）．この労使合意の原則の趣旨は，労働契約法3条1項，6条，8条にも表れており，労働契約法の全体に貫かれている（西谷敏・野田進・和田肇編（和田肇）『新基本法コンメンタール労働基準法・労働契約法』315頁）.

2）労働契約内容に関する就業規則の効力

労使合意の原則はあるものの，労使合意のための個別交渉は実現可能性が極めて低いという現実を直視するとともに，事業場の労働条件や服務規律を定める就業規則が事業場の労働者に均一に適用される労働条件や服務規律を明確に定めているという機能を考慮して，労働契約法は，労働契約の締結に際して，「合理的な労働条件を定め」かつ「労働者に周知された」就業規則については，原則として，労働契約の内容を規律する効力を認める.

すなわち，労働者及び使用者が就業規則で定める基準を超える労働条件を合意していた部分を除き，「労働者及び使用者が労働契約を締結する場合において，使用者が合理的な労働条件が定められている就業規則を労働者に周知させていた場合には，労働契約の内容は，その就業規則で定める労働条件による」ものとし（労契法7条），「労働条件」に関する規定については，その「合理性」と「周知」を要件として，就業規則に，労働契約を規律する効力を認める．

要件となる「合理性」は，労働契約法10条が規定する就業規則による労働契約内容の変更の際に必要とされる「合理性」のようには限定的に解釈されるものではなく，人事・労務管理上必要で，労働者の権利・利益を不当に制約するものでなければ，肯定的に判断すべきである（菅野和夫『労働法〔第11版補正版〕』200頁）．また，「周知」は，労働者が実際に確認するかどうかはともかく，労働契約が締結され，就労が始まるまでに，労働者が，就業規則の内容を，容易に知り得る状態に置かれていることを要すると解される（荒木尚志『労働法〈第3版〉』369頁）．

ここにいう就業規則は，労働基準法に基づいて作成されるものを意味しており，法令又は労働協約に反する就業規則は，この効力を有しない（労契法13条）．

3）　労働契約と就業規則との関係

就業規則で定める基準に達しない労働条件を定める労働契約は，その部分については無効とされ（強行的効力），無効とされた部分は，就業規則で定める基準による（直律的効力）ことになる（労契法12条）．就業規則は，労働条件については「その事業場における労働基準法」のような存在となる（菅野和夫『労働法〔第11版補正版〕』197頁は，労契法12条の定める効力を，就業規則の「最低基準効」と称する）．

このような効力が認められる就業規則の規定は，法令又は労働協約に反しないことが，その適用の前提となる（労契法13条）．

2　労働契約内容の変更
1）労働契約内容の変更に関する原則

労働契約法は，労働契約内容の変更に関して，労働者及び使用者は，「その合意により，労働契約の内容である労働条件を変更することができる」（労契法8条）として，その基本原則を明らかにするとともに，使用者は，「労働者と合意することなく，就業規則を変更することにより，労働者の不利益に労働契約の内容である労働条件を変更することができない」（労契法9条）として，使用者が，就業

32　第Ⅱ部　個別的労使関係法

規則の変更により，労働条件を労働者の不利益に一方的に変更できないという原則を確認している．

2）就業規則の変更による労働契約内容の一方的変更
（1）労働契約法10条

　労働契約内容の変更に関する原則の重大なる例外として，労働契約法は，①「変更後の就業規則の労働者への周知」と，②「変更の合理性」を要件として，使用者が，就業規則の変更により，一方的に労働条件を労働者の不利益に変更することを認めている．

　すなわち，労働者及び使用者が，就業規則の変更によっては変更されない労働条件として，就業規則で定める基準を超える労働条件を合意していた部分を除き，使用者が，就業規則の変更により労働条件を変更する場合，「変更後の就業規則を労働者に周知させ，かつ，就業規則の変更が，労働者の受ける不利益の程度，労働条件の変更の必要性，変更後の就業規則の相当性，労働組合等との交渉の状況その他の就業規則の変更に係る事情に照らして合理的なものであるときは，労働契約の内容である労働条件は，当該変更後の就業規則に定めるところによる」ものとされている（労契法10条．労契法11条は，就業規則の変更は，労基法89条及び90条の手続に従うべきことを確認的に規定している）．ここにいう「変更」には，既存の規定の変更のみならず，新たな規定を設ける場合も含まれる（菅野和夫『労働法〔第11版補正版〕』203頁）．

　このような効力が認められる就業規則の規定は，法令又は労働協約に反しないものであることが必要となる（労契法13条）．

（2）就業規則の法的性質論──最高裁の秋北バス事件判決：定型契約説

　労働契約法10条の規定は，就業規則の法的性質論として論じられる就業規則の一方的不利益変更の問題に関する判例法理を立法化したものである．

　就業規則の法的性質についての考え方は，就業規則は使用者と労働者との合意に基づくものであるとする「契約説」と，就業規則は一種の法規範であり，使用者と労働者との合意をまたずに拘束力を有するとする「法規範説」に大別できる．

　最高裁は，秋北バス事件判決（最大判昭43・12・25民集22巻13号3459頁）において，「労働条件を定型的に定めた就業規則は，一種の社会的規範としての性質を有するだけでなく，それが合理的な労働条件を定めているものであるかぎり，経営主体と労働者との間の労働条件はその就業規則によるという事実たる慣習が成立し

ているものとして，その法的規範性が認められるに至っている（民法92条参照）ものということができ……，当該事業場の労働者は，就業規則の存在および内容を現実に知っていると否とにかかわらず，また，これに対して個別的に同意を与えたかどうかを問わず，当然に，その適用を受けるものというべきである」と判示した．

この判決は，当初は趣旨不明瞭の故に法規範説に立つものともみられたが，後に「定型契約説」として認知され，基本的には，契約説の立場に立つことが確認され，後に続く最高裁判例に受け継がれた（就業規則の不利益変更について詳しくは，青野覚「就業規則の不利益変更」『労働法の争点［第3版］』（有斐閣，2004）176頁）．

（3）変更後の就業規則の拘束力の有無の判断パターン

使用者による就業規則の一方的変更が問題となる場合，まず，当該変更が労働者にとって不利益か否かという判断が行われ，不利益であると判断されて初めて，合理性の判断に進む．

そして，合理性が肯定されれば変更後の就業規則が拘束力を持つことになり，逆に，合理性が否定されれば，労働者は変更前の就業規則の適用を主張することができることになる．

（4）変更の合理性の判断基準

焦点となるのが「変更の合理性」の判断基準である．秋北バス事件判決の流れを受けた最高裁の第四銀行事件判決（最2小判平成9・2・28民集51巻2号705頁）は，「就業規則の変更によって労働者が被る不利益の程度，使用者側の変更の必要性の内容・程度，変更後の就業規則の内容自体の相当性，代償措置その他関連する他の労働条件の改善状況，労働組合との交渉の経緯，他の労働組合又は他の従業員の対応，同種事項に関する我が国社会における一般的状況等を総合考慮して判断すべきである」と詳細に示した．

この判示等を参考に，労働契約法10条に，次の①〜⑤の判断基準が定められ，その合理性が判断される．

① 労働者の受ける不利益の程度
② 労働条件の変更の必要性
③ 変更後の就業規則の内容の相当性
④ 労働組合等との交渉の状況
⑤ その他の就業規則の変更に係る事情

34 第Ⅱ部 個別的労使関係法

但し，過去の裁判例をみると，同じ事件でも合理性の判断が分かれることも多く，法的判断には大いなる困難を伴うものということができる．

（5）労使紛争処理の視点から見た労働契約法10条の問題点

労働者が，就業規則の変更による労働契約内容の一方的変更に異を唱えたとしても，使用者が，それを容易に認めることは考えられず，労使紛争に発展することになる．

問題なのは，労働契約法10条の適用を巡って生じる労使紛争に関して，使用者の意向に関わらず強制的に決着を付けてくれる場として民事訴訟しか用意されていないことである．個別的労使紛争を処理する制度として，労働審判制度が，その処理実績を高めているが，ADRに留まるものであり，また，就業規則の不利益変更に関する紛争については，手続の迅速性の視点から，一般的には，対応が困難であると考えられている（拙稿「労働審判制度における個別的労使紛争処理の実際」松山大学総合研究所所報76号（2013）22頁）．

個々の労働者が，使用者による就業規則の一方的不利益変更と闘うのは，現実には，ほとんど不可能な状態にあり，労働組合のないところでは，労働条件の不合理な不利益変更も容易に罷り通ることになる．

第6節 就業規則の意義と効力

1 就業規則の意義と作成義務

1）就業規則の意義

就業規則とは，事業場における始業・終業時刻，休憩時間，休日・休暇等の労働時間制度，給料の締切り，支払日，計算方法や支払方法等の賃金制度等の労働条件をはじめ，採用から退職，解雇等の人事制度，服務規律，賞罰等，会社での待遇や就業上のルールを文書にしたものである．

多くの労働者を擁する企業は，組織として，合理的，能率的に運営されて初めて高い生産性を達成できる．そのためには，労働条件や就業上のルールが明確に定められ，労働者が，それにしたがい秩序正しく働くことが必要となり，就業規則は，そのような役割をも担っている．

第2章　個別的労使関係法総論　*35*

2）就業規則の作成義務

（1）就業規則の作成（変更）・届出義務

正社員だけではなく，アルバイトやパート・タイマー等をも含む労働者を，常時10人以上（事業場単位で計算）使用する使用者は，就業規則を作成し，管轄する労働基準監督署長へ届け出る必要がある．就業規則を変更する場合も同様である（労基法89条）．10人未満となることもあるが，常態として10人以上の労働者がいる事業場には，就業規則の作成義務がある．10人未満の事業場でも作成することは可能で，作成されれば就業規則としての効力が認められる．

就業規則の作成義務を定めたのは，労働の場に明確なルールを設定し，使用者による恣意的な労務管理を排除することにより，労働者保護を図るためである（西谷敏『労働法　第2版』55頁及び厚生労働省労働基準局編『平成22年版労働基準法下』873頁）．

使用する労働者のすべてに関して就業規則の作成義務があり，アルバイトやパート労働者等についても，それらの労働条件等が正社員と異なる場合には，就業規則に明記するか，別規定を設ける必要がある．

（2）労働者からの意見聴取義務

就業規則を作成又は変更する場合，使用者は，当該事業場に，すべての労働者の過半数が加入する労働組合がある場合には当該労働組合，そのような労働組合がない場合には，労働者の過半数を代表する者から意見を聴く必要がある（労基法90条）．

労働者の過半数を代表する者については，就業規則の作成又は変更の際に意見聴取される者を選出するということを明らかにして実施される投票，挙手等の方法による手続により選出された者で，かつ，労働基準法41条2号に規定する監督又は管理の地位にある者以外の者であることが必要である（労基則6条の2）．

「意見を聴く」とは，文字通り意見を求めることを意味し，その同意を求めることや，協議を行うことは必要ではない．反対意見を受けたとしても，就業規則の効力に影響はない．

意見聴取の事実は，作成又は変更した就業規則を労働基準監督署長に届け出る際に，労働者を代表する者の署名又は記名押印のある意見書を添付する形で示される（労基法90条，労基則49条2項）．なお，十分な時間的余裕をもって意見を求めたが意見表明せず，あるいは意見表明はしたが意見書を出さないときは，意見を聴いたことを客観的に証明すれば意見書の添付は不要とする通達が出ている（昭23・5・11基発735号，昭23・10・30基発1575号）．

36　第Ⅱ部　個別的労使関係法

（3）労働者への周知義務

　適正な労務管理の実現と労使紛争の予防を目的として，就業規則については，使用者は，次の①〜③のいずれかの方法により，労働基準法及び同法による命令の要旨，同法に基づくすべての労使協定（労使委員会の決議を含む）とともに，労働者に周知させる必要があるとされている（労基法106条１項，労基則52条の２）．

① 常時各作業場の見やすい場所へ掲示し，又は備え付ける方法
② 書面で交付する方法
③ 磁気ディスク等に記録し，かつ，各作業場に労働者が当該記録の内容を常時確認できる機器を設置する方法

　就業規則の周知義務は，作成義務のない10人未満の事業場において作成された就業規則についても及ぶと解されている．義務違反については，30万円以下の罰金が予定されている（労基法120条１号）．とくに中小零細企業においては，就業規則の労働者への周知徹底が大いに期待されている．

　周知されていない就業規則の規定については，最高裁のフジ興産事件判決（最２小判平成15・10・10労働判例861号５頁）も，労働者に対するその拘束力を否定すべきものと判断している．

3）就業規則の記載事項

　就業規則の記載事項には，必ず記載すべき絶対的必要記載事項と，定めをする場合には記載すべき相対的必要記載事項（労基法89条１項），そして，法令，公序良俗または労働協約に違反しない限りで自由に定めることができる任意的記載事項がある．任意的記載事項も就業規則に記載されると，必要記載事項と同様に当事者を拘束する効力を持つ．

　なお，就業規則は，作成の便宜もあり，すべての規定を１つにまとめる必要はなく，賃金や退職手当をはじめとして必要に応じて別規則として作成することができる．

（1）必ず記載すべき事項（絶対的必要記載事項）

① 始業及び終業の時刻，休憩時間，休日，休暇ならびに交替制の場合には就業時転換に関する事項
② 賃金の決定，計算及び支払いの方法，賃金の締切り及び支払いの時期ならびに昇給に関する事項

③　退職（解雇を含む）に関する事項

（2）**定めをする場合には記載すべき事項（相対的必要記載事項）**

①　退職手当に関する事項

②　臨時の賃金等及び最低賃金額に関する事項

③　食費・作業用品等の負担に関する事項

④　安全衛生に関する事項

⑤　職業訓練に関する事項

⑥　災害補償及び業務外の傷病扶助に関する事項

⑦　表彰及び制裁に関する事項

⑧　当該事業場のすべての労働者に適用される事項

（3）**任意に記載してよい事項（任意的記載事項）の例**

①　就業規則制定の目的を定めた規定

②　労働条件の決定・変更については労働組合との協議を要するとの規定

4）「減給」制裁の制限

（1）**「減給」制裁の制限**

相対的必要記載事項に該当する「制裁」を「減給」という形で行う場合には，1回の減給の額が平均賃金の1日分の半額を超えないこと，および一賃金支払期に発生した2以上の事案に対する減給の総額が，当該支払期における賃金の総額の10分の1を超えないこと，という制限が定められている（労基法91条）.

（2）**「減給」制裁の制限の趣旨**

「減給」制裁の制限は，労働者が労働しているにもかかわらず制裁として給料を減らすものであり，労働者の生活に大きな脅威を与えることになるので，その額が多額にわたらないように制限するものである.

（3）**制限の対象となる「減給」の意義**

労務の提供がなかった部分の賃金をカットするということは，ここにいう「減給」ではない.たとえば1時間の遅刻に対して2時間分の賃金をカットした場合には，1時間のカット分が「制裁としての減給」と評価され，この部分が労働基準法91条の制限に服する.

制裁としての出勤停止による賃金の不支給や，格下げに伴う賃金の低下は，それぞれの制裁に伴う当然の結果であり，労働基準法91条の制限に服するものではない.

2　就業規則の効力

1）就業規則と法令，労働協約との関係

　就業規則は，法令又は当該事業場について適用される労働協約に反することはできない（労基法92条）．この法令には，労働基準法のみならず，雇用機会均等法等，その他の法律，命令等も含まれる．

　労働協約とは，労働組合と使用者又はその団体が労働条件その他に関して合意したものを書面に作成したものである（労組法14条）．労働組合と使用者との間の合意である労働協約には，使用者が一方的に作成変更できる就業規則に優先する効力が認められている．法令又は労働協約に反する就業規則については，所轄の労働基準監督署長が，その変更を命じることができる（労基法92条2項）．

　労働契約法13条も，就業規則が定める労働条件が法令又は労働協約に反する場合には，当該労働条件は労働契約の内容にはならないと定めている．

2）就業規則と労働契約との関係

　就業規則は，「事業場における労働基準法」のような意味を持ち，就業規則で定める基準に達しない労働条件を定める労働契約は，その部分は無効とされ（強行的効力），無効となった部分は就業規則で定める基準による（直律的効力）ことになる（労契法12条）．

第7節　労働契約の当事者の権利義務

1　労働契約から生じる当事者の権利義務

　労働契約は，労働者が使用者の指揮命令を受けて一定の労働条件のもとで働くことを約束し，その対償として使用者が一定の賃金を支払うことを約束する契約である．

　労働契約の本質から基本的権利義務が生じ，また，指揮命令を予定し，人と人とのやり取りが継続的に行われる契約関係であるという特色から，付随して生じる権利・義務も認められる．また，たとえば労働者の退職後の競業避止義務のように，強行法規や公序良俗に反しない範囲で特約により生じるものもある（西谷敏『労働法　第2版』178～179頁）．退職後の競業避止義務違反については退職金の減額・不支給等が問題となることがあるが，それについては第6章第1節で述べる．

第2章　個別的労使関係法総論　*39*

2　労働契約の当事者の基本的権利義務

　労働契約の締結により生じる当事者の基本的義務は，労働者の労務提供義務と，使用者の賃金支払義務である．それぞれを相手側から捉えると，使用者の業務命令権と労働者の賃金請求権ということになる．

1）賃金支払義務・賃金請求権

　労働者が，労働契約の内容に従い，使用者の指揮命令を受けて働いたときには，その労働に対応する賃金の支払義務が使用者に発生し，労働者は賃金請求権を取得する．

　賃金については前払いを特約することも可能であるが，後払いが原則とされている（民法624条）．

2）労務提供義務・業務命令権

　使用者の指揮命令に従って働く労働者の義務が，労務提供義務である．労務提供義務の内容を具体化する使用者の指揮命令権を包摂し，配置転換等の人事や健康診断の受診命令等の根拠として援用される概念が，業務命令権である．

　労働契約の内容に従って発せられた指揮命令については，労働者が不合理と解するものであっても，それが労働者に対する加害の意図等，不法な目的がない限りにおいては，それに従って労務提供を行うことが「債務の本旨」に従った労働となる（民法415条）．

　指揮命令に従わない場合には賃金請求権は発生せず，業務命令違反として懲戒処分の対象となることもある．

3）労働者の就労請求権

　労働者が使用者に対して，実際に就労させるように請求することができるかという問題がある．使用者側から捉えると，労務受領義務の有無ということになる．就労は，本来，労働者側の義務であり権利ではないので，原則的には否定的に解される．

　就労による特別の利益が労働者にあり，それが法的保護に値する場合や，就労についての特約がある場合などにおいては，例外的に肯定されることがある．たとえば，レストラン・スイス事件判決（名古屋地判昭45・9・7労働判例110号42頁）では，調理人について，調理の現場を離れると調理技能が低下するという業務の

特殊な性質上，労務の提供につき特別の合理的な利益を有するとして，就労請求権が肯定されている．

3 労働契約に付随する当事者の権利・義務

労働契約の当事者には，基本的権利義務の他に，労働契約に付随する権利・義務が生じると解される．

1）企業秩序維持（懲戒）権・企業秩序遵守義務

職場における生産性の維持向上を図るためには，労働が組織的に秩序正しく行われる必要がある．そのため，使用者には，企業秩序を維持するために必要かつ合理的な範囲内で企業秩序維持（懲戒）権が認められる，と解されている．それに対応するものとして労働者の企業秩序遵守義務が認められる．

使用者は，企業秩序維持（懲戒）権に基づいて，企業秩序を維持するために必要な措置を労働者に命じ，企業秩序を乱す労働者の行為を禁止し，その違反に対しては，その程度に相当する懲戒処分を行うことができると解されている．懲戒処分については，第5章で詳しく述べる．

2）信義誠実の原則に基づく当事者の義務

労働契約の締結により，当事者間には継続的な人的関係が形成され，信頼関係の維持が重要課題となる．そこで，相手方の信頼や正当な期待を裏切らないように誠意をもって行動することを求める信義誠実の原則（労契法3条4項，民法1条2項）を根拠として，労働者に対する使用者の配慮義務や，使用者の利益に対する労働者の誠実義務等が論じられている．

とくに使用者の義務は拡大する傾向にあり，信義誠実の原則に基づく義務は，労働契約関係に公正なルールを付加する意義を有している（詳しくは，有田謙司「労働契約の付随義務」『労働法の争点［第3版］』137頁）．

（1）使用者の配慮義務

使用者の配慮義務とは，文字通り，労働者の利益に配慮する義務である．具体的には，常に求められる安全配慮義務や職場環境配慮義務，人事を行う際の私生活への配慮義務，整理解雇時の解雇回避努力義務等がある．

① 安全配慮義務

安全配慮義務とは，労働者がその生命，身体等の安全を確保しつつ労働できる

ように使用者が配慮する義務である．労働契約法は，特約がなくても，労働契約上の付随義務として，当然に，使用者が安全配慮義務を負うことを明文で定めた（労契法5条）．また，第13章で述べるように，最高裁もその存在を認めている．

② 職場環境配慮義務

職場環境配慮義務とは，労務提供に重大な支障を来す事由の発生を予防し，発生した場合には適切に対処することにより，働きやすい職場環境を保つように使用者が配慮する義務である．第10章第4節で述べるように，判例も，セクシュアル・ハラスメント事件等において，労働契約に付随して使用者は職場環境配慮義務を負うと判断してきている（詳しくは，野間賢「セクシュアル・ハラスメントと使用者の職場環境配慮義務」日本労働法学会誌91号（1998）126頁）．

なお，雇用機会均等法は，セクシュアル・ハラスメントに関する雇用管理上の措置義務を使用者（事業主）に課している（均等法11条1項）．

近年，労働相談や労使紛争処理制度の処理案件として上位にランクする職場での「いじめ・嫌がらせ」や「パワーハラスメント」は，労働者の雇用を脅かし，その心身にも重大なる悪影響を及ぼすものであり，①で述べた安全配慮義務や職場環境配慮義務の違反の問題となり得るものである（厚生労働省が2012年1月30日に公表した「職場のいじめ・嫌がらせ問題に関する円卓会議ワーキング・グループ報告」では，「職場のパワーハラスメント」を，「同じ職場で働く者に対して，職務上の地位や人間関係などの職場内の優位性を背景に，業務の適正な範囲を超えて，精神的・身体的苦痛を与える又は職場環境を悪化させる行為」と示しており，この概念を参考にしつつ，2018年3月27日に公表された「職場のパワーハラスメント防止対策についての検討会報告書」では，①優越的な関係に基づいて（優位性を背景に）行われること，②業務の適正な範囲を超えて行われること，③身体的若しくは精神的な苦痛を与えること，又は就業環境を害すること，の3つの要素のいずれも満たすものを「職場のパワーハラスメント」の概念として整理している）．

パワーハラスメントに関しても，セクシュアル・ハラスメントに関するものと同様の雇用管理上の措置義務を，使用者（事業主）に課す立法が必要である．

③ 私生活への配慮義務

労働者が，労働者としての能力を十分に発揮するためには，私生活の安定が大前提となる．そのため，配置転換等，人事を行う際には，労働者の私生活への配慮が必要とされる．この義務については，本章第4節で述べたように，労働契約法で，仕事と生活の調和配慮の原則が定められ（労契法3条3項），また，育児介

護休業法にも同趣旨の規定が置かれている（育介法26条）.

④　解雇回避努力義務

整理解雇は，専ら使用者側の都合（不都合）により，労働者から生活の経済的，精神的基盤を奪うものであることから，第14章第2節で述べるように，整理解雇の有効性判断において重視される4つの要件の1つとして，使用者には，整理解雇に際して解雇を回避するよう努力する義務があると解されている.

（2）労働者の誠実義務

誠実義務とは，労働者が使用者の利益を不当に侵害しないように配慮する義務である．具体的には様々なものが考えられるが，秘密保持義務や競業避止義務が典型的なものである.

①　秘密保持義務

秘密保持義務とは，職務上知悉した使用者の企業上の秘密を漏洩しない義務である.

使用者の秘密に該当するものでも，犯罪行為や法令違反行為等については，労働者が公益のために通報する行為は，正当な行為として，公益通報者保護法により，使用者による解雇等の不利益取扱いから保護されている（詳しくは，内閣府国民生活局企画課編『詳説公益通報者保護法』（ぎょうせい，2006）参照）.

②　競業避止義務

競業避止義務とは，労働者が，自己又は第三者のために，使用者の事業・営業の部類に属する業務に従事すること，すなわち競業行為を行うことを差し控える義務である.

労働者が在職中に競業行為を行うことは，使用者の営業上の秘密の盗用や顧客の奪取などにより，使用者の正当な利益を害する虞が高いことから，特約の有無にかかわらず，誠実義務として当然に発生すると解されている（土田道夫『労働契約法第2版』（有斐閣，2016）115頁）.

③　その他の誠実義務違反の具体例

幹部職にある労働者が同業他社を設立するために部下を大量に引き抜く行為や（裁判例としては，ラクソン事件・東京地判平3・2・25労働判例588号74頁等がある），労働者が自企業の製品の不買運動を展開すること等は，誠実義務違反に該当すると解される（菅野和夫『労働法〔第11版補正版〕』672頁）.

第3章　労働契約の締結

第1節　労働契約の締結に際しての法的規制

　労働者に対する使用者の経済的優位性が最も顕著に現れるのは，労働契約の締結の時点である．利潤の最大化を図るために，使用者は，採用の自由を最大限活用して，労働者に不当な条件を押し付けようとする．そこで，許容しがたい典型的なものについては，法的規制が設けられている．

1　契約期間の制限

　労働契約の期間は，定めても，定めなくてもかまわない．しかし，定めのない労働契約は2週間の予告により解約できるが（民法627条），定めのあるものは，その定めに拘束されるのが原則となり，やむを得ない事由があるときに即時解除することができるに過ぎない（民法628条）．そこで，労働基準法は，労働者の自由を確保し，強制労働の危険を回避するために，労働契約の最長期間を制限している．

1）3年までの原則

　期間を定める場合には，一定の事業の完了に必要な期間を定めるもの（及び労基法70条による職業訓練のために長期の訓練期間を要するもの）のほかは，3年を超えることができない（労基法14条1項）．

　定年制は，形式的には，かなり長期の契約期間とみることができるが，定年までの間においても，労働者が解雇されることもあるし，労働者が退職することもできることから，定年制には，「契約期間の制限」を定める労基法14条の適用はないと一般に解されている．

44　第Ⅱ部　個別的労使関係法

2）5年までの契約の例外的許容

　厚生労働大臣が定める基準に該当する高度の専門的知識，技術，経験を有する労働者をそのような高度の専門的知識等を必要とする業務に就かせる場合や，満60歳以上の労働者を雇い入れる場合については，有期労働契約が労使双方に有効な雇用形態として活用されることが期待され（厚生労働省労働基準局編『平成22年版労働基準法上』（労務行政，2011）212頁），5年までの契約が認められている（労基法14条）．

　5年までの契約が認められる高度の専門的知識，技術，経験を有する労働者は，次の①〜⑥の者に限られる（平15・10・22厚生労働省告示356号）．なお，たとえば博士の学位については，当該博士の学位に関係する業務を行うことが労働契約上認められていることが必要とされるように，当該専門的知識，技術，経験に関係する業務を行うことが労働契約上認められている場合に限り，5年までの契約が認められる（平15・10・22基発1022001号）．

① 博士の学位を有する者
② 公認会計士，医師，獣医師，弁護士，一級建築士，税理士，薬剤師，社会保険労務士，不動産鑑定士，技術士，弁理士
③ システムアナリスト，アクチュアリーの資格試験に合格している者
④ 特許発明の発明者，登録意匠の創作者，登録品種の育成者
⑤ 農林水産業・鉱工業・機械・電気・土木・建築の技術者，システムエンジニア，デザイナーであって，大学卒業後5年，短大・高専卒業後6年，高校卒業後7年以上の実務経験を有する者，またはシステムエンジニアとしての実務経験5年以上を有するシステムコンサルタントであって，年収1,075万円以上の者
⑥ 国，地方公共団体，公益法人等によって知識等が優れたものと認定されている者

2　労働条件の明示

　労働契約の締結に際して労働者は弱い立場に置かれ，労働条件について十分に確認できないことがあり，それが労働者に不利に働くことも多くみられる．そこで，労働基準法により，使用者は，労働契約の締結に際して，賃金，労働時間その他の労働条件を明示しなければならないとされている（労基法15条）．明示され

る時期は,「労働契約の締結時」である.採用内定により労働契約が成立するとみられる場合には,採用内定時に明示すべきことになる.

労働基準法により明示すべきとされる労働条件は,労働基準法施行規則5条1項が詳しく規定している.

1）絶対的必要明示事項

必ず明示しなければならない労働条件は,次の通りである.

① 労働契約の期間
② 期間の定めのある労働契約を更新する場合の基準
③ 就業の場所・従事する業務の内容
④ 始業・終業時刻,所定労働時間を超える労働の有無,休憩時間,休日,休暇,交替制勤務をさせる場合は就業時転換に関する事項
⑤ 賃金の決定・計算・支払いの方法,賃金の締切り・支払いの時期に関する事項
⑥ 退職に関する事項（解雇の事由を含む）
⑦ 昇給に関する事項

①～⑥は,とくに重要な労働条件であり,初めにはっきり示されないと後で問題を生じることが多いものであることから,口頭ではなく,「書面」を交付して明示しなければならないとされている（労基則5条2・3項）.

なお,短時間労働者に関しては,パートタイム労働法が,①～⑥に加えて,昇給,退職手当および賞与の有無についても,文書の交付による明示を義務付けている.その他の労働条件については,文書の交付による明示を努力義務とする.その際の明示方法は,労働者が希望する場合には,ファクシミリまたは電子メールによる送信による明示でも良いとされている（パート労働法6条1・2項,同規則2条）.

2）相対的必要明示事項

そのような制度や定めがある場合にのみ明示しなければならないとされる労働条件は,次の通りである.

① 退職手当に関する事項

46   第Ⅱ部　個別的労使関係法

② 臨時に支払われる賃金・賞与などに関する事項
③ 労働者に負担させる食費・作業用品その他に関する事項
④ 安全衛生に関する事項
⑤ 職業訓練に関する事項
⑥ 災害補償，業務外の傷病扶助に関する事項
⑦ 表彰，制裁に関する事項
⑧ 休職に関する事項

3）明示の労働条件と就業後の労働条件が相違する場合

（1）即時解除権と帰郷旅費

「労働契約の締結時に使用者が明示した労働条件」と「就業後の労働条件」が相違する場合には，労働者は，民法627条1項による2週間の予告なしに，「即時」に労働契約を解除できる．その場合，就業のために住居を変更した労働者が，契約解除の日から「14日以内」に元の住居地に戻る（帰郷）ときには，使用者は，「必要な旅費」を負担する必要がある（労基法15条2・3項）．

「必要な旅費」には，通常必要とされる一切の費用が含まれ，労働者本人の交通費のみならず，必要とされる宿泊費や家財道具運送費，当該労働者により生計を維持されている同居の親族の旅費も含まれると解される（厚生労働省労働基準局編『平成22年版労働基準法上』238頁）．

（2）履行請求と債務不履行に基づく損害賠償請求

また，「明示された労働条件」が「契約の内容」であるということができることから，労働者は，「解除」という形で「消極的に」辞めるだけでなく，明示された労働条件を提供するように使用者に要求することもできる．また，それが提供されなかったことによって損害を受けた場合には，債務不履行として，損害賠償の請求をすることができる（民法415条）．

なお，たとえば，求人の際に初任給額を「見込額」で明示した場合に，「確定額」がそれより低かった場合においても，それにより，直ちに差額の損害賠償請求ができるものと解されるものではない（八州測量事件・東京高判昭58・12・19労働判例421号33頁）．

4）労働契約内容の理解促進努力義務

労働契約をめぐる民事上の紛争が多発している現状を踏まえて，労働契約法は，

労働契約内容の理解促進努力義務を定めている.

　まず,労働契約の内容を発意するのは通常使用者側であり,それに関する正確な理解は,本来,それに対する労働者の合意の当然の前提となる.そこで,労働契約法は,使用者に,「労働者に提示する労働条件及び労働契約の内容について,労働者の理解を深めるようにする」ことを求めている(労契法4条1項).

　また,労働契約をめぐる民事上の紛争の予防や,紛争が生じたときの解決基準の明確化の要請から,「労働者及び使用者は,労働契約の内容(期間の定めのある労働契約に関する事項を含む)について,できる限り書面により確認する」ものとしている(労契法4条2項).

5)職業安定法に基づく労働条件等の明示義務

　職業安定法も,求人者(使用者)等は職業紹介事業者その他の職業紹介等を行う者に,職業紹介等を行う者は求職者に,労働条件等の明示をする義務を定めている(職安法5条の3・1〜2項,4項).

　人手不足のなかでも低い労働条件で労働者を募集するために横行している「求人詐欺」に対応するために,当初明示された労働条件等が,求人者等と求職者等との交渉等により変更されたときには,求人者等は,労働契約の締結前に,変更された労働条件等を求職者等に明示しなければならないとされている(職安法5条の3・3項).

　明示しなければならないのは,業務内容,契約期間,試用期間,就業時間,休憩時間,休日,時間外労働(裁量労働制),賃金(固定残業代制),社会保険・労働保険の適用,募集者の氏名・名称,派遣労働者として雇用する場合の雇用形態の11項目となっている.

3　賠償予定の禁止

1)賠償予定の禁止の意義

　対等な当事者間の契約では,債務不履行等による紛争を最小限に収めるために,損害賠償額等の予定をするのが得策であり,その効力も認められている(民法420条).しかし,交渉力が不均衡な当事者による労働契約では,労働者が不当な損害賠償を要求され,不本意な労働を強制されたりすることもある.そこで,労働基準法は,使用者が,現実に生じた損害を労働者に請求すること自体を禁止するものではないが,労働契約の不履行について「違約金」を定める契約や,「損害

賠償額」を予定する契約をすることを禁止する（労基法16条）.

「違約金」は，労働契約に違反した場合に労働者が支払うことを約束した「一種の制裁金」である.「損害賠償の予定」は，労務不提供という債務不履行を生じた場合に「労働者が支払うべき損害賠償額を予め定めておくこと」を意味する（市毛景吉編著（市毛景吉）『労働法教材』（東京教学社，2001）15頁）.

2）賠償予定の禁止の適用範囲

「賠償予定の禁止」に関しては，美容師・看護師の修学・資格取得や，幹部候補社員の海外研修に関連して，修学・資格取得，研修費用の使用者負担と一定期間の勤務の義務付けや，義務違反の場合の費用返還義務を定める制度の有効性が問題となる.

たとえば，サロン・ド・リリー事件判決（浦和地判昭61・5・30労民37巻2-3号298頁）は，見習い美容師が勝手に退職した場合には，「技術指導の講習手数料」として，採用時にさかのぼって1カ月4万円を支払うことを約束させられていたという美容師の見習いに関する事件（賃金月額9万円程度）において，技術指導の実態は「一般の新入社員教育」とさして違いのないものであると認定した上で，このような契約は「賠償予定」に該当するものであり，労働基準法16条に違反し，無効であると判断している.

これに対し，長谷工コーポレーション事件判決（東京地判平9・5・26労判717号14頁）は，留学に業務性がなく，労働者の自由応募によるもので，留学費用を会社が貸与し，その返還債務に一定期間の勤務継続による返還免除特約が付いている金銭消費貸借契約が成立していると判断される事件において，留学費用返還債務は労働契約の不履行によって生じるものではなく，労働基準法16条に違反するものではないと判断している.

なお，国家公務員の国費による留学に関しては，2006年6月19日に，国家公務員の留学費用の償還に関する法律が施行され，留学中又はその終了後5年以内に離職した場合，留学費用相当額の全部又は一部を償還しなければならないとされている.

4　前借金相殺の禁止
1）前借金相殺の禁止の趣旨
親に金銭を貸し付け，その子女の賃金と貸付金を相殺（民法505条1項）により

返済させるというような，時代劇に出てくるような「前貸金制度」は，「人身売買的な性格」があり，身分的拘束のもとでの労働の強制が生じやすいものとなる．そこで，労働基準法は，使用者が，「前借金」その他「労働することを条件とする前貸の債権」と賃金を「相殺」することを禁止している（労基法17条）.

2）前借金相殺の禁止の適用範囲

通達は，「貸付の原因，期間，金額，金利の有無等を総合判断して労働することが条件となっていないことが極めて明白な場合には，本条の規定は適用されない」としている（昭23・10・15基発1510号，昭63・3・14基発150号）.

一般に行われている住宅や生活資金の貸付制度も，「労働することを条件とする」ものでないことが極めて明白であれば許容されるものであるが，疑義が生じる場合もあり得るので，貸付金の返済と賃金支払いは，別個にすることが望ましいと言える.

給料日前にギャンブルなどでお金を使い果した従業員にお金を貸し，給料日に清算するようなものは，実質は一部の賃金の支払い期の繰り上げとみることができるので，「信用貸し」として「前借金相殺の禁止」に違反しないと解される.

5　強制貯金の禁止・任意貯金の規制

1）強制貯金の禁止

本来，労働者の自由な意思に基づいて行われるべき貯蓄が，事実上強制されたり，「労働者の足止め策」として利用される虞があることから，労働基準法は，使用者が，労働契約に「付随して」の貯蓄の契約や，貯蓄金を管理する契約をすることを禁止している（労基法18条1項）.「付随して」とは，労働契約の「締結」または「存続」の条件として，貯蓄の契約をさせることを意味する.

2）任意貯金の規制

銀行等の高利率の社内預金の例のように労働者の利益になることもあるので，使用者が労働者の委託を受けて，貯蓄金を任意に管理することは，以下の①〜④の要件を満たすことにより認められている．その場合，労働者がその返還を請求したときは，使用者は，遅滞なく返還する必要がある（労基法18条5項）.

①　労使協定の締結と所轄労基署長への届出（労基法18条2項）

50　第Ⅱ部　個別的労使関係法

② 貯蓄金管理規定の制定と労働者への周知（労基法18条3項）

③ 一定利率以上の利子の付与（労基法18条4項．年5厘，利率省令）

④ 年間の預金管理状況についての所轄労基署長への報告（労基則57条3項）

6　労働者の損害賠償責任と身元保証契約の規制

1）労働者の損害賠償責任

　労働者が，労務遂行の過程において債務不履行や過失等により，使用者に現実に損害を与えた場合には，使用者は，民法の一般原則に従って損害賠償の請求をすることができる（昭22・9・13発基17号）．しかし，その場合の賠償責任は制限すべきものと解されている（角田邦重「労働者に対する損害賠償請求」日本労働法学会編『講座21世紀の労働(4)』（有斐閣，2000）107頁）．

　最高裁の茨城石炭商事事件判決（最2小判昭51・7・8民集30巻7号689頁）も，① 事業の性格，規模，施設の状況，② 被用者の業務の内容，労働条件，勤務態度，③ 加害行為の態様，④ 加害行為の予防若しくは損失の分散についての使用者の配慮の程度，⑤ その他諸般の事情に照らし，「損害の公平な分担という見地から信義則上相当と認められる限度において，被用者に対し右損害の賠償又は求償の請求をすることができる」としている．この判決では，信義則（民法1条2項）を根拠に責任を限定し，追突事故を起こした労働者（当時のその月額給与は約4万5千円）に対する使用者からの40万円余の請求に対して，その4分の1を限度とすべきであるとしている．

2）身元保証契約の規制

（1）身元保証契約の意義

　労働者の行為により使用者が受けた損害を賠償することを約する使用者と保証人との契約を，身元保証契約という．使用者は，予期せぬ損害の負担を回避する目的等から，労働契約締結の際の1つの条件として，労働者の親族等に，身元保証契約を求めることも少なくない．

（2）身元保証ニ関スル法律

　身元保証契約については，保証人の責任が不当に拡大しないように，「身元保証ニ関スル法律」により規制されており，同法の規定に反する，身元保証人に不利益な特約は無効である（身元保証法6条）．

　身元保証契約の有効期間は，期間の定めがない場合には3年とされ，期間の定

めがある場合にも5年を超えることができない（身元保証法1条，2条1項）．また，保証人の責任の有無及び賠償額の決定は，一切の事情を斟酌して行うべきものとされている（身元保証法5条）．身元保証人に対し，労働者の行為により使用者が被った全損害の賠償が命じられることは稀である．

たとえば，嶋屋水産運輸事件判決（神戸地判昭61・9・29労働判例492号96頁）では，経理担当の労働者が900万円余を横領した事案で，横領による損害は使用者の監督体制の著しい不備に起因すること，使用者は当初身元保証に関心がなかったこと，身元保証人2名はやむなく身元保証を承諾したもので横領を発見・防止する手段も賠償能力もないことなどから，180万円の限度で身元保証人らの賠償責任を認めている．

（3）身元保証契約に関する展望

使用者としては，身元保証契約を求めることも無理からぬことではある．しかし，血縁者であれ関係が希薄となっている現代の日本社会において，常にそれを採用の条件とするのは現実的ではない．身元保証人を用意できない者の労働権を大きく侵害することにもなり，身元保証人の責任を限定するだけでは十分とはいえないと解される．また，使用者の側も，有能な労働者の獲得に支障を生じることも多いということを考慮する必要がある．

第2節　採用内定

1　採用内定の意義とその取消の問題

1）日本における採用内定の意義

日本では，その実態は多様であるが，新規学卒予定者の採用については，在学中に採用を内定し，卒業後就労を開始するという採用慣行が一般化している．最近では，採用内定と現実の就労開始時期までに，数カ月もの期間があることが普通になってきている．大学生については，3年生の3月や4年生の4月に内定を出す企業も珍しくなく，教育に支障が出るなどの問題が顕在化している．また，採用活動の早期化により，学生に人気が無く，採用内定を出しても辞退される割合の高い企業では，採用活動の長期化も大きな負担となっている．

転職の場合でも，採用決定後就労を開始するまでに多少の内定期間が存在することもある．

2）採用内定取消の問題

新規学卒予定者は，志望する最上位の企業から採用内定を得ると，就職活動を終了することになる．卒業，入社が近くなった段階で採用内定を取り消されると，新たな就職先を速やかに確保することは事実上不可能となり，新卒という非常に有利な就職の機会を失うことになる．

転職志望者は，他企業から採用内定を得ると，現在の職場に退職の意思表示をすることになる．その後に採用内定を取り消されると，行先もないまま，それまでの職場を喪失するという事態となり，キャリアにも空白が生じる等，甚大な損害を被ることになる．

2　採用内定の法的性質論

1）解約権留保付始期付労働契約説

採用内定の法的性質については，過去には，労働契約の締結過程や予約に過ぎないと解する立場もあった．しかし，現在の学説の多数説や判例は，その実態を的確に評価して，典型的な形態の採用内定については，すでに労働契約が成立したものであると解するに至っている．

すなわち，「企業からの募集」は「申込みの誘引」であり，それに対して労働者が「応募」するのが「労働契約の申込み」となる．企業が，入社試験や面接等を行い，労働者に対して発する採用内定通知が労働者側からの誓約書の提出等により確定することで，「申込みに対する承諾」が確認され，これにより「解約権を留保した，始期付きの労働契約」が成立すると解するものである．この考え方は，「解約権留保付始期付労働契約説」と呼ばれている．

2）最高裁大日本印刷事件判決

最高裁の大日本印刷事件判決（最2小判昭54・7・20民集33巻5号582頁）も同様の立場であり，「上告人からの募集（申込みの誘引）に対し，被上告人が応募したのは，労働契約の申込みであり，これに対する上告人からの採用内定通知は，右申込みに対する承諾であって，被上告人の本件誓約書の提出とあいまって，これにより，被上告人と上告人との間に，被上告人の就労の始期を昭和四四年大学卒業直後とし，それまでの間，本件誓約書記載の五項目の採用内定取消事由に基づく解約権を留保した労働契約が成立したと解するのを相当とした原審の判断は正当であ」り，原判決に所論の違法はない，としている（大日本印刷事件については，長谷川聡

第3章　労働契約の締結　*53*

「採用内定—大日本印刷事件」『労働判例百選［第9版］』（有斐閣，2016）20〜21頁）．

3　内々定の意義とその法的性質
1）内々定の意義
　正式な内定通知に先立ち，大学生の例では10月1日を採用内定の解禁日とし，それ以前において，企業側が採用の意思を口頭で伝える段階のことを，「内々定」と呼んでいる．

2）内々定の法的性質
　「内々定」の実態は，「内定」よりも企業ごとに多様であり，一律に判断することはできない（吉田美喜夫・名古道功・根本到編著（佐藤敬二）『労働法Ⅱ〔第2版〕』（法律文化社，2013）67頁）．しかし，もっぱら企業側の都合で行われるものであることからするならば，他社への応募を中止する程の期待を求職者に抱かせる言動があった場合には（西谷敏『労働法　第2版』（日本評論社，2013）142頁は，「採用に関する使用者の確定的な意思が表示されたとみられる場合」と表現する），他にも内々定を得ているとか，就職活動を継続していた等の求職者側の事情いかんに関わりなく，採用内定と同様に，労働契約が成立したものと解すべきである（石井保雄「採用内々定の法的理解偶感」労働法律旬報1738号（2011）4頁）．

4　内定（内々定）取消の法的性質
1）内定（内々定）取消の法的性質
　採用内定（内々定）により労働契約が成立すると解されると，その取消しは，労働契約の解約，すなわち「解雇」となる．解雇には，労働契約法16条が適用されるので，その取消しに，客観的に合理的な理由がなく，社会的に相当であると認められない場合は，その権利を濫用したものとして，無効となる．

2）内定（内々定）取消の合理的理由
　内定（内々定）取消が認められる合理的理由とは，一般的には，採用内定当時知ることができず，また知ることが通常期待できない事実であって，これを理由として採用内定を取消すことが解約権留保の趣旨，目的に照らして客観的に合理的と認められ，社会通念上相当として是認することができる理由ということになる．

ただし，客観的に合理的な理由となり得るようなものであっても，内定時に判明していたもので，使用者がこれを知っていた上で内定していた事情については，取消の合理的な理由にはならない．

（1）求職者側に起因する合理的内定取消理由

求職者側に起因する内定取消理由として，通常，合理的と考えられるものには，次のようなものがある．

① 必要とされる免許・資格が取得できなかったこと
② 心身の病気その他で就労できないことが明らかであること
③ 履歴書の記載や面接時の発言内容に著しい虚偽があった場合
④ 破廉恥罪など著しい非違行為があった場合
⑤ 新規学卒予定者については学校を卒業できないこと

最高裁の電電公社近畿電通局事件判決（最2小判昭55・5・30民集34巻3号464頁）は，高卒中途採用の内定者が，指導的立場で無届のデモを行い公安条例違反等の現行犯として逮捕され起訴猶予処分を受けたことを理由とする採用内定取消を有効としている．

以上のような理由は，内定通知書や誓約書に内定取消事由として明記されることが多いが，明記された内定取消事由が発生した場合でも，直ちに取消しが認められると判断されるものではない．当該事由が発生した具体的な事情の下で，当該事由により取消すことが客観的に合理的と認められ，社会通念上相当として是認できる場合に初めて取消しの法的効力が認められることになる．

（2）企業（求人）側に起因する合理的内定取消理由

企業（求人）側に起因する内定取消理由としては，予測不能な経営事情の急激な悪化が生じた場合等がある．この場合には，整理解雇の4要件に準じた要件が必要とされると解される．

たとえば，インフォミックス事件判決（東京地決平9・10・31労働判例726号37頁）は，ヘッドハンティングされたマネージャー職の労働者に対する経営悪化を理由とする内定取消に関する事案において，整理解雇の有効性判断に関する法理が適用されるべきであるとしている．

企業側に起因する場合には，内定取消しに合理的理由があるとして取消しが有効とされる場合においても，他の会社に就職する機会や元の会社での職を失ったこと等による損失について，内定者に対する「損害賠償責任」が発生することが

通常である.

5 内定（内々定）者の研修応諾義務

企業側の都合により，内定（内々定）者に研修を求めることがある．しかし，内定（内々定）期間は，就労開始がないからこそ内定と扱われるものであり，研修に応じる義務を認めることは困難である．内定者の真の自由意思により同意した場合にのみ，それに応じる義務が生じると解すべきである（西谷敏『労働法　第2版』145頁）．

とくに，新規学卒者については学業を優先すべきことは当然であり，企業側は，宣伝会議事件判決（東京地判平17・1・28労判890号5頁）が述べるように，学生生活に十分配慮した扱いをしなければならない．

第3節　試　用　期　間

1 試用期間の意義と労働基準法の規定

1）試用期間の意義

試用期間とは，使用者が，労働者を採用する際に，労働者の適性や職業能力を実地に試すために，本採用の前に設定する一定の期間である．ほとんどの企業が，就業規則により3〜6カ月の試用期間を設けている．

2）試用期間に関する労働基準法の規定

労働基準法は，14日以内の試用期間に関して解雇予告義務を免除する定め（21条但書4号）を置くが，その法的性質や期間の長さ等については規定がない．

2 試用期間の法的性質論とその有効性

1）解約権留保付労働契約説

期間の経過により全員を本採用するのが通常で，特別の事情がある場合にのみ期間途中の解雇や本採用拒否がなされるような典型的な試用期間に関しては，すでに労働契約が成立し，試用期間中は使用者に「労働者の不適格性」を理由とする解約権が留保されている，と解されている．この考え方は「解約権留保付労働契約説」と言われており，最高裁の三菱樹脂事件判決（最大判昭48・12・12労働判例189号16頁）も同様の立場に立っている．

56　第Ⅱ部　個別的労使関係法

試用期間が経過すれば，解約権が消滅し，本採用に移行することになる．試用期間が14日を超えてからの解雇については，解雇予告が必要となる（労基法21条但書4号）．

2）試用期間の長さ

試用期間の長さについて，労働基準法には特別の制限はなく，労働者の適格性判断に要する期間を各企業がそれぞれの実態に応じて定めている．一般的には3カ月とする例が多いが，労働者が不安定な地位に置かれることから，不合理に長いものについては，公序（民法90条）に反するとして無効と解されることがある．

たとえば，ブラザー工業事件判決（名古屋地判昭59・3・23労働判例439号64頁）は，試用期間中の労働者は不安定な地位に置かれるものであるから，労働者の労働能力や勤務態度等についての価値判断を行うのに必要な合理的範囲を越えた長期の試用期間の定めは，公序良俗に反し，その限りにおいて無効であると解するのが相当である，としている．この事件では，2カ月の有期契約の「見習社員」として採用した労働者に，さらに6カ月から1年3カ月の「試用社員」登用審査のための期間を設け，「試用社員」登用後も，さらに「正社員」登用のために，6カ月から1年の試用期間を付していた．相当の就業期間を経た見習労働者に，さらに試用期間を付す合理的理由を見出すことは困難である．

3）　試用期間の延長

試用期間中は，労働者は不安定な立場に置かれることから，その延長は，就業規則に「会社が特に必要と認めた場合には試用期間を延長することがある」というような延長規定があり，かつ延長を認めることのできる合理的理由，たとえば病気・怪我などのやむをえない事由により試用期間中の就業が十分でなく，期間中に適格性を判断できない場合などに限って認められると解される．

雅叙園観光事件判決（東京地判昭60・11・20労働判例464号17頁）は，試用期間の趣旨に照らせば，試用期間満了時に一応職務不適格と判断された者について，直ちに解雇の措置をとるのでなく，配置転換などの方策により更に職務適格性を見いだすために，試用期間を引き続き一定の期間延長することも許されるものと解するのが相当である，としている．

第3章 労働契約の締結 *57*

3 使用者による留保解約権行使の法的性質
1）留保解約権行使の法的性質
　使用者が，試用期間中の解雇や，試用期間満了時の本採用拒否という形で，留保された解約権を行使することは，「解雇」となる．解雇には労働契約法16条が適用されるので，留保解約権行使に，客観的に合理的な理由がなく，社会的に相当であると認められない場合は，その権利を濫用したものとして解約権の効果である労働契約の終了という効果は発生しないことになる．

2）留保解約権行使が認められる場合
　使用者が留保解約権を行使できるのは，一般的には，試用期間中の労働能力や勤務態度などに対する評価に基づいて，従業員としての適格性を欠くものと客観的に判断される場合である．
　たとえば，同時期に入社した労働者に比べて業務処理能力が著しく劣ることや，通常必要とされる挨拶ができないこと等は，留保解約権を有効に行使するための客観的に合理的な理由として，社会的に相当であると認められるものと解される．
　試用期間中の解雇については，使用者に，期間の満了までの就労を求めることが困難な程度に，従業員としての適格性の欠如が著しい場合に限って認められるものと解される（西谷敏『労働法　第2版』148頁）．

4 試用期間と雇用期間
1）試用期間と雇用期間における期間満了の効果
　使用者が労働者の採用にあたり，雇用契約に期間の定めを設ける場合，それが試用期間か雇用期間かでは，法的には大きな違いがある．試用期間では期間の満了は試用期間の終了になり，本採用を拒否する客観的に合理的な理由がない限り本採用となり労働契約は継続する．雇用期間では，期間の満了は労働契約の終了をもたらすことになる．

2）試用目的の雇用期間設定に対する法的評価
　使用者が労働者と雇用契約を締結するに際して，期間の定めを設けた場合においても，その期間を設けた趣旨・目的が労働者の適性を評価・判断するためのものと解される場合には，当該期間は，雇用契約の期間ではなく，試用期間と解されることがある．試用目的で雇用期間を設定した場合には，本採用を拒否する客

観的に合理的な理由がない限り，期間の満了により本採用となると解される．

　この考え方に強力に異論を唱える立場もある（菅野和夫『労働法〔第11版補正版〕』（弘文堂，2017）289頁）．しかし，たとえば，神戸弘陵学園事件判決（最3小判平2・6・5労働判例564号7頁）も，使用者が労働者を新規に採用するに当たり，その雇用契約に期間を設けた場合において，その設けた趣旨・目的が労働者の適性を評価・判断するためのものであるときは，右期間の満了により右雇用契約が当然に満了する旨の明確な合意が当時者間に成立しているなどの特段の事情が認められる場合を除き，右期間は契約の存続期間ではなく，試用期間であると解するのが相当である，としている（神戸弘陵学園事件については，川田知子「有期契約と試用期間──神戸弘陵学園事件」『労働判例百選［第9版］』164〜165頁）．

第4章　人事と企業の組織変動

第1節　人事と企業の組織変動の意義

1　人事の意義

人事とは，使用者が，その組織を効率的に運営するために労働者を管理する作用を意味する幅広い概念である．労働者は，採用されてから退職するまで，使用者による管理に服している．

本章では，人事に関して，労働者の職種等の変更となる「配置転換」，労務提供先の変更となる「出向」，従業員の地位を保有したまま労務提供を一時的に停止する「休職」について検討する．

2　企業の組織変動の意義

使用者は，企業としての組織変動を伴う手段により，効率的，戦略的経営を行うこともあり，それが労働者の労働条件など，労働契約に重大な影響を及ぼすこともある．

本章では，2つ以上の会社が1つの会社に合同する「合併」，事業の全部又は一部を他の会社に譲渡する「事業譲渡」，事業に関する権利・義務の全部又は一部を他の会社に承継させる「会社分割」といった，企業の組織変動として典型的に行われているものと労働契約の関係について検討する．

第2節　配置転換

1　配置転換の意義

1）配置転換の意義

配置転換は，同一企業内において労働者の職種又は勤務地等が相当の期間にわたり変更されることをいう．勤務地の変更は，とくに「転勤」と呼ばれ，転居を

伴う場合には，単身赴任の問題等が発生する（新谷眞人「配置転換・出向・転籍」『労働法の争点［第3版］』（有斐閣，2004）140頁）．

配置転換が多いということが日本企業の人事の特徴となっている（水町勇一郎『労働法［第7版］』（有斐閣，2018）147頁）．定期的人事異動や欠員の補充等を目的として行われるのが通常である．

2）配置転換と労働条件の明示（労基法15条）

「就業の場所及び従事すべき業務」については，労働基準法15条により，雇い入れの際に，労働者に明示する必要があり，就労すべき業務や就労の場所が特に限定されると，使用者は，労働者の承諾なくして，それらを一方的に変更することはできないことになる．

しかし，大方の会社では，とくに期間の定めなく雇用する正規労働者については，その時々の業務上の必要に応じた合理的な職員配置を可能とするために，就労すべき業務や就労の場所を特に限定することなく雇い入れる．そして，労働者の適性や業務の必要性等を勘案して，特定の業務や職場に労働者を配置し，後に，必要に応じて業務や職場の変更を命じることになる（市毛景吉編著（拙稿）『労使関係教材』（東京教学社，1999）96頁）．そのために，就業規則に定めた配置転換命令権に関する規定に基づいて，配置転換を行う会社が一般的である．

2　配置転換命令権の根拠と限界
1）　配置転換命令権の根拠

配置転換命令権の根拠およびその範囲等については争いがあるが（下井隆史『労働基準法［第4版］』（有斐閣，2007）118頁），労働契約の締結により，使用者は労働者に対する業務命令権を取得し，その一環として，一定の限界には服するものの，就業規則や労働協約等により判断される合理的な範囲において，配置転換を命じることができると解される．

2）配置転換命令権の限界

配置転換命令権の限界としては，業務や勤務地の限定の特約がある場合や，法令に基づく制限によるものの他，判例により，権利濫用法理による制限が認められている．

（1）業務や勤務地の限定の特約

就労すべき業務や勤務地を限定する特約がある場合には，労働者の同意がなければ，使用者は，その限定範囲を超える配置転換を命じることはできず，労働者は配転命令を拒否できる．しかし，その旨の特約が明確でない場合には，労使間で争いになることも少なくない．

① 医師等の専門職

医師等のような専門職については，就労すべき業務を限定する特約が存在すると判断されることが一般的である．しかし，九州朝日放送事件のように，アナウンサー募集に応募して採用され，アナウンサーとして24年間勤務した労働者に関しても，アナウンサー業務に限定する特約の存在を否定する高裁の判断を支持する最高裁判決もある（最１小判平10・9・10労働判例757号20頁，福岡高判平8・7・30労働判例757号21頁）．

② 現地採用，臨時・補助的職種の労働者

現地採用や臨時・補助的職種の労働者については，勤務地の異動がないことを当然の前提にしていると解されるのが一般的である．たとえば，新日本製鉄事件判決（福岡地小倉支決昭45・10・26判例時報618号88頁）は，現地採用で転動の慣行がなかった工員の転勤には，本人の同意を要するとしている．

（2）法令に基づく制限

配置転換は，法令に違反するものであってはならず，また，法令により課されている義務に基づく制約に服する．

① 労働基準法3条

均等待遇の原則に違反する，国籍，信条，社会的身分を理由とする差別的な配置転換は禁止されている．

② 雇用機会均等法6条1号

性別を理由とする差別的な配置転換は禁止されている．

③ 労働組合法7条1号及び3号

正当な労働組合活動を理由とする不利益な配置転換や，組合への支配介入となる配置転換は，不当労働行為として禁止されている．

④ 育児介護休業法26条

就業の場所の変更を伴う配置転換には，それにより子の養育や家族の介護が困難となる労働者については，養育や介護の状況に配慮する義務が事業主に課されている．

62 第Ⅱ部 個別的労使関係法

（3）権利濫用法理による制限

特約や法令等に基づく制限のほか，判例は，権利濫用法理による制限を認めている．配置転換命令の有効性を争った事件の最高裁のリーディングケースとなったのが，東亜ペイント事件判決（最2小判昭61・7・14労働判例477号6頁）である．

東亜ペイント事件は，全国に十数カ所の営業所を有する使用者が，神戸営業所勤務の大阪府堺市居住の労働者に，名古屋営業所への転勤を命令し，命令拒否を理由として懲戒解雇に及んだ事案である．当該労働者は，地域に馴染んだ高齢の母，保育所勤務の妻及び幼い子と同居していたことから，転居を伴う転勤を拒否したものであるが，当該転勤命令は権利濫用には当たらないとされた（東亜ペイント事件判決最高裁判決については，石井保雄「単身赴任を余儀なくさせる転勤命令の効力」『労働判例リーディングケースに学ぶ人事・労務の法律』（産労総合研究所，2001）168頁参照）．

最高裁判決は，次のような判断基準を示した．

① 配置転換命令権の存否の検討

まず，配置転換命令権の存否を問題として，配置転換命令権の根拠となる就業規則や労働協約等を検討し，その内容に応じて，配置転換命令権の存否を判断する．その際，従事すべき業務や勤務地を限定する特約の有無が問題となり，その旨の特約があると判断されると，その限定を超える配置転換命令権は否定されることになる．

② 配置転換命令権の濫用判断の考慮事項

配置転換命令権が肯定されても，イ）配置転換命令につき「業務上の必要性」が存しない場合や，ロ）配置転換命令が「他の不当な動機・目的」をもってなされたものであるとき，ハ）労働者に対し「通常甘受すべき程度を著しく超える不利益」を負わせるものであるとき等「特段の事情」が存する場合には，権利濫用となり，配置転換命令は無効となると判断する．

「業務上の必要性」については，転勤先への異動が「余人をもっては容易に替え難い」といった高度の必要性に限定することは相当でなく，労働力の適正配置，業務の能率増進等，企業の合理的運営に寄与する点が認められる限りは，業務上の必要性を肯定すべきである，としている．

「他の不当な動機・目的」とは，内部告発や苦情申立て等，正当な行為を行ったことへの報復や，退職に追い込むための嫌がらせとして行われるものが典型的である．

「通常甘受すべき程度の不利益」については，最高裁判決は，単身赴任は，一

第4章　人事と企業の組織変動　　63

般に，通常甘受すべき程度の不利益であると解している．この判断については，民法752条が「夫婦は同居し，互いに協力し扶助しなければならない」と定めている意義を軽視している，との批判が妥当すると思われる．

第3節　出向と転籍

1　出向，転籍の意義と出向，転籍命令の根拠

1）出向，転籍の意義

出向は，労務提供先である使用者の変更を命じる人事であり，広義では，在籍出向と移籍出向の2つに分かれる．

在籍出向は，労働者が出向元での従業員としての地位を維持しながら，出向先の指揮命令下で労務を提供するものであり，出向元へ戻ることが予定されている．狭義の出向がこれに該当する．

移籍出向は，出向元との労働契約の終了と，出向先との労働契約の締結が一体として行われるものである．これは，転籍と呼ぶのが一般的である．

2）出向，転籍命令の根拠

出向や転籍は，関連会社や親子会社の間で行われることが多いが，指揮命令権者である使用者の変更は，労働契約の基本的重要事項に関わるものである．また，民法も，使用者が，労働者の承諾なしに，労働者を指揮命令して働かせる権利を第三者に譲り渡すことはできないと定めている（民法625条1項）．

そこで，使用者が出向や転籍を命じるに当たっては，労働者の同意が必要であると解される．但し，出向や転籍を命じる時点での個別的な同意が常に必要であるか否かについては争いがある．

2　出向命令の根拠と限界，出向期間中の労働契約関係

1）出向命令の根拠

出向について，判例は，就業規則や労働協約に，出向義務や出向先の範囲，出向中の労働条件，出向期間等の具体的な定めがあり，それが労働者に予め周知されている場合には，必ずしも個別的な同意は必要なく，包括的な同意で命じることができると解している（たとえば，新日本製鐵〔日鐵運輸第二〕事件判決・最2小判平15・4・18労働判例847号14頁等）．しかし，包括的な同意で足りると解するのは，

指揮命令権の行使に実質的な変更を生じないような例外的な場合に限定すべきである.

出向元への復帰については,出向先での就労に特別の利益がある等,特段の事情がない限り,出向期間の途中においても,労働者の同意なく命じることができると解される（たとえば,古河電気工業・原子燃料工業事件判決・最2小判昭60・4・5労働判例450号48頁）.しかし,労働条件の変更を伴う以上,労働者の同意を要するとする学説もある（西谷敏・根本到編著（名古道功）『労働契約と法』（旬報社,2010）224頁）.

2) 出向命令の限界

出向に関しても,判例により権利濫用法理による制約が認められてきており,労働者の包括的な同意により命じることができる場合においても,命令の効力が常に認められるものではなく,①業務上の必要性の不存在や,②不合理な人選,③賃金等の労働条件の大幅な低下等の労働者の著しい不利益等の事由が認められるときには,権利の濫用に当たるとして,出向命令が無効と判断されることもある（たとえば,JR東海事件・大阪地決昭62・11・30労働判例507号22頁も同様に解している）.

労働契約法は,出向の定義やそれを命じる根拠となる要件についての規定は欠くものの,出向に関する権利濫用法理を明文化して,「使用者が労働者に出向を命ずることができる場合において,当該出向の命令が,その必要性,対象労働者の選定に係る事情その他の事情に照らして,その権利を濫用したものと認められる場合には,当該命令は,無効とする.」と規定している（労契法14条）.

3) 出向期間中の労働契約関係

出向は,出向元使用者と出向先使用者との出向契約に基づくものであり,出向労働者を含めた三者の関係は,出向契約により定められる.しかし,その内容は一様ではなく,一律に判断することはできない（中窪裕也・野田進『労働法の世界（第12版）』（有斐閣,2017）327頁）.

一般的には,出向労働者から見れば,出向元と出向先との間に「二重の労働契約関係」がある.出向先との労働契約関係は,出向元との労働契約関係が前提にあることから,出向先の権限は,基本的には一定範囲内の労務指揮命令を行うことに限定され,解雇権等,労働契約の存否に関わる基本的権限については出向元

が行使することになる.

　労働基準法等の適用に関しては，それが実質的な労働関係を規制するものであることから，適用が問題となる労働関係の存する限度，使用権限に応じて，出向元，出向先，それぞれが適用を受けることになる（安西愈『トップ・ミドルのための採用から退職までの法律知識〔十四訂〕』（中央経済社，2013）825頁）.

3　転籍命令の根拠

　転籍の場合は，就業規則や労働協約に転籍義務や転籍先の範囲，転籍先の労働条件等の具体的な定めがあるときも，転籍を命じる時点における労働者の真意に基づく，個別的な同意が常に必要であると解される（千代田化工建設事件判決・東京高判平5・3・31労働判例629号19頁等）.

第4節　休　　　職

1　休職の意義

　休職とは，従業員としての地位を保有したまま，一定期間，労務の提供を停止させることである．就業規則や労働協約において制度化され，休職事由，休職期間，休職期間中の取り扱い，復職，休職期間満了時の取扱い等が定められる．労働者が個別に使用者と合意することによっても行われることがある.

　制度化しているときは，労働契約の締結時に明示すべき労働条件であり（労基法15条，労基則5条1項11号），すべての労働者を対象とするものは就業規則に記載すべき事項となるが（労基法89条10号），休職制度の内容自体に関する法規制はない（荒木尚志『労働法　第3版』（有斐閣，2016）427頁）．労務提供が行われないことから，休職中の賃金は支払われないのが原則である.

2　休職の種類

　休職事由には様々なものがあり，休職を設ける趣旨にも様々なものがあり，また，企業により大いに異なり，一様ではない（中内哲「休職──全日空事件」『労働判例百選［第七版］』（有斐閣，2002）86頁）.

　使用者が労働者に一方的に命じる休職もあれば，労働者側の都合（不都合）により，労働者の求めに応じて使用者が認める休職や，労働者が使用者に権利として求める休職もある（中窪裕也・野田進・和田肇『労働法の世界（第9版）』（有斐閣，

2011）249頁は，「休暇制度と休職制度との違いは，前者は労働者の権利として保障されているのに対して，後者は一定期間職務を免除する使用者の人事制度として行われる点にある.」と述べるが，休暇制度の実質を有するものを休職制度と称するところもある）.

1）使用者が一方的に命じる休職

　使用者が一方的に命じる休職の事由としては，起訴休職や懲戒休職等がある.労働者に多大なる不利益をもたらすものであり，相応の合理的な事由がなければ，休職命令は無効となる.

　たとえば，起訴休職については，起訴により就労を拒絶できる合理的理由が生じていると認められる場合であることが必要であると解される．全日本空輸事件判決（東京地判平11・2・15労判760号46頁）は，起訴されたことを理由に就業規則に基づいて無給の休職を命じた事件において，「従業員が起訴された事実のみで，形式的に起訴休職の規定の適用が認められるものではなく，職務の性質，公訴事実の内容，身柄拘束の有無など諸般の事情に照らし，起訴された従業員が引き続き就労することにより，（企業）の対外的信用が失墜し，又は職場秩序の維持に障害が生ずるおそれがあるか，あるいは当該従業員の労務の継続的な給付や企業活動の円滑な遂行に障害が生ずるおそれがある場合でなければならず，また，休職によって被る従業員の不利益の程度が，起訴の対象となった事実が確定的に認められた場合に行われる可能性のある懲戒処分の内容と比較して明らかに均衡を欠く場合ではないことを要する」としている（全日本空輸事件については，菅野淑子「起訴休職——全日本空輸事件」『労働判例百選［第9版］』（有斐閣，2016）130〜131頁）.

2）労働者側の都合（不都合）による休職

　労働者側の都合（不都合）による休職としては，公職就任休職，組合専従休職，私傷病休職，事故（私事）休職等がある.

（1）公職就任休職や組合専従休職等の場合

　公職就任や組合専従等の場合の休職においては，期間の満了により当然復職となる.

（2）私傷病休職，事故（私事）休職等の場合

　私傷病や事故（私事）等の場合の休職は，解雇を猶予する措置として機能し，期間中に休職事由が消滅すれば復職させることになるが，休職事由が消滅しなければ，退職することが予定されている（市毛景吉編著（拙稿）『労使関係教材』103頁）.

第4章 人事と企業の組織変動 *67*

職務内容が特定されていない労働者については，休職前の職務への就労が困難と判断されるときでも，他に就労可能な職務がある場合には，期間の満了により当然に退職となるものではないと解される（東海旅客鉄道事件判決・大阪地判平11・10・4労働判例771号25頁）．

第5節　企業の組織変動

1　合併と労働契約
1）合併の意義
2つ以上の会社が1つの会社に合同する合併には，当事会社の一社が存続し，他の会社が解散する吸収合併（会社法2条27号）と，当事会社のすべてが解散し，新会社が設立される新設合併（会社法2条28号）がある．いずれの場合も，消滅する会社のすべての権利義務は，その従業員の労働契約を含めて，存続会社又は新設会社に，当然に，包括的に承継されることになる（会社法750条1項，754条1項）．

2）合併と労働契約
合併により，労働者の従業員たる地位のみならず，労働条件も承継される．使用者の労働契約上の権利の譲渡には，労働者の同意を必要とする民法625条1項の適用はないと解される（荒木尚志「合併・営業譲渡・会社分割と労働関係」ジュリスト1182号（2000）17頁）．その結果，労働条件の不統一が発生し，ほとんどの場合，それを解消する必要が生じる．労働協約に基づく労働条件は団体交渉により解決すべきものとなる．就業規則に基づくものは変更の問題となり，不利益変更の場合は，その合理性が検討されることになる．

2　事業譲渡と労働契約
1）事業譲渡の意義
事業とは，「営業目的のために組織された有機的一体性のある財産」と定義され（菅野和夫『労働法〔第11版補正版〕』（弘文堂，2017）717頁），事業譲渡は，その全部又は一部を他の会社に譲渡することを意味する．

事業の全部又は重要な一部の譲渡には，原則として，株主総会の特別決議が必要とされている（会社法467条1項1～2号，309条2項11号）．事業譲渡により承継される事業に関する権利義務の範囲は，譲渡会社と譲受会社の契約により決定される．

2）事業譲渡と労働契約

民法625条1項の趣旨を考慮するならば，事業譲渡に伴う従業員たる地位の承継には，譲渡会社と譲受会社との間のその旨の合意と，労働者の同意が必要であると解される．

3　会社分割と労働契約

1）会社分割の意義

会社分割には，その事業に関する権利・義務の全部又は一部を分割して，新たな会社を設立する新設分割（会社法2条30号）と，既存の会社に吸収させる吸収分割（会社法2条29号）がある．

会社分割は，分割計画（新設分割）又は分割契約（吸収分割）の作成等の手続を経て発効するものとされ，分割される事業に関する権利義務は，承継されるものとして分割計画又は分割契約に記載されたものが，一括して，当然に，新設会社又は吸収会社に承継されることになる（商法759条，764条）．

2）会社分割と労働契約

（1）会社分割と労働契約

労働契約も，分割計画又は分割契約に従って承継される（労働契約承継法3条）．民法625条1項が定める労働者の承諾は不要とされている．

承継される事業に主として従事する労働者が，分割計画又は分割契約に対象として記載されていない場合には，当該労働者は書面により異議を述べることにより，その労働契約は承継されることになる（労働契約承継法4条）．承継される事業に主として従事していない労働者が，分割計画又は分割契約に対象として記載されている場合には，当該労働者は書面により異議を述べることにより，分割を行う会社に留まることができる（労働契約承継法5条）．

「主として従事する」か否かの判断は，労働時間や役割等の勤務実態に基づいて行われるが，詳細な基準を定める指針が出されている（平12・12・27労告127号，平18・4・28厚労343号）．

（2）会社分割と労働協約

分割を行う会社が締結していた労働協約は，当該労働協約の適用を受ける労働組合員の労働契約が会社分割により承継されたときは，新設会社又は吸収会社との間でも締結されたものとみなされる（労働契約承継法6条3項）．

ただし，労働協約の債務的部分については，分割を行う会社と労働組合との間の合意により，分割計画又は分割契約に定めた範囲で，新設会社又は吸収会社に承継させることができる（労働契約承継法6条2項）．

第5章 懲戒処分

第1節 懲戒処分の意義と懲戒権の法的根拠

1 懲戒処分の意義と機能

1）懲戒処分の意義

懲戒処分とは，経営秩序を維持し，企業目的を達成するために，労働者が業務命令や服務規律に違反した場合に，使用者によって課せられる事実上の非難や不利益処分である（市毛景吉編著（拙稿）『労使関係教材』（東京教学社，1999）117頁）.

労働は組織的に行われることが要請されることから，使用者の企業秩序維持（懲戒）権が認められ，使用者は，企業秩序を維持するために必要な措置を労働者に命じ，あるいは企業秩序を乱す労働者の行為を禁止し，その違反に対して，その程度に相当する懲戒処分を行うことができると解される.

使用者の企業秩序維持（懲戒）権に対応するものとして，労働者の企業秩序遵守義務が認められる.

2）懲戒処分の機能

懲戒処分は，企業が従業員を組織づけ，職場秩序を確立するための手段であり，多くの従業員を協働させ，組織的・能率的に使用するために企業経営上不可欠な制度である.

「表彰」が積極的な労働力の活用と経営能率の増進を意図するものであるのに対し，「制裁」は消極的に経営の秩序を維持するための秩序罰で，制裁を課すことが懲戒処分であり，制裁的機能と教育的機能が認められる.

なお，「表彰及び制裁」は，就業規則の相対的必要記載事項であり，これについて定めをする場合には，その種類及び程度に関する事項を必ず就業規則に記載しなければならない（労基法89条1項9号）.

2　懲戒権の法的根拠

　労働者と使用者は，基本的には，対等な契約関係にあるが，使用者が懲戒権を行使できることは一般に承認されている．問題は，その法的根拠についての考え方であり，契約説と固有権説とに大きく分かれている．

1）契約説

　契約説とは，使用者は労働者から労働契約により同意を得ている限度で懲戒処分を行えるとする考え方である．対等な契約関係を大前提とするならば，この考え方が基本となる．

　契約説によれば，使用者は，就業規則で懲戒事由や手段を定めた上で，それらに労働者の明示ないしは黙示の同意を得て労働契約の内容とすることにより，その定めの限度で懲戒処分が可能となる．そこで，就業規則上の懲戒事由や手段の列挙は限定的なものとなり，懲戒事由に該当しない事由による処分や規定のない手段による懲戒は一切認められないことになる．

　なお，懲戒処分にはその旨の就業規則の規定とその規定の労働者への周知が必要であると判示する近時の最高裁のフジ興産事件判決（最2小判平15・10・10労働判例861号5頁）は，後述するように，罪刑法定主義の視点からの立論であり（水町勇一郎『労働法〔第7版〕』（有斐閣，2018）166頁），契約説の立場に立つものではない．

2）固有権説

　固有権説とは，使用者には労働契約関係の性質上当然に固有の懲戒権が認められるという考え方である．固有権説によれば，就業規則に定めがなくても懲戒処分は可能であり，就業規則上の懲戒事由や手段の列挙は例示的なものとされ，これらに必ずしも拘束されないことになる．

　最高裁の関西電力事件判決（最1小判昭58・9・8労働判例415号29頁）は，「労働者は労働契約を締結したことによって企業秩序遵守義務を負い，使用者は労働者に対し，制裁罰である懲戒を課すことができる」としており，基本的には，固有権説に立つものと解されている．

第2節　懲戒権濫用法理と懲戒処分の手続

使用者の懲戒権を承認するとしても，それは無制約のものではなく，判例により確立された懲戒権濫用法理や手続的制約に服することになる．

1　懲戒権濫用法理

1）判例による懲戒権濫用法理の確立

使用者の懲戒権に関しては，判例により懲戒権濫用法理が確立されていた．たとえば，最高裁のネスレ日本事件判決（最2小判平18・10・6労働判例925号11頁）では，上司に対する7年以上前の暴行事件等を理由とする諭旨退職処分について，「処分時点において企業秩序維持の観点からそのような重い処分を必要とする客観的に合理的な理由を欠くものといわざるを得ず，社会通念上相当として是認することはできない」としている．

2）労働契約法15条

労働契約法は，懲戒権濫用法理を明文化し，「使用者が労働者を懲戒することができる場合において，当該懲戒が，当該懲戒に係る労働者の行為の性質及び態様その他の事情に照らして，客観的に合理的な理由を欠き，社会通念上相当であると認められない場合は，その権利を濫用したものとして，当該懲戒は，無効とする．」としている（労契法15条）．

2　懲戒処分の手続

懲戒処分は，使用者が課す一方的な不利益処分であることから，さらに手続的制約にも服する．

1）罪刑法定主義

罪刑法定主義と同様の視点から，懲戒処分の種類や事由が，事前に，就業規則で明示されていなければならない（フジ興産事件・最2小判平15・10・10労働判例861号5頁）．新たに定められた懲戒事由は，定める前の行為には適用されない．1つの事由についての処分は，1回に限られる．

第5章 懲戒処分 *73*

2）平等取扱いの原則

平等取扱いの原則により，「同一の行為」に対する処分は，同種ないし同等の処分でなければならず，同種事案があれば，それについての先例が尊重されなければならない．

3）適正手続

懲戒処分を科す手続は，懲戒処分を相当とする行為の存否を，事実に基づき判断した上で，懲戒処分の可否を決定するものであることから，原則として，公正に判断できる委員からなる懲戒委員会を設けて，本人の弁明を聴く等の手続を行い，懲戒委員会の決定に基づいて行う必要がある．

懲戒委員会の手続は，就業規則で定めておく必要がある．定められた手続に従わないで決定された懲戒処分は，手続上の暇疵により無効とされることがある．

労働組合員に対する懲戒処分に関して，労働協約に，労働組合との協議や同意を要するとする条項がある場合には，相応の協議や同意がないと懲戒処分が無効とされることがある．

第3節　懲戒の事由と懲戒処分

1　懲戒の事由

懲戒の事由は多様であり，典型的で，問題となるものについて論じる．なお，懲戒処分は労働者に不利益を課すものであることから，就業規則に規定の懲戒事由は限定列挙と解される（清正寛・菊池高志編（後藤勝喜）『労働法エッセンシャル〔第5版〕』（有斐閣，2009）173頁）．

1）経歴詐称

経歴詐称とは，労働契約の締結に際して，労働者が，学歴や職歴等について，偽りを述べ，又は事実を隠すこと，を意味する．

経歴詐称については，懲戒事由としてではなく，「労働契約時の詐欺や錯誤あるいは契約解約の可否」の問題として処理すべきであるとする有力説がある（角田邦重・山田省三『現代雇用法』（新山社，2007）129頁）．しかし，日本ユニカー事件判決（横浜地川崎支判昭50・2・10労働判例22号64頁）等，判例は，経歴詐称は，労働力の評価や選択等を誤らせる点で企業秩序の維持に影響を及ぼすものであり，

懲戒事由としては合理性があるとしている.

学歴詐称は，実際より高く偽る場合が典型的である．しかし，逆に低く偽った場合も含まれると解される（日本鋼管鶴見造船所事件・東京高判昭56・11・25労民集32巻6号828頁）．大学中退の場合にも，大学に入学した事実が消滅するものではなく，大学中退者が高卒までの学歴のみを履歴書に記載することや，面接で大学入学の事実を秘匿することは，経歴詐称と判断される可能性がある.

2）職務命令違反

職務命令違反とは，正当な理由なく職務上の指示や命令に従わないこと，を意味する．時間外労働命令等，日常の業務上の命令に従わないのが典型例である．適法な配転命令に従わないことも，職務命令違反となる.

労働契約に基づく労働者の最も基本的な義務が労務提供義務であることからして，職務命令違反は，懲戒事由としての合理性を疑う余地のないものである.

3）職場規律違反

ハラスメントや職務上の不正行為のような職場規律違反の行為も，重大な懲戒事由となる．たとえば，教員が学生等に対して行うセクシュアル・ハラスメントについては，懲戒解雇をはじめとする厳しい処分の対象になる.

「業務上横領」や「取引先からのリベート受領」等，金銭に関する不正行為のような典型例は，その回数や金額の多寡に関係なく，懲戒解雇も相当と判断される，重大な秩序違反行為となる．たとえば，東京都公営企業管理者交通局長事件（東京地判平23・5・25労経速2114号13頁）では，バス乗務員による1100円の運賃の不正領得行為を理由とする懲戒免職を相当としている.

「タイムレコーダーの不正打刻」も，労働時間に対応して賃金が支払われるのが基本であることからして，重大な不正行為に該当する（八戸鋼業事件・最1小判昭42・3・2民集21巻2号231頁）.

4）兼業・副業禁止違反

働き方改革の流れの中で，柔軟な働き方として，兼業や副業を容認する方向での議論が活発化している.

本業における労務提供義務や職場秩序に悪影響を及ぼす兼業や副業については，原則，許可制として，許可を得ない兼業や副業を懲戒事由とすることは認め

られる．たとえば，小川建設事件判決（東京地決昭57・11・19労民集33巻 6 号1028頁）
は，女性社員が会社に無断で午後 6 時から12時までキャバレーの会計係として就
職していた事例において，「労務の誠実な提供に何らかの支障をきたす蓋然性が
高いものとみるのが社会一般の通念である」として，解雇を有効と判断している．

　労務提供義務や職場秩序に影響しない兼業や副業は，就業時間外においては労
働者の私生活の自由が尊重されなければならず，届出制にすることはともかく，
許可制にすることは認められないと解される．

5）職務懈怠

　無断欠勤や遅刻過多，職場離脱等，著しい職務懈怠がみられるときも，懲戒処
分の対象になることがある．とくに無断欠勤は，事前連絡のない欠勤や使用者の
承認のない欠勤であり，労働契約上の債務不履行となるのみならず，企業におけ
る秩序ある組織的労働に大いに悪影響を及ぼすことが通常である．連絡が可能で
ある状況における事前連絡のない欠勤は，社会人としての最低限の資質の欠落を
露わにするものであり，比較的短期間のものでも懲戒解雇に相当すると解される．

　長期の無断欠勤は，懲戒解雇が相当であると，通常は，容易に判断できるもの
であるが，労働者に無断欠勤を余儀なくさせる特段の事情があった場合には，懲
戒処分が無効とされることもある．たとえば，長栄運送事件判決（神戸地決平 7・
6・26労働判例685号60頁）は，阪神大震災により19日間の無断欠勤をしたことを理
由として懲戒解雇にした事例において，異常時での無断欠勤は就業規則の懲戒事
由には該当しないとして，懲戒解雇は無効であると，妥当な判断をしている．

6）企業外非行

　就業時間外の私生活の行為には使用者の支配が及ばないことから，非行といえ
ども企業外のものについては，懲戒処分の対象とならないのが原則である．しか
し，労働者は，労働契約上「企業秩序遵守義務」を負うと解され，私生活上の行
為でも，企業秩序を乱し，企業の名誉・信用を損なうことがあれば，懲戒処分が
相当とされることがある．

　最高裁の日本鋼管川崎製鉄所事件判決（最 2 小判昭49・3・15労働判例198号23頁）は，
従業員による企業外における不名誉な行為により会社の信用・名誉その他の社会
的評価が著しく毀損されたと客観的に認められる場合には，必ずしも具体的な業
務阻害の結果や取引上の不利益の発生がなくても，制裁として，当該従業員を企

業から排除し得る，としている（企業外非行について詳しくは，辻村昌昭「企業外非行」
『労働法の争点［第3版］』（有斐閣，2004）159頁）．

2 懲 戒 処 分

1） 懲戒処分の種類

懲戒処分には，労働契約の存続が前提のものと，労働契約の解消をもたらすものがある．懲戒手段は，就業規則により，懲戒手段の名称のみならず，具体的な処分の内容や程度について，明確に規定する必要がある．

2） 労働契約の存続が前提のもの

労働契約の存続が前提のものとしては，けん責や戒告，減給，出勤停止等がある．

（1）けん責，戒告

「けん責」は，始末書を提出させて将来を戒めるものである．「戒告」は，将来を戒めるのみで，始末書の提出を伴わないものである．

始末書は，不始末を起こした者が，その不始末の一部始終を上司や使用者に報告する文書である．

（2）減給

「減給」は，支払うべき賃金額から一定額を差し引くことである．第2章第6節で述べたように，「減給」制裁には，労働基準法で制限が定められており，1回あたりの減給額は，1回の事案に対して減給の総額が平均賃金の1日分の半額以内，一賃金支払期に発生した複数事案に対する減給の総額は当該賃金支払期における賃金の総額の10分の1以内でなければならない（労基法91条，昭23・9・20基収1789号）．

なお，減給処分の原因となった行為により被った損害について，使用者が賠償請求することは，減給の制限とは関係がない．

また，懲戒処分として降格処分をする場合に，役職手当のカットや資格等級の引き下げにより賃金の低下をもたらすことがあるが，それは降格等の職務変化に伴う当然の結果であり，減給の制裁には該当せず（昭26・3・14基収518号，昭26・3・31基収938号），労働基準法91条の制限を受けるものではない．

（3）出勤停止

「出勤停止」は，労働契約を継続させながら労働者の就労を一定期間禁止する

ことである.「自宅謹慎」や「懲戒休職」という表現をするところもある. 出勤停止期間中の賃金は, 就業規則に定めがあれば, 賃金の支払いを要しない.

出勤停止期間中の賃金を受けられないことは, 制裁としての出勤停止の当然の結果であり, 減給の制裁に関する労働基準法91条の適用はない（昭23・7・3基収2177号）.

ただし, 賃金不支給の出勤停止が長期に及ぶ場合には, 兼業や副業を禁止する使用者も多く, 労働者の経済生活に重大な影響を及ぼすことから, 懲戒権の濫用として無効と解されることもある.

3）労働契約の解消をもたらすもの

労働契約の解消をもたらすものとしては, 諭旨解雇（退職）と懲戒解雇がある.

（1）諭旨解雇（退職）

「諭旨解雇（退職)」とは, 被処分者に, 期限を示して, 退職願の提出を勧告し, 提出があれば依願退職扱いとし, 提出がないときは懲戒解雇に処するというものである.

勧告に応じれば, 自己都合退職の場合の退職金や減額された退職金を支払う扱いとする使用者が一般的である.

（2）懲戒解雇

「懲戒解雇」とは, 懲戒処分として労働契約を一方的に解約することである. 予告なく即時に行われ, 退職金の全部ないしは一部の不支給を伴うことが多い.

懲戒解雇の場合にも, 即時解雇には, その責に帰すべき事由が被処分者にあることを示して所轄の労働基準監督署長の除外認定を受けるか, 30日以上の平均賃金の予告手当を被処分者に支払う必要がある（労基法20条1項）.

第6章 賃　　金

第1節　賃金総論

1　賃金の意義

賃金は，労働者がその生活費を賄うための，主要な拠り所である．予定された額の賃金が予定の時期に支払われないと，労働者及びその家族の生存をも脅かす事態に至る．

そこで，賃金に対しては，対等な当事者間でやり取りされる金銭には必ずしも必要とされない特別の保護を与えるために，労働基準法その他の法令には，賃金の保護に関する規定が設けられている．

2　賃金の定義

賃金として保護し，規制の対象とする範囲を明確にするために，労働基準法は，賃金とは，「賃金，給料，手当，賞与，その他名称の如何を問わず，労働の対償として使用者が労働者に支払うすべてのもの」と規定する（労基法11条）．

賃金として特別の保護を受けるためには，「労働の対償として支払われる」と，「使用者から労働者に支払われる」という，2つの要件を満たす必要がある（労基法上の賃金に関して詳しくは，大内伸哉編著（大内伸哉）『通達・様式からみた労働法』（日本法令，2007）284頁以下参照）．

1）「労働の対償として支払われる」

賃金は，「労働の対償として支払われる」ものであることを要する．

この要件は，本来は，労働者が，使用者の指揮命令に従って労働するという，労働契約上の義務の履行の対価として支払われるものが賃金である，ということを意味する．

ただし，使用者から労働者に支払われる金銭には多種多様なものがあり，賃金

として保護の対象とすべきものは，現実に労働した時間に対応して支払われる金銭に限定されるものではない．

また，賃金の意義に関する解釈例規（昭22・9・13発基17号）や，それに基づく労働監督行政の影響もあり，毎月支払われない「退職金」や「一時金（賞与）」，さらには，家族手当や住宅手当，結婚祝金や死亡弔慰金等についても，「労働協約，就業規則，労働契約等によって予め支給条件の明確なもの」については賃金と解され，労働基準法その他の法令の保護の対象とされている（日本の正社員の賃金制度には，次の4つの特徴が認められる．①勤続年数や年齢が賃金決定の重要な要素である．②家族手当や住宅手当，役職手当等，多様な要素からなっている．③一時金（賞与）の比重が高い．④高額の退職金制度が普及している．西谷敏『労働法　第2版』（日本評論社，2013）245頁）．

これに対して，浴場施設や娯楽施設等の利用利益のような金銭的利益とは言えない福利厚生施設や，作業服，事務用品などの支給物，出張旅費等の本来使用者が負担すべき実費弁償は，賃金に該当しない．

ストック・オプション（労働者が会社から一定価格で自社株を購入できる権利）による利益は，それが発生する時期や額が労働者の判断に委ねられていることから労働の対償ではなく，賃金には該当しない（平9・6・1基発412号）．

2）「使用者から労働者に支払われる」

賃金は，「使用者から労働者に支払われる」ものであることを要する．旅館の仲居等が個人的に客から受けるチップ等は，賃金に該当しない（昭23・2・3基発164号）．

3　一時金（賞与）や退職金の法的問題

一時金（賞与）や退職金は賃金と解されるが，検討すべきいくつかの法的問題がある．

1）一時金（賞与）の法的問題
（1）一時金（賞与）の意義

一時金（賞与）とは，典型的には，夏季と年末の2回，就業規則や労働協約により定められた条件や基準，支給（査定）対象期間の企業業績，当該労働者の勤務成績に対する査定評価等に基づいて支給される金銭を意味する．

80　第Ⅱ部　個別的労使関係法

使用者は，頑張ったことへの報奨という意味を込めて，「賞与」という表現を用いる．労働者や労働組合側は，月々の賃金の他に，定期的に，当然に受け取るべき金銭として，「一時金」という表現をすることが多い．

（2）「支給日在籍要件」の有効性

一時金（賞与）については，就業規則で，支給（査定）対象期間の全部または一部には勤務するも支給日には在籍しない者には支給しない旨を定める「支給日在籍要件」の有効性が問題になる．

最高裁の大和銀行事件判決（最１小判昭57・10・７労働判例399号11頁）は，自己都合の退職者に関して，支給日在籍要件を定める就業規則の効力を認め，請求を認めない判断をしている．

しかし，定年退職や会社都合の解雇（整理解雇）等，労働者が退職の時期を選択できない場合等にも「支給日在籍要件」の効力を認めるのは，労働者の経済的不利益が大き過ぎると解される．とくに退職間際の労働者の支給額は高額になることが通常であり，不支給による不利益は甚大なものとなる．そこで，自己都合退職の場合以外は，その効力を否定し，支給（査定）対象期間中に勤務した期間に応じた一時金（賞与）の請求を認めるべきである．

たとえば，ニプロ医工事件判決（大阪高判昭59・８・28労働判例437号25頁）では，本来の支給時期から２カ月以上遅延した支給日に関して，支給日在籍を要件とする一時金（賞与）支給の慣行の適用を否定している．

2）退職金の法的問題

（1）退職金の意義

退職金とは，就業規則や労働協約などに基づいて，退職に際して使用者から労働者に支払われる金銭である．正社員に関しては退職金を制度化する使用者が多いが，法的には，使用者には，退職金の支払い義務はない．

退職金制度には多様なものがあるが，その額は，基本給等の算定基礎賃金に勤続年数に応じた係数を乗じて算定されるのが一般的である．自己都合退職よりも，整理解雇等の会社都合や，定年，死亡退職の場合に，優遇した金額を支払うものとする使用者が多い．懲戒解雇の場合には不支給とする使用者が一般的である（退職金については，近藤紘司編著『人事・労務』（ぎょうせい，2005）53頁以下参照．なお，馬渡淳一郎編著（小嶌典昭）『現代労働法』（八千代出版，2000）112頁は，退職金について，「従業員が非行に走るのを防ぎ，そのモラールを維持し，優秀な従業員を会社につなぎとめ

ておくための手段として，これほど有効な制度はほかにない」と述べる）．

退職金は，一般的には，勤続に対する功労報償的な性格と，労働の対償である賃金の後払い的な性格を併せ持っている．その金額が多額となる可能性も高く，また老後の生活資金としての意味合いもあり，退職金の減額や不支給は，重大問題となる．

（2）競業避止義務違反と退職金の減額・不支給

営業上の利益を守るために，広告・宣伝業等の使用者が，従業員の退職後の転職先を制限する等の形で，自己の事業と競争的な取引をすることを回避させる義務，すなわち競業避止義務を課すことがある．この義務の履行を確保するために，違反した場合には退職金を減額ないし不支給にすることがあるが，その法的有効性が問題となる．

「減額」の事件である三晃社事件は，退職後同業の広告会社に転職した場合には自己都合退職金の半額を返済するという就業規則の規定の有効性が争われた．第1審は，当該規定は労働者に競業避止義務を課し，その違反に対して損害賠償を予定するもので，労基法16条に違反し無効であると判示した（名古屋地判昭50・7・18労働判例233号48頁）．

第2審は，当該規定は，退職後同業他社へ転職する者の退職金「支給基準」を定めたもので，損害賠償を予約したものではなく，この程度の就職の制限は，営業社員と顧客との個人的結び付きの強い広告代理業として企業防衛上止むを得ず，労基法16条，労基法24条や民法90条にも違反しないとした（名古屋高判昭51・9・14労働判例262号41頁）．第2審は，当該労働者には自己都合退職金の半額しか退職金債権が発生していない，と解釈したのである．この高裁の判断は最高裁にも支持された（最2小判昭52・8・9労働経済判例速報958号25頁．三晃社事件については，神尾真知子「退職金の減額──三晃社事件」『労働判例百選［第七版］』（有斐閣，2002）100頁）．

「不支給」の事件である中部日本広告社事件では，退職後6カ月以内に同業の広告会社に転職した場合には退職金全額を「不支給」にするという就業規則の規定の有効性が争われた．名古屋高裁は，不支給条項の必要性，退職に至る経緯，退職の目的，会社の損害など諸般の事情を総合的に考慮して，不支給は会社に対する「顕著な背信性」がある場合に限定されるとして，不支給規定の適用を否定している（名古屋高判平2・8・31労民集41巻4号656頁）．

使用者には退職金制度を設ける法的義務が課せられてはいないが，使用者が，

82　第Ⅱ部　個別的労使関係法

退職金を人質として，労働者の退職後の行動を拘束することを認めることの可否については，極めて慎重に判断しなければならない．

　原則論としては，退職した労働者の競業行為により損害を被った使用者は，損害賠償請求によりその回復を図るべきものと解される（土田道夫「競業避止義務と守秘義務の関係について」中嶋士元也先生還暦記念編集刊行委員会編『労働関係法の現代的展開』〈新山社，2004〉219頁）．

（3）懲戒解雇と退職金の不支給・減額

　労働者を懲戒解雇する場合には，就業規則により，退職金を不支給にする使用者が一般的であり，支給する場合にも減額する使用者が多くみられる．退職金は多額になることも多く，懲戒解雇において，常に，その不支給や減額が法的に認められるか否かが問題となる．

　退職金については，労働の対償である賃金の後払い的な性格を完全に否定できるものではないことから，懲戒解雇が有効と解される場合においても，退職金の減額や不支給が当然に認められるとは解されてはいない．

　たとえば，橋元運輸事件判決（名古屋地判昭和47・4・28判例時報680号88頁）は，懲戒解雇による退職金の全額不支給が適法と認められるためには，「労働者の永年の勤続の功を抹殺してしまうほどの不信があったこと」を要するとしている．

　また，ヤマト運輸事件判決（東京地判平19・8・27労働判例945号92頁）は，酒気帯び運転で検挙されたドライバーの労働者に対する懲戒解雇による退職金不支給措置の是非に関して，懲戒解雇は適法とするものの，「退職金は，功労報償的な性格をも有することは否定できないが，他方，労働の対償である賃金の後払いとしての性格を有することは否定する余地がない．……退職金不支給とする定めは，退職する従業員に長年の勤続の功労を全く失わせる程度の著しい背信的な事由が存在する場合に限り，退職金が支給されないとする趣旨と解すべき」であるとして，退職金の約3分の1の支払を命じている．

第2節　賃金の支払方法

　労務提供をした労働者本人に，その対償である賃金が安全かつ確実に帰属し，労働者の生活が安定するように，労働基準法は，賃金の支払方法について4つの原則を定めている（労基法24条）．

1　通貨払いの原則

1）通貨払いの原則の意義

「通貨払いの原則」により，賃金は，通貨，すなわち「強制通用力のある貨幣」で支払うことを要する（労基法24条1項）．これは，価値が不明確で，保存にも，換価にも不便で，弊害の多い「現物給与」を禁止することを主眼としている．

貨幣には，①価値尺度，②価値貯蔵，③流通手段という，3つの高度な機能が備わっている．

2）通貨払いの原則の例外

通貨払いの原則に対する例外として，次の3つの場合には，通貨以外のもので支払うこともできる（労基法24条1項但書）．

（1）「法令」に定めがある場合

通貨払いの原則の例外を定める「法令」は，制定されていない．

（2）「労働協約」に定めがある場合

「労働協約」に定めることにより，通貨以外のもので支払うことができる．労働協約は「労使協定」で代用することはできず，労働組合のないところでは，例外は認められない．

（3）「命令で定める賃金について確実な支払いの方法で命令で定めるもの」による場合

この例外は労働基準法施行規則7条の2で定められ，一般に行われている．①「労働者の同意」があれば，「当該労働者が指定する銀行その他の金融機関に対する当該労働者の預金又は貯金の振込によること」，すなわち「口座振込み」ができる．②退職金に関しては，「口座振込み」の方法に加えて，「銀行その他の金融機関」が自己宛に振り出し，もしくは支払い保証をした「小切手の交付」または「郵便為替の交付」によることもできる（中川恒彦『新版賃金の法律知識』（労働法令協会，2003）2～5頁）．

2　直接払いの原則

1）直接払いの原則の意義

「直接払いの原則」により，賃金は「直接」労働者に支払われなければならない（労基法24条1項）．これは，親方や職業仲介人による「中間搾取」や，「親による年少者の賃金の奪い去り」などを防止することを主眼としている．

たとえば労働者の親権者その他の法定代理人，労働者の委任を受けた任意代理

84 第Ⅱ部 個別的労使関係法

人に支払うことは認められない．労働者以外の者に支払った場合，使用者は，労働者の手に渡らない分だけ賃金不払いの責任を問われることになる．

　未成年者に関しては，さらに労働基準法59条により，独立して賃金を請求することができることと，親権者や後見人が代わって受け取ることの禁止が明記され，違反した親権者や後見人は30万円以下の罰金に処される（労基法120条１号）．

2）直接払いの原則が問題となる場合
（1）賃金債権が譲渡された場合

　賃金債権が譲渡された場合，譲渡人である労働者本人と譲受人である第三者のいずれに支払うべきかという問題がある．最高裁の小倉電話局事件判決（最３小判昭43・3・12民集22巻３号562頁）は，賃金債権が労働者から第三者へ譲渡され，民法467条の定める対抗要件である譲渡人（労働者）からの「債務者（使用者）への通知」を備えた場合でも，使用者は，賃金を，まずは労働者に支払わなければならず，賃金債権を譲り受けた者に支払うことは直接払いの原則に反すると，妥当な判断をしている．

（2）使者への支払

　実際上の便宜を考慮して，労働者の病気等の際に，配偶者や同僚のような「使者」，すなわち労働者の手足と考えられ，その者に対する支払いが本人に対する支払いと同視できる者に対して支払うことは適法とされる（昭63・3・14基発150号）．ただし，その者に対する支払いが本人に対する支払いと同視できる者か否かの判断は，慎重に行う必要がある．

3　全額払いの原則
1）全額払いの原則の意義

　「全額払いの原則」により，支払期にある賃金は，その「全額」を支払わなければならない（労基法24条１項）．これは，全額支払わないことによる労働者の不当な足止めを防止するとともに，「直接払いの原則」と相まって，労働の対償をすべて労働者に帰属させることを主眼としている．

2）全額払いの原則の例外

　全額払いの原則に対する例外として，次の２つの場合には，賃金の一部を「控除」して支払うことができる（労基法24条１項但書）．

（1）「法令に別段の定がある場合」

たとえば，所得税法等の定めに基づいて，給与所得税の源泉徴収や社会保険料の控除などが行われている．

（2）「労使協定がある場合」

労使協定にその旨の定めをすることにより，社内購買所での購買代金や社宅費用の控除，いわゆる「チェック・オフ」等を行うことが認められる．

3）全額払いの原則が問題となる場合

（1）使用者の労働者に対する債権を自動債権とする相殺

使用者が労働者に対して債権を有する場合に，その債権を自動債権として賃金と「相殺」（民法505条1項）することも，生活の基盤である賃金を労働者に確実に受領させるという全額払いの原則の趣旨に反し，認められないと解される．

最高裁の日本勧業経済会事件判決（最大判昭36・5・31民集15巻5号1482頁）も，全額払の原則により，「労働者の賃金債権に対しては，使用者は，使用者が労働者に対して有する債権をもって相殺することを許されない」としている．

使用者が労働者の同意を得て相殺することについても，全額払いの原則により認められないと解される．しかし，最高裁の日新製鋼事件判決（最2小判平2・11・26労働判例584号6頁）は，「同意が労働者の自由な意思に基づいてされたものであると認めるに足りる合理的な理由が客観的に存在するとき」には，全額払いの原則に違反するものとはいえない，としている（日新製鋼事件については，佐藤敬二「全額払いの原則と合意による相殺——日新製鋼事件」『労働判例百選［第9版］』（有斐閣，2016）62〜63頁）．

（2）使用者による過払い賃金清算のための調整的相殺

不可避ともいうことのできる過払い賃金を翌月の賃金で調整することがある．法的には，使用者が，過払い賃金に基づく不当利得返還請求権を自動債権として，労働者の賃金と相殺を行うというものである．これも「相殺」であり，一般に，「調整的相殺」と呼ばれているものであるが，こういったものについては，実際上の必要性もあり，一定の条件の下で認められる場合があると解される．

最高裁の福島県教組事件判決（最判1小昭44・12・18民集23巻12号2495頁）は，計算違いや見込み違いなど賃金の過払いが避けがたいものであり，賃金と無関係な債権を自動債権とする場合とは意味合いが大きく違うことを理由に，①「過払いのあった時期と賃金の清算調整の実を失わない程度に合理的に接着した時期」に

86 第Ⅱ部　個別的労使関係法

なされ，②「調整的相殺」の「方法・金額」について，「あらかじめ労働者に予告され，その額が多額にわたらない」といった条件が満たされた場合には許される，と妥当な判断をしている．

4　毎月一回以上一定期日払いの原則

1）毎月一回以上一定期日払いの原則の意義

「毎月一回以上一定期日払いの原則」により，賃金は「毎月一回以上，一定の期日を定めて」支払わなければならない（労基法24条2項）．これは，支払期日の間隔が長過ぎることや，賃金の支払い日が一定しないことにより，労働者の生活が不安定になることを防止することを主眼としている．

なお，この原則を2分割して，毎月一回以上の原則と，一定期日払いの原則とに分けて論じる説もある．

2）毎月一回以上一定期日払いの原則の不適用

臨時に支払われる賃金や一時金（賞与），1カ月を超える期間についての諸手当には，毎月一回以上一定期日払いの原則は適用されない（労基則8条）．

3）毎月一回以上一定期日払いの原則が問題となる場合

（1）「特定」の程度

毎月一回以上一定期日払いの原則では，たとえば，月給制の場合は月末，週給制の場合は土曜日と定めることは認められる．しかし，「毎月下旬」や「毎月第2月曜日」との定めは，支給日の「特定」がなく，支払期日の間隔も一定ではないので許されない（厚生労働省労働基準局編『平成22年版労働基準法上』（労務行政，2011）358頁）．

ただし，一定の曜日だけ勤務する労働者については，賃金支払いは直接払いが原則であることから，労働者の便宜を考慮して，出勤する曜日に合わせて「毎月第2金曜日」といった定め方をすることは必ずしも違法ではないと解される．

（2）いわゆる「前借り」と労働基準法の「非常時払い」

いわゆる「前借り」，すなわち，労働者が，定められた支払い期日の前に，賃金の全部ないし一部に相当する金銭の借用を求めるものは，就業規則等による労使間の特段の合意がない限り，使用者には応じる法的義務はない．

ただし，定められた賃金支払い期日の前に，急な出費が必要となる非常事由が

発生する場合を考慮して，労働基準法は「非常時払い」を定めており，労働者本人や労働者の収入により生活を維持している者に，出産，疾病など非常事由がある場合には，使用者は，労働者からの請求があれば，「既往の労働」，すなわち提供済みの労働に対応する賃金を支払わなければならない（労基法25条）．

第3節　賃金の保障と最低賃金

　賃金が労働者やその家族の生活費を賄うための主要な拠り所であることを考慮して，労働基準法には，労働者に一定の所得を確保しようとする規定が置かれている．また，賃金の最低限度を定め，その額に満たない賃金を禁止する「最低賃金」については，最低賃金法がその定め方を規定している．

1　出来高払いの保障給
1）出来高払いの保障給の趣旨
　出来高払い制や請負制で支払われる場合には，賃金が，たとえば停電や原材料の不足等，労働者の能率や能力に関係ない事情により見込みの成果があげられず，賃金が減少して生活を維持することが困難になることもある．そこで，労働基準法は，労働者を出来高払い制や請負制で使用する使用者は，労働時間に応じて一定額の賃金を保障しなければならないと定めている（労基法27条）．

2）保障すべき時間あたりの賃金額
　保障すべき時間あたりの賃金額については「一定額」と定められているが，明確な基準を示す規定はなく，解釈例規では「通常の実収賃金を余りへだたらない程度の収入」（昭和63・3・14基発150号）と表現されている．保障の趣旨からすれば，「少なくとも平均賃金の100分の60程度を保障することが妥当」と解される（厚生労働省労働基準局編『平成22年版労働基準法上』379頁）．

2　休 業 手 当
1）休業手当の趣旨
　使用者の責に帰すべき事由により労働者を休業させた場合，労働者の生活を保護するために，労働基準法は，使用者に，平均賃金の6割以上の休業手当の支払いを義務付けている（労基法26条）．

88　第Ⅱ部　個別的労使関係法

民法536条2項が規定する危険負担の法理により，賃金の全額請求も可能ではあるが（池貝事件・横浜地判平12・12・14労働判例802号27頁），労働基準法に基づく請求には罰則による強制力もあり，実効性が高い（労基法120条及び114条）．

2）「使用者の責に帰すべき事由」の解釈

労働基準法26条の「使用者の責に帰すべき事由」は，民法536条2項が規定する危険負担の法理における「債権者（使用者）の責めに帰すべき事由」よりも広く解釈されている．

たとえば，① 機械の検査のための休業，② 原料の不足のための休業，③ 監督官庁の勧告による操業停止による休業，④ 親会社の経営難のための資金・資財の獲得困難による休業のように，民法の危険負担の法理では使用者の帰責事由とはされないが，経営者として不可抗力を主張しえない事情についても，休業手当の支払いが必要であると解されている．

最高裁のノースウエスト航空事件判決（最2小判昭62・7・17労働判例499号6頁）も，「『使用者の責に帰すべき事由』とは，取引における一般原則たる過失責任主義とは異なる観点をも踏まえた概念というべきであって，民法536条2項の『債権者ノ責ニ帰スヘキ事由』よりも広く，使用者側に起因する経営，管理上の障害を含むものと解するのが相当」としている（ノースウエスト航空事件については，森戸英幸「部分スト参加者の賃金と休業手当──ノースウエスト航空事件」『労働判例百選［第9版］』198～199頁）．

3　最低賃金法に基づく最低賃金

労働者の生活の安定や労働力の質の維持，使用者による公正な競争の確保を図るために，最低賃金の定め方を規定するとともに，賃金の最低額を保障し，その額未満の賃金を禁止しているのが最低賃金法である．

1）最低賃金の対象となる賃金と最低賃金の効力

（1）最低賃金の対象となる賃金

最低賃金の対象となる賃金は，毎月実際に支払われる賃金とされ，基本的には，所定労働時間に対して支払われる基本給や諸手当に限定される．

そこで，① 結婚手当のような臨時に支払われる賃金，② 一時金（賞与）のような1カ月を超える期間ごとに支払われる賃金，③ 時間外・休日・深夜割増賃金，

④ 精皆勤・通勤・家族手当は，最低賃金の対象とはならない（最賃法4条3項）．

（2）最低賃金の効力

使用者は，最低賃金額以上の賃金を支払う必要がある．最低賃金額よりも低い額を労使で合意しても法的に無効となり，最低賃金額と同額の定めをしたものとみなされる（最賃法4条1～2項）．

2）最低賃金の種類

最低賃金には，設定が必要とされる「地域別最低賃金」と，特定の産業について任意に設定される「特定最低賃金」があり，最低賃金の額は，時間額で表示される（最賃法3条）．

（1）地域別最低賃金の必要的設定

「地域別最低賃金」は，都道府県ごとに必ず決定される．厚生労働大臣又は都道府県労働局長が，最低賃金審議会に調査審議を求めた上で，その意見聴取を経て，地域の労働者の生計費や賃金，通常の事業の賃金支払能力を考慮して，決定，改正，廃止する．生計費の考慮に当たっては，いわゆるワーキング・プア問題が意識され，生活保護との整合性，すなわち，最低賃金が生活保護を下回らないように配慮するものとされている（最賃法9～10条，12条）．

2018年10月4日現在の地域別最低賃金（時間額）は，たとえば，青森県は762円，東京都は985円，大阪府は936円，岡山県は807円，広島県は844円，愛媛県は764円となっている．

（2）特定最低賃金の任意的設定

特定の産業について定める「特定最低賃金」は，労働者又は使用者の代表者からの申出を受けて，必要に応じて，厚生労働大臣又は都道府県労働局長が，最低賃金審議会に調査審議を求めた上で，その意見聴取を経て決定，改正，廃止する（最賃法15条1～2項）．特定最低賃金の額は，地域別最低賃金を上回る額とされている（最賃法16条）．

2018年8月1日現在の特定最低賃金（時間額）は，たとえば鉄鋼業については，青森県は855円，大阪府は926円，岡山県は916円，各種商品小売業については，青森県は777円，岡山県は835円，愛媛県は772円となっている．

90   第Ⅱ部   個別的労使関係法

3）最低賃金の適用を受ける労働者と減額最低賃金の適用労働者

（1）最低賃金の適用を受ける労働者

最低賃金は，正社員に限らず，パートやアルバイト等，雇用形態や呼称のいかん，国籍や年齢を問わず，すべての労働者に適用されるのが原則である.

（2）減額最低賃金の適用労働者

労働能力等を考慮して，一定の労働者については雇用機会を確保する趣旨で，都道府県労働局長の許可を条件に，厚生労働省令で定める一定率を掛けた額を減額した最低賃金額の適用が認められている（最賃法7条）.

①　精神又は身体の障害により著しく労働能力の低い者
②　試の使用期間中の者
③　認定職業訓練を受ける者のうち一定のもの
④　軽易な業務に従事する者
⑤　断続的労働に従事する者

4）　派遣労働者の最低賃金

派遣労働者には，就業の実態に合わせて，派遣元ではなく，派遣先の事業場がある地域の「地域別最低賃金」，派遣先の事業と同種の事業あるいは同種の労働者に適用される「特定最低賃金」が適用される（最賃法13条及び18条）.

5）最低賃金制度の実効性確保

（1）労働者の申告権，不利益取扱の禁止

労働者は，事業場の最低賃金法令違反の事実を，労働基準監督署長などの監督機関に申告することができる．申告を理由とする解雇その他の不利益取扱いは禁止されている．禁止に違反した者は，6カ月以下の懲役又は30万円以下の罰金に処せられる（最賃法34条1〜2項，39条）.

（2）罰則の適用

地域別最低賃金につき，最低賃金額以上の支払いをしない使用者には，50万円以下の罰金が予定されている（最賃法40条）.

特定最低賃金に満たない額の支払には，最低賃金法の罰則の適用は予定されていない（野川忍『労働法』（商事法務，2007）231頁）．しかし，労働基準法が定める賃金全額払い原則の違反は成立し，30万円以下の罰金が予定されている（労基法24

条1項及び120条1号).

(3) 使用者の最低賃金概要の周知義務等

使用者には，最低賃金の概要を労働者に周知させる義務が課せられる（最賃法8条）とともに，厚生労働大臣や都道府県労働局長は，使用者に賃金に関する報告を求めることができる（最賃法29条）.

行政上の監督のために，労働基準監督官には，立入りや調査の権限が認められている（最賃法32条）.

第4節　賃金債権の確保と賃金債権の消滅時効

1　賃金債権の確保

「賃金不払い」は，労働基準法24条違反として，同法120条により30万円以下の罰金が科せられることになり，間接的に支払いが強制される．加えて，労働基準法以外の法律の中にも，労働者の賃金債権を保護する規定がある.

1）民法上の先取特権

民法は，給料その他使用者と労働者との間の雇用関係に基づいて生じた債権に関して，使用者の総財産に「一般の先取特権」を認め（民法306条2号及び308条），労働者は，使用者の総財産から優先して弁済を受けることができる．この給料には退職金も含まれると解されている.

これにより他の一般債権者に優先して弁済が受けられる．しかし，特別の先取特権や国税徴収等の劣位に置かれていることから（民法329条2項，国税徴収法8条），満足に弁済を受けられないことが多い.

2）　倒産手続における賃金債権の確保

破産法，会社更生法，民事再生法等は，会社が倒産した場合の手続における労働者の賃金債権の保護に関して規定している.

これらの法は労働者保護を主とするものではなく，また，倒産の場合には法に基づかない私的な整理手続（任意整理）により処理されることが多く，実際には，賃金債権の確保に困難を生じることがしばしばである（菅野和夫『労働法〔第11版補正版〕』（弘文堂，2017）455頁）.

92 第Ⅱ部 個別的労使関係法

3）未払賃金の立替払制度

（1）未払賃金の立替払制度の趣旨

倒産等により賃金が未払いになったときに，最も効果的に労働者を救済するのは，賃金確保法の定める「未払賃金の立替払制度」である．1973年秋の石油危機の際に，企業倒産により賃金不払いのまま失業に至った労働者が急激に増えたことを憂慮して，制度化されたものである．

立替払の費用は，全額事業主が負担している労災保険料から支弁され，その実施業務は，独立行政法人労働者健康安全機構が行っている．

（2）未払賃金の立替払制度の適用要件

① 1年以上事業活動を行なってきた使用者が倒産（法律上の倒産に限らず事実上の倒産も含む）し，② 既に退職している労働者が未払いの賃金や退職金を有している場合に，当該労働者の請求に基づいて，国により立替払いが行われる（賃確法7条）．

（3）立替払の限度額

立替払いは，労働者が退職した日の6カ月前の日からの未払いの賃金及び退職金の総額の80％で，退職日の年齢が30歳未満の場合は88万円，30歳以上45歳未満の場合には176万円，45歳以上の場合には296万円を上限として行われる．未払い賃金の総額が2万円に満たないものは対象外である（賃確法施行令4条）．

（4）立替払の状況

2005年度以降，不況を反映して連続して増加してきたが，2009年度を境に減少傾向に転じている．2017年度の立替払状況は，立替払を行った企業数は1979件（2.5％減）と前年度を下回ったものの，支給者数は2万2458人（2.4％増），立替払額は86億6445万円（3.6％増）と，いずれも前年度を上回っている．

一人当たりの立替払額は38万6000円となっている．規模別でみると，対象企業は，労働者30人未満が最も多く，全体の90.0％となっている．業種別で立替払額をみると，製造業が全体の23.7％を占めて最も多く，次いで，商業，建設業の順となっている（厚生労働省HP「未払賃金立替払事業（平成29年度）の実施状況について」）．

4）民事執行法における賃金債権の差押えの制限

（1）民事執行法における賃金債権の差押えの制限の趣旨

労働者の債務弁済が滞ると，債権者が，労働者の賃金債権に対して強制執行をすることがある．しかし，賃金は労働者本人およびその家族が生活するための主

第6章　賃　　金　*93*

要な拠り所であり，すべてが強制執行により債権者の満足に供されてしまうのは不適当である．そこで，民事執行法が，賃金の差押えの限度を定めている．

（2）賃金債権の差押え限度額

「給料，賃金，俸給，退職年金及び賞与並びにこれらの性質を有する給与に係る債権」については，原則として，賃金月額の手取額（所得税や社会保険料等を控除後の額）の4分の1相当額までしか差し押えができない（民執法152条1項）．たとえば，手取額が16万円のときは4万円に限られ，労働者には12万円が確保される．

限度額に関して，一定の高額所得者については例外が定められ，手取額が28万円を超えるときは，21万円を超える部分について差し押えが認められる（民執法施行令2条1項）．退職金は，いかなる場合にも，その額の4分の1相当額までしか差し押えができない（民執法152条2項）．

ただし，執行をする裁判所は，労働者，または債権者の申し立てにより，債務者及び債権者の生活状況その他の事情を考慮して，差し押え可能な限度を拡大ないし縮小することができる（民執法153条1項）．

2　賃金債権の消滅時効

1）賃金債権の消滅時効

民法174条により，賃金債権は1年の短期消滅時効の対象とされているが，それに対する特則が労働基準法115条により定められ，一般の賃金債権は2年，退職金債権は5年とされている（賃金債権の消滅時効に関して詳しくは，大内伸哉『労働法実務講義［第二版］』（日本法令，2005）548頁以下）．

2）賃金債権の時効消滅の中断事由

時効の効力，援用，中断，停止等については民法の一般原則に従う．賃金債権が時効消滅しないための中断事由としては，① 労働者による裁判上の請求，② 使用者の承認，③ 差押え，④ 仮差押え，がある（民法147条）．

内容証明郵便等による催告は，6カ月以内に，裁判上の請求等裁判所の関与する手続を行わないと，中断の効力を生じない（民法153条）．

3）使用者による消滅時効援用の問題

時間外労働手当の不払いが横行し，労働者は，辞める時に初めて請求の意思を

94　第Ⅱ部　個別的労使関係法

表明し，消滅時効により過去２年分しか認められないという異常な現実がまかり通っている．しかし，労働者が就労を継続しながら，上述の２）の①や③，④の手段を講じることや，②を求めることは，現実には不可能である．時効消滅の趣旨である，「権利の上に眠る者はこれを保護せず」ということが適切に当てはまる状況に，労働者は置かれていないのである．

　そこで，労働者による未払いの賃金や時間外労働手当の請求に対しては，使用者が，その未払いが使用者側の故意に基づくものではないことを証明しない限り，２年の消滅時効を援用することは信義誠実の原則に反するものとして認めない，という解釈をすべきであろう．使用者が，労働基準法の重要な規定を守らないことにより得た経済的利益を，そのまま保持することを容認することは，社会正義に著しく反することである．

4）消滅時効に関する2020年4月1日施行の民法改正の影響

　2020年４月１日施行の民法改正により，債権の消滅時効期間が統一され，権利行使できることを知った時から５年，権利行使できる時から10年と改められることになった．

　労働者保護のために，１年の短期消滅時効を定める現行の民法174条の特則として賃金，災害補償その他の請求権を２年，退職手当の請求権を５年と定めている労働基準法115条の在り方が，厚生労働省に設置された「賃金等請求権の消滅時効の在り方に関する検討会」において，改正民法の趣旨，社会経済情勢，労働者の保護などを考慮して，検討されている．

　労働基準法115条が定める消滅時効の対象となる請求権は，「賃金等請求権」として，①金品の返還（23条），②賃金の支払（24条），③非常時払（25条），④休業手当（26条），⑤出来高払制の保障給（27条），⑥時間外・休日労働の割増賃金（37条１項），⑦有給休暇期間中の賃金（39条７項），⑧未成年者の賃金請求権（59条），「災害補償請求権」として，①療養補償（75条），②休業補償（76条），③障害補償（77条），④遺族補償（79条），⑤葬祭料（80条），⑥打切補償（81条），⑦分割補償（82条），「その他の請求権」として，①帰郷旅費（15条３項，64条），②解雇予告手当請求権（20条１項），③退職時の証明（22条），④金品の返還（23条），⑤年次有給休暇（39条）が，２年の時効にかかり，「退職金請求権」として，①賃金の支払（24条）が，５年の時効にかかり消滅するものとされている．

　とくに問題となるのが，時間外・休日労働の割増賃金や年次有給休暇の請求権

であり，また，消滅時効期間を変更したときには，労働関係書類の 3 年の保存期間（109条）や付加金規定（114条）の在り方にも影響が及ぶことになる．

第7章　労働時間・休憩・休日

第1節　法定労働時間と労働時間の意義

1　法定労働時間　週40時間制

1）法定労働時間

　賃金と同様，労働者の生活に大きく影響する労働条件である労働時間については，労働基準法で，週40時間制が定められ，使用者は，休憩時間を除き1週間について40時間，1日について8時間を超えて労働者を働かせることはできない（労基法32条）．

　法定労働時間を超えて働かせた場合には，6カ月以下の懲役又は30万円以下の罰金に処せられる（労基法119条1号）．

2）労働時間の特例

　常時9人以下の労働者を使用する商業，映画・演劇業（映画製作事業を除く），保健衛生業，接客娯楽業については，恒常的な特例として，週44時間まで働かせることができる（労基法40条1項，労基則25条の2・1項）．

2　労働時間管理・把握義務

1）労働時間管理・把握義務の法的根拠

　労働基準法により，労働者を使用できる時間に限度が設けられている（労基法32条）ことから，使用者は，個々の労働者の労働時間がその限度内に留まるように管理する必要がある．また，使用者に，賃金台帳の調整義務が課され（労基法108条），労働者各人別に，①「労働日数」，②「労働時間数」，③「時間外労働時間数」，④「休日労働時間数」，⑤「深夜労働時間数」などを記入しなければならない（労基法施行規則54条）とされている．

　このような法令による規制を前提とすると，使用者には，その雇用する労働者

の労働時間を管理・把握する義務が課せられている，と解するのが合理的である（浜村彰・唐津博・青野覚・奥田香子（青野覚）『ベーシック労働法〔第6版補訂版〕』（有斐閣，2016）135頁は，「法定労働時間原則を定める労基法（32条）は，使用者に労働時間管理の義務があることを当然の前提としています」と表現する）．

2）労働時間適正把握ガイドライン

労働時間の自己申告制の不適切な運用などにより労働時間の把握が曖昧となり，その結果，割増賃金の未払いや過重な長時間労働といった問題が生じるなど，使用者が労働時間を適切に管理していない状況が見られることから，労働時間の適正な把握方法やその改善のために使用者が講ずべき措置を具体的に明らかにするために，「労働時間の適正な把握のために使用者が講ずべき措置に関するガイドライン」（平29・1・20基発0120第3号）が策定されている．

このガイドラインでは，使用者が，労働日ごとに始業・終業時刻を確認・記録すること，始業・終業時刻の確認及び記録は，原則として，自ら現認することにより確認し，適正に記録するか，タイムカード，ICカード，パソコンの使用時間の記録等の客観的な記録を基礎として確認し，適正に記録することを求めている．自己申告制によらざるを得ない場合には，適正な自己申告を実現するために労働者や管理者へ十分に説明することや，実態と申告時間にかい離があるときには必要に応じて実態調査を実施し所要の労働時間の補正をすること，時間外労働の上限設定など適正な申告を阻害する措置を取らないこと，を求めている．

また，使用者が，賃金台帳を適正に調整し，労働時間の記録に関する書類を保存することや，労務管理の責任者が労働時間管理の適正化に関する職務を行い，労働時間管理上の問題点の把握とその解消を図るものであること，労働時間管理の現状把握とその問題点の解消策等を検討するために，必要に応じて，労働時間等設定改善委員会等の労使協議組織を活用すること，を示している．

3　労働時間の意義
1）労働時間の意義

労働者が会社とかかわる時間のうち，どの部分までが「労働時間」と解釈され，労働基準法の規制を受けるのか，賃金の対象とされるのかは，労使双方にとって重要な問題となる．

労働者の側としては，「会社のために費やされ自由に使えない時間」には賃金

をもらいたい，と期待するのが自然である．使用者の立場としては，「直接的に利益（生産）に結びつく時間」のみに賃金を支払いたい，と考えるのが通常である．

2）労働時間の捉え方

（1）労働時間＝「実労働時間」の捉え方についての考え方

労働時間とは，抽象的には，拘束時間から休憩時間を除いた「実労働時間」を意味する．しかし，その具体的な捉え方については争いがあり，大きく分けると，次の3つの考え方がある．

① 「約定基準説」

就業規則や労働協約などで約定したものが労働時間であるとする説．

② 「客観説」

労働基準法の観点から客観的に捉えなければならないとする説．

③ 「二分説」

労働時間には約定により決定してよい部分と客観的に捉えなければならない部分があるとする説．

客観的に捉えることが非常に困難な場合もあることは否定しがたいが，労働時間か否かが労使間の合意で左右されることを認めると，全国共通の最低基準としての強行法規性を有する労働基準法の意義が失われることになるので，基本的には，客観的に捉えなければならないものと解される．

そこで，客観説の立場から定義づけるならば，労働時間とは，労働の開始時から終了時までの時間である「拘束時間」から，労働義務から完全に開放されている時間である「休憩時間」を除いた「実労働時間」であり，「客観的に見て，使用者の指揮監督下にある時間，ないしは使用者の明示又は黙示の指示によりその業務に従事する時間」，と表現することができる．

（2）判例の立場

判例のなかには，日野自動車工業事件判決（東京高判昭56・7・16労民集32巻3-4号437頁）のように，労働時間は，「労働者が使用者の指揮，命令の下に拘束されている時間であるが，労働者が現実に労務を提供する始業時刻の前段階である入門後，職場到着までの歩行に要する時間や作業服，作業靴への着替え履替えの所要時間をも労働時間に含めるべきか否かは，就業規則や職場慣行によってこれを決する」として，「二分説」に立つものもある．

最高裁の三菱重工業事件判決（最1小判平12・3・9民集54巻3号801頁）は，始業

時刻前に，作業服，安全保護具などの着装をして準備体操場まで到着するように，就業規則で義務付けられていたにもかかわらず，従業員が，これを始業時刻以降に行ったことを理由として，会社がこの時間分の賃金カットを行った事件において，労基法上の労働時間とは，「労働者が使用者の指揮命令下に置かれている時間をいい，右の労働時間に該当するか否かは，労働者の行為が使用者の指揮命令下に置かれたものと評価することができるか否かにより客観的に定まるものであって，労働契約，就業規則，労働協約等の定めいかんにより決定されるべきものではない」として，「客観説」の立場に立っている．

3）労働時間か否かが問題となる具体例
（1）「手待時間」や「作業上必要な時間」
　現実に作業に従事する時間のほか，作業と作業の間の待機時間，すなわち，いわゆる「手待時間」や，放射能を扱う作業場における特殊作業服の装着など作業開始のための準備作業や作業終了後の後始末の時間等である「作業上必要な時間」は，労働時間である．

　掃除や体操など，作業上必ずしも必要ではないものであっても，使用者の明示又は黙示の指示により行われているものも，労働時間である．

（2）「時間外の教育訓練・研修の時間」や「安全衛生教育の時間」
　「時間外の教育訓練・研修の時間」など，参加することが強制されているものや，労働安全衛生法59条や60条により事業主が実施することを義務付けられている「安全衛生教育の時間」は，労働時間である．

　時間外の教育訓練については，就業規則上の制裁等の不利益取扱いによる出席の強制がなく自由参加のものは，労働時間にならないとする行政解釈（昭26・1・20基収2875号，平11・3・31基発168号）がある．しかし，教育訓練の内容が業務と関連性があり，ほとんどの労働者が参加するなど，事実上の強制力が強く働く場合には，安易に労働時間性を否定する解釈は大いに疑問であり，自由参加か否かは厳密に判断すべきである．

（3）「仮眠時間」
　「仮眠時間」のような不活動時間についても，最高裁の大星ビル管理事件判決（最1小判平14・2・28民集56巻2号361頁）は，「使用者の指揮命令下に置かれていたものと評価することができるか否かにより客観的に定まるものというべきである」とし，仮眠室における待機と警報や電話等に対して直ちに相当の対応をすること

を義務付けられている場合など,「不活動仮眠時間であっても労働からの解放が保障されていない場合には労基法上の労働時間に当たる」としている.

(4)「出張などでの移動時間」

「出張等での移動時間」は,「旅行中における物品の監視等別段の指示がある場合」以外は,通勤時間や休憩時間と同視され,労働時間ではないと解されている.

第2節 労働時間の計算

労働基準法は,特殊な勤務形態や労働環境に適合するように,労働時間の計算に関して,特別の規定を置いている.

1 事業場通算制

労働者が複数の事業場で働く場合,疲労を蓄積させる労働者を保護するために,事業主が同一の場合であれ,異なる場合であれ,その労働時間は通算されるものとされている（労基法38条1項.なお,労働時間は通算されるが,労基法35条1項にいう「週休制」の「労働日」については,通算規定はなく,通算されない）.事業場通算制は,当然の事理を確認するに過ぎないものである.

2 坑内労働 （坑口計算制）

坑内労働については,その過酷な労働環境のゆえに,労働者が坑口を入ったときから出たときまでの時間を,休憩時間を含めて労働時間とみなされる.この場合,休憩の一斉付与や自由利用の原則は不適用となる（労基法38条2項）.

この規定は,鉱山の採掘場所や地下通路における労働のみならず,都市の地下隧道工事現場やそのための地下通路などでの労働についても適用される（昭25・8・11基発732号）.

3 みなし労働時間制総説

1）みなし労働時間制の種類

労働時間の合理的な算定方法として,「事業場外労働」と,「裁量労働」について,「みなし労働時間制」が法制化されている.

2）みなし労働時間制の効果

「みなし労働時間制」により一定時間労働したものとみなされると，労働者が，実際の労働時間がその労働時間数を超えたことを立証しても，労働時間の算定においては，その一定時間労働したものと取り扱われることになる．超えた労働時間に関して，賃金を請求することもできない．

これは，「客観的に判定された労働時間を積み上げて算定するという労基法の実労働時間算定原則に対する重大な例外」となるので（浜村彰・唐津博・青野覚・奥田香子（青野覚）『ベーシック労働法〔第6版補訂版〕』136頁），「みなし労働時間制」の適用の可否は厳格に解すべきことになる．

なお，「みなし」は，「労働時間の算定」のみに適用されるので（労基則24条の2・1項，24条の2の2・1項，24条の2の3・2項），休憩，休日，時間外・休日労働，深夜業の法規制は依然として及ぶことに注意が必要である．

4　事業場外労働のみなし労働時間制
1）事業場外労働のみなし労働時間制

「事業場外労働」は，労働時間の算定が困難であることから，特別の算定方法が認められたものである（労基法38条の2）．たとえば，外交セールス，記事の取材等で外勤や出張の場合に，使用者の具体的な指揮監督が及ばず，労働時間が何時間か算定できない場合には，所定労働時間労働したものとみなされる（厚生労働省労働基準局編『労働基準法上〔平成22年版〕』（労務行政，2011）533頁）．このみなしは，常態的な事業場外労働の場合に限定されず，臨時的，単発的ものにも適用される（下井隆史『労働基準法〔第4版〕』（有斐閣，2007）293頁）．

2）事業場外労働のみなし労働時間制の適用の要件

適用の要件は，①事業場外で業務に従事する場合で，かつ，②「労働時間を算定しがたい場合」である．そこで，事業場外での労働であっても，使用者の指揮命令が及び，労働時間の算定が可能な場合には，この「みなし労働時間制」の適用は認められない．

要件を満たさないにもかかわらず，労働コスト削減のために，安易に，このみなし制を濫用する使用者も多く，「労働時間を算定しがたい場合」には当たらないとして，適用を否定される裁判例も少なくない．たとえば，光和商事事件判決（大阪地判平14・7・19労働判例833号22頁）では，会社所有の携帯電話を持たされて

102　第Ⅱ部　個別的労使関係法

いる営業社員が，基本的に毎朝実施の朝礼に出席し，事前提出の予定表に従い外勤を行い，外勤中に行動報告することもあり，午後6時までに帰社するという勤務実態について，労働時間を算定することが困難であるということはできない，とされている．

　また，① 何人かのグループで事業場外労働する場合で，そのメンバーのなかに労働時間の管理をするものがいる場合や，② 事業場外で業務に従事するが，無線やポケットベルなどによって随時使用者の指示を受けながら労働している場合，③ 事業場において，訪問先，帰社時刻など当日の業務の具体的指示を受けたのち，事業場外で指示どおりに業務に従事し，その後事業場に戻る場合は，「労働時間を算定しがたい場合」には当たらないとする行政解釈（昭63・1・1基発1号）もある．

　携帯電話等の通信機器の発達，普及に伴い，事業場外労働のみなし労働時間制が適用される労働者は，かなり限定されていると思われる（西谷敏『労働法　第2版』（日本評論社，2013）309頁）．

3）事業場外労働の原則的なみなし

　労働者が労働時間の全部又は一部について事業場外で労働し，かつ労働時間の算定が困難な場合には，原則的には，「所定労働時間労働したもの」とみなされる（労基法38条の2・1項本文）．

　一部について事業場内で勤務し，事業場外での時間算定が困難なために，その日全体の時間算定が困難な場合にも，事業場内での時間も含めて，所定労働時間労働したものとみなされる（厚生労働省労働基準局監督課編『採用から解雇，退職まで［改訂8版］』（労働調査会，2004）168頁）．

4）所定労働時間を超えるみなし（労使協定によるみなし）

　労働者が事業場外で労働し，かつ労働時間の算定が困難な場合で，当該業務を遂行するためには，通常，所定労働時間を超えて労働することが必要となる場合には，「当該業務の遂行に通常必要とされる時間労働したもの」とみなされる（労基法38条の2・1項但書）．

　この場合の労働時間は，労使協定を締結することにより，当該労使協定で定める時間が，「当該業務の遂行に通常必要とされる時間」とされることになる（労基法38条の2・2項）．

「当該業務の遂行に通常必要とされる時間」が法定労働時間を超える場合の労使協定は，労働基準監督署長に届け出る必要がある（労基法38条の2・3項，労基則24条の2・3項）．この労使協定の届け出は，その内容を，いわゆる「三六協定」に付記することにより代替するという簡便な方法も認められている（労基則24条の2・4項）．

5 裁量労働のみなし労働時間制
1）裁量労働のみなし労働時間制総説
（1）裁量労働のみなし労働時間制の2類型

裁量労働制は，仕事の仕方などについて労働者の裁量度が大きく，時間管理が困難なことから，労働時間の特別の算定方法が認められたものである．

その対象業務により，専門業務型と企画業務型の2つに分かれており，その導入要件も別個のものとなっている．

（2）裁量労働のみなし労働時間制導入の効果

裁量労働制を導入する場合においても，労働者の裁量に委ねられるのは，「業務の遂行の手段及び時間配分の決定等」に関してのみであり，使用者は，業務遂行のための基本的指揮命令権や，業務の進展状況の報告を求める権限を失うものではない．業務の量及びその期限についての決定は使用者が行うことになるので，過大な要求，無理な期限を設定された場合には，労働者は賃金に見合わない長時間労働を強いられることになることに留意する必要がある（西谷敏『労働法　第2版』311頁）．

裁量労働制を導入する手続を履践したとしても，労働者の裁量を認めず，使用者が具体的な指揮命令を行ったり，時間管理をしているような場合には，みなし労働時間制の効果は発生せず，勤務実態に応じた労働時間に対応する賃金の支払いが必要となる．

2）専門業務型裁量労働制
（1）専門業務型裁量労働制の意義

専門業務型裁量労働制は，「業務の性質上その遂行の方法を大幅に当該業務に従事する労働者の裁量にゆだねる必要があるため，当該業務の遂行の手段及び時間配分の決定等に関し具体的な指示をすることが困難なものとして命令で定める業務」に認められる裁量労働制である（労基法38条の3・1項）．

（2）専門業務型裁量労働制の対象業務

対象業務として認められているのは，次の①～⑥の業務である（労基則24条の2の2・2項）．

① 新製品・新技術の研究開発，人文・自然科学に関する研究の業務
② 情報処理システムの分析，設計の業務
③ 新聞・放送などにおける記事の取材・編集業務
④ デザイナーの業務
⑤ 放送などのプロデューサー，ディレクターの業務
⑥ 厚生労働大臣が指定する14の業務，すなわち，コピーライターの業務，システムコンサルタントの業務，インテリアコーディネーターの業務，ゲーム用ソフトウェアの創作の業務，証券アナリストの業務，金融工学などの知識を用いて行う金融商品の開発の業務，大学での教授研究の業務，公認会計士の業務，弁護士の業務，建築士の業務，不動産鑑定士の業務，弁理士の業務，税理士の業務，中小企業診断士の業務

（3）専門業務型裁量労働制導入の要件　労使協定の締結と届出

使用者が，労使協定により，次の①～⑦を定めた上で，労働者を当該業務に就かせたときは，当該労働者は，当該労使協定で定める時間，労働したものとみなされる（労基法38条の3）．

① 対象業務
② 業務の遂行手段や方法，時間配分等に関し労働者に具体的な指示をしないこと
③ 1日のみなし労働時間数
④ 労使協定の有効期間
⑤ 健康，福祉を確保する措置
⑥ 苦情処理に関する措置
⑦ 健康，福祉を確保する措置と苦情処理に関する措置に関する労働者ごとの記録を有効期間中及びその後3年間保存すること

この労使協定は，労働基準監督署長に届け出ることが必要とされている（労基法38条の3・3項）．

専門業務型裁量労働制の導入に，対象となる労働者本人の同意は必要とはされ

ていない.

3）企画業務型裁量労働制

（1）企画業務型裁量労働制の意義

　企画業務型裁量労働制は,「事業の運営に関する事項についての企画, 立案, 調査及び分析の業務であって, 業務の性質上これを適切に遂行するためにはその遂行方法を労働者の裁量にゆだねる必要があるため, 当該業務の遂行手段及び時間配分の決定等に関し使用者が具体的な指示をしないこととする業務」に認められる裁量労働制である. 対象となる業務が存在する事業場で, 対象となる業務を適切に遂行するための知識, 経験等を有する労働者を対象とするものである（労基法38条の４）.

　いわゆるホワイトカラー労働者を裁量労働制の対象としたものであるが, 導入前の議論の段階から, サービス残業や過労死を招くとの懸念も示されたものであり（たとえば, 市毛景吉「労働基準法の改正問題　とくに裁量労働制の拡大について」シンポジオン19号（1998）２頁）, 労働者の健康に著しく悪影響を及ぼす可能性の高い制度である.

（2）企画業務型裁量労働制導入の要件　労使委員会の設置と決議の届出

　対象の事業場において, 委員の半数が, 過半数労働組合（過半数労働組合がない場合には, 労働者の過半数代表者）により任期を定めて指名される委員からなる「労使委員会」が設置され, 次の①～⑧を, 労使委員会に出席した委員の５分の４以上の多数で決議し, 使用者が「企画業務型裁量労働制に関する決議届」を, 所轄の労働基準監督署長に届け出ることにより, 対象労働者が対象業務に就いたときには, 当該労働者は, 労使委員会が決議した「１日当たりのみなし労働時間数」の時間, 労働したものとみなされる（労基法38条の４・１項, 労基則24条の２の３・３項）.

①　対象業務の具体的範囲
②　対象労働者の具体的範囲
③　１日当たりのみなし労働時間数
④　健康, 福祉を確保する措置
⑤　苦情の処理に関する措置の具体的内容
⑥　労働者本人の同意が必要であることと, 不同意の労働者に対する不利益取

扱いの禁止

⑦　決議の有効期間の定め（3年以内が望ましい）（平15・10・22基発1022001号）

⑧　健康，福祉を確保する措置と苦情処理に関する措置，労働者本人の同意が必要であることと，不同意の労働者に対する不利益取り扱いの禁止に関する労働者ごとの記録を有効期間中及びその後3年間保存すること

　企画業務型裁量労働制が適正に運用されるように，対象事業場や対象業務等の具体的意義に関して，詳細な指針が出されている（労基法38条の4・3項，平成15・10・22厚生労働省告示353号）．

　企画業務型裁量労働制の適用には，労働者本人の同意が必要とされている．不同意に対する不利益取扱いの禁止が定められており，同意後も撤回が可能であり，撤回の際にも不利益取扱いは禁止されると解される（吉田美喜夫・名古道功・根本到編著（吉田美喜夫 [補訂・名古道功]）『労働法Ⅱ個別的労働関係法〔第3版〕』（法律文化社，2018）215頁）．

（3）所轄の労働基準監督署長への実施状況報告義務

　長時間労働が大いに懸念される制度であることから，使用者は，決議が行われた日から起算して6カ月以内に1回，その後は1年以内ごとに1回，労働時間の状況や健康・福祉を確保する措置の実施状況等を，所轄の労働基準監督署長に報告することが必要とされている（労基法38条の4・4項，労基則24条の2の5）．

（4）労使委員会による労使協定代替決議

　労使委員会は，企画業務型裁量労働制以外の次の①～⑫の事項に関する条項について，当該規定に係る労使協定に代えて，出席した委員の5分の4以上の多数による決議（協定代替決議）を行うことができるとされ（労基法38条の4・5項，「貯蓄金の管理に関する協定」（労基法18条2項）や「賃金の一部控除に関する協定」（労基法24条1項但書後段）には代替しない），非常に重大な機能を担う可能性を秘めた機関となっている．しかし，労働者の利益を適正に代表し得るかについては，大いに疑問がある（西谷敏『労働法　第2版』64頁）．

①　1カ月単位の変形労働時間制（労基法32条の2）

②　フレックスタイム制（労基法32条の3）

③　1年単位の変形労働時間制（労基法32条の4）

④　1週間単位の非定型的変形労働時間制（労基法32条の5）

⑤　一斉休憩の適用除外（労基法34条2項）

第7章　労働時間・休憩・休日　　*107*

⑥　時間外及び休日労働（労基法36条1項）

⑦　時間外の割増賃金の代替休暇（労基法37条3項）

⑧　事業場外労働のみなし労働時間制（労基法38条の2・1項）

⑨　専門業務型裁量労働制（労基法38条の3）

⑩　年次有給休暇の時間単位付与（労基法39条4項）

⑪　年次有給休暇の計画的付与（労基法39条6項）

⑫　年次有給休暇中の賃金の定め（労基法39条7項但書）

第3節　変形労働時間制とフレックスタイム制

1　変形労働時間制とフレックスタイム制の趣旨

1）法定労働時間の弾力的運用

社会・経済情勢や産業構造の変化，労働者のライフスタイルの変容などに対応するとともに，労働時間の短縮を促進するためのものとして，法定労働時間の弾力的運用が認められ，3種類の変形労働時間制とフレックスタイム制が定められている（労基法32条の2～5）.

2）変形労働時間制

変形労働時間制は，1週，1日単位の規制を解き，一定期間における総労働時間の平均が法定労働時間の1週40時間以内という限度で，1週40時間，1日8時間を超える労働を認め，割増賃金の支払いを不要とするものである.

変形労働時間制の活用により，使用者は，労働コストの上昇を回避しながら，業務の繁閑への対応と労働時間の短縮を実現することが可能となる（西村健一郎・村中孝史編著（梶川敦子）『働く人の法律入門——労働法・社会保障法・税法の基礎知識』（有斐閣，2006）146頁）.労働者にも時間短縮のメリットは及ぶが，時間外労働の減少による収入減や不規則勤務への対応というマイナス面も否定できない（西谷敏『労働法　第2版』295頁）.

3）フレックスタイム制

フレックスタイム制は，始業，終業の時刻を，労働者の日々の自由な決定にゆだねるものである.労働者は，その日々の生活の必要に応じて，労働時間の位置や長さを調整して働くことが可能となり，子女の送り迎えや，時差出勤による通

表7-1 変形労働時間制とフレックスタイム制の概要

	要件	届出	期間	時間の特定	変更	規制時間	上限
１カ月単位	労使協定又は就業規則	要	１カ月以内	要	不可	１週平均40H	なし
１年単位	労使協定	要	１年以内	要	不可	１週平均40H	１日10H １週52H
１週間単位	労使協定	要	１週	労働者に通知	前日の変更	１週40H	１日10H
フレックスタイム	労使協定	１カ月超要	３カ月以内	労働者が決定	可	１週平均40H	なし

勤ラッシュの緩和等に役立てることが可能となる.

2 １カ月単位の変形労働時間制

1）１カ月単位の変形労働時間制の意義

１カ月単位の変形労働時間制は，使用者が，就業規則その他これに準ずるもの又は労使協定により，１カ月以内の一定期間を平均し，１週の労働時間が，法定労働時間の40時間（特例措置対象事業場は44時間）を超えない定めをしたときには，その定めにより，特定された週，日において，法定労働時間を超えて労働させることができる制度である（労基法32条の2・1項）．労使協定による場合には，労働基準監督署長への届出と，有効期間の定めが必要とされる（労基法32条の2・2項及び労基則12条の2の2・1項）．

2）１カ月単位の変形労働時間制導入の要件

この制度を導入するための要件として，対象となる労働者に勤務の態様を事前に知らしめるために，就業規則又は労使協定で，各日の労働時間，始業及び終業の時刻，各週の労働時間を具体的に定める必要があり，使用者が，業務の都合により任意に労働時間を変更するようなものは，認められない（昭63・1・1基発1号，平9・3・25基発195号，平11・3・31基発168号）．たとえば，JR西日本事件判決（広島高判平14・6・25労働判例835号43頁）も，「変更が許される例外的，限定的事由を記載し，その場合に限って勤務変更を行う旨定めることを要する」として，「業務上の必要がある場合は，指定した勤務を変更する」という定めによる変更は許されないとしている．

第7章 労働時間・休憩・休日 *109*

3） 1カ月単位の変形労働時間制導入の効果

使用者としては，必要となる業務を予測し，対象となる労働者の労働日や各日の労働時間，始業及び終業の時刻を事前に具体的に定めることが必要となるが，この制度を適法に導入すると，特定の週，日において，法定労働時間を超えて労働させた部分についても，時間外労働とはならず，割増賃金の支払い義務を免れることができる．

4） 1カ月単位の変形労働時間制における時間外労働

時間外労働となるのは，① 1日については，8時間を超える定めをした日はその時間，それ以外の日は8時間を超えて労働した時間，② 1週間については，40時間（特例措置対象事業場は44時間）を超える定めをした週はその時間，それ以外の週は40時間（特例措置対象事業場は44時間）を超えて労働した時間（①で計上した時間を除く），③ 変形期間については，変形期間における法定労働時間の総枠（特例措置対象事業場は週44時間で計算）を超えて労働した時間（① 又は ② で計上した時間を除く），の労働である（昭63・1・1基発1号，平6・3・31基発181号）．

3 1年単位の変形労働時間制

1） 1年単位の変形労働時間制の意義

1年単位の変形労働時間制は，季節等による業務の繁閑の差が著しいものに対応するためのものであり，使用者が，労使協定により，1カ月を超え1年以内の一定期間を平均し，1週の労働時間が，法定労働時間の40時間を超えない定めをしたときには，その定めにより，特定された週，日において，法定労働時間を超えて労働させることができる制度である（労基法32条の4）．この制度を利用する場合には，週44時間が認められる特例措置対象事業場も，週40時間制に服することとされている（労基則25条の2・4項）．

2） 1年単位の変形労働時間制導入の要件

（1）労使協定の締結と届出

労使協定は，① 適用労働者の範囲，② 対象期間（1カ月を超え1年以内），③ 特定期間（対象期間中のとくに業務が繁忙な期間），④ 対象期間における労働日，当該労働日ごとの労働時間，⑤ 有効期間，の定めと，労働基準監督署長への届出が必要とされている（労基法32条の4・1項2号，労基則12条の4・1項及び労基法32条

の４・４項).

（２）対象期間における労働日とその労働日ごとの労働時間の特定

　この制度も，原則的には，対象期間における労働日とその労働日ごとの労働時間を具体的に定めることが要件とされるので，使用者が業務の都合によって任意に労働時間を変更するような制度や，労使協定で定められた時間が業務の都合によって変更されることが通常行われるような業務には，利用することはできない.

　ただし，期間が長いので，あらかじめ各労働日ごとの労働時間を具体的に確定できない場合もあることを考慮して，対象期間を１カ月以上の期間ごとに区分する場合には，① 最初の期間における労働日とその労働日ごとの労働時間や，② 最初の期間を除く各期間における労働日数とその各期間における総労働時間を定めておけばよいとされるなど，簡便な定め方が許されている（労基法32条の４・１項４号及び２項，労基則12条の４・２項).

（３）対象期間の所定労働日数や１日・１週間の労働時間等の制限

　この制度は，変形期間が長いので，労働者保護の視点から，① 対象期間が３カ月を超える場合に対象期間に設定できる所定労働日数の限度は１年当たり280日，② １日の労働時間の限度は10時間，１週間の労働時間の限度は52時間，③ 連続して労働させる日数の限度は６日（特定期間については12日），④ 対象期間内に週48時間を超える所定労働時間を連続して設定する限度は３週，⑤ 対象期間をその起算日から３カ月ごとに区分した１期間にその所定労働時間が週48時間を超える週の限度は３週，とされている（労基則12条の４・３～４項).

3）期間中途採用者・退職者に対する賃金清算の必要

　対象期間中の採用者や退職者については，対象期間中に労働した期間を平均して週40時間を超えた場合には，賃金の精算のため，割増賃金の支払が必要となる（労基法32条の４の２).

4　１週間単位の非定型的変形労働時間制

1）１週間単位の非定型的変形労働時間制の意義

　１週間単位の非定型的変形労働時間制は，日ごとの業務に著しい繁閑の差が生ずることが多く，かつ，これを予測した上で就業規則その他これに準ずるものにより，各日の労働時間を特定することが困難であると認められる「小売業，旅館，料理店及び飲食店」の事業であって，常時使用する労働者の数が30人未満（29人

以下）のもの（労基則12条の5・1～2項）について，使用者が，労使協定により，1週間の所定労働時間を40時間以下とした場合（「労働基準法第32条第1項の労働時間等に係わる暫定措置に関する政令」3条2項）には，1週間単位で1日10時間を限度に毎日の労働時間を弾力的に定めて労働させることができる制度である（労基法32条の5・1項）．

2）1週間単位の非定型的変形労働時間制導入の要件

使用者は，上記の労使協定を締結し，労働基準監督署長へ届け出なければならない，とされている（労働基準法32条の5・3項）．この制度を利用する場合には，週44時間が認められる特例措置対象事業場も，所定労働時間の平均は週40時間以内に限定される（労基則25条の2・4項）．

3）1週間単位の非定型的変形労働時間制の運用

1週間単位の非定型的変形労働時間制では，労働者の私生活に配慮して，使用者は，労働させる1週間の各日の労働時間を，「少なくとも，当該1週間の開始する前」に，書面により，当該労働者に通知しなければならない，とされている（労基法32条の5・2項及び労基則12条の5・3項）．

また，使用者は，労働させる1週間の各日の労働時間を定める際には，事前に労働者の都合を聴くなど労働者の意思を尊重するように努めなければならないとされている（労基則12条の5・5項）．

なお，天候の急変等客観的事実により業務の繁閑に大幅な変更が生じた場合のように，「緊急でやむを得ない事由がある場合」（昭63・1・1基発1号）には，使用者側の都合も考慮して，変更しようとする日の前日までに書面により当該労働者に通知することにより，当初の労働時間を変更することができるとされている（労基則12条の5・3項但書）．

5 フレックスタイム制
1）フレックスタイム制の意義

フレックスタイム制は，使用者が，就業規則その他これに準ずるものにより，始業及び終業の時刻を労働者の決定に委ねる旨を定め，かつ，労使協定により，① 対象となる労働者の範囲，② 3カ月以内の清算期間，③ 清算期間中の総労働時間，④ 標準となる1日の労働時間，⑤ コアタイムとフレキシブルタイム（設

定する場合)の時間帯の開始・終了時刻,を定めたときは,清算期間を平均して1週間の労働時間が法定労働時間を超えない範囲内において,労働者が選択したところにより,1週間又は1日について法定労働時間を超えて労働させることができる制度である(労基法32条の3,労基則12条の3).②の清算期間については,就業規則その他これに準ずるもの又は労使協定により,その起算日を明らかにしておくことが求められている(労基則12条の2・1項).

1カ月を超える清算期間とするときは,労使協定を労働基準監督署長へ届け出なければならない.

2) フレックスタイム制の典型例

コアタイムは労働しなければならない時間帯,フレキシブルタイムは労働者がその選択により労働することができる時間帯を意味する.コアタイムやフレキシブルタイムの設定は必須ではないが,打ち合わせや顧客への対応など業務上の必要から設定するところが多い.

フレキシブルタイムが極端に短い場合は,フレックスタイム制の趣旨に合致しないとされている(昭63・1・1基発1号,平11・3・31基発168号).また,コアタイムにない時間帯における会議や研修等への参加を義務づけることはできず,労働者の同意を得て,それらの開催を決定すべきことになる(下井隆史『労働基準法〔第4版〕』321頁).

図7-1 フレックスタイム制の典型例

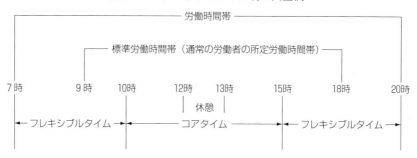

3） フレックスタイム制における時間外労働

フレックスタイム制を採用したときの時間外労働となる時間は，清算期間における法定労働時間の総枠（特例措置対象事業場は週44時間で計算）を超えて労働した時間である（市毛景吉編著（市毛景吉）『労働法教材』35頁）．

1カ月を超える清算期間の場合には，清算期間の開始日以後，各月で週平均50時間を超えたときには，当該月で割増賃金を支払う必要がある（労基法32条の3・2）．

第4節　時間外・休日労働

労働基準法は，「週40時間」や「1日8時間」を超える労働（時間外労働）や，「週休制」や「4週4休制」における法定休日の労働（休日労働）を，原則として，禁止している．しかし，使用者としては，業務上の都合により，そのような労働が必要となることがある．そこで，例外的に，災害等や公務の臨時の必要がある場合の他，労使協定に基づく場合に，時間外労働，休日労働を認めている．

1　災害等や公務の臨時の必要がある場合の時間外・休日労働

1） 災害等の臨時の必要がある場合の時間外・休日労働

災害その他避けることのできない事由によって，臨時の必要がある場合に，使用者は，事前に，労働基準監督署長の許可を受けて，その必要の限度において，時間外労働，休日労働をさせることができる（労基法33条1項，労基則13条）．

大地震や急病，ボイラーの破裂など，災害，緊急，不可抗力その他客観的に避けることができず，通常予見される範囲を超える事由がある場合に，関係者の生命，身体の安全，企業の保全などにとって差し迫って必要とされる限度で認められる（昭22・9・13発基17号，昭26・10・11基発696号）．単なる業務の繁忙その他それに準ずる経営上の必要からは認められない．

事態が切迫して事前に労働基準監督署長の許可を受けることができないときは，使用者は，事後に遅滞なく届け出るものとされている（労基法33条1項但書）．事後の届出に対し，労働基準監督署長が，当該時間外労働，休日労働を不適当と認めるときには，その時間に相当する休憩又は休日を与えるべきことを命じること（代休付与命令）ができる（労基法33条2項，労基則14条）．

2）公務の臨時の必要がある場合の時間外・休日労働

官公署の事業に従事する国家公務員及び地方公務員（非現業の公務員）については，公務のために臨時の必要がある場合には，特別の手続を要することなく，時間外労働，休日労働をさせることができる（労基法33条3項）.

これは，公務の重要性と，公務の提供を受ける国民・地域住民の便宜を考慮した規定であるが（西谷敏『労働法　第2版』301頁），非現業の国家公務員には労働基準法の適用がないので，適用対象となるのは，もっぱら非現業の地方公務員である（吉田美喜夫・名古道功・根本到編著（吉田美喜夫［補訂・名古道功］）『労働法Ⅱ個別的労働関係法〔第3版〕』223頁）.

2　労使協定に基づく時間外・休日労働

1）労使協定に基づく時間外・休日労働の意義

使用者は，労働者側と労使協定，いわゆる「三六協定」を締結し，それを労働基準監督署長に届け出た場合には，その労使協定の定めるところにより，時間外労働，休日労働をさせることができる（労基法36条，労基則17条）.

日本における異常とも言える恒常的な長時間の時間外労働は，労使協定に基づくものであり，法定労働時間の意義を軽視する実態があったが，働き方改革の最重要事項として，長時間労働の是正のための時間外労働の上限規制が導入されている.

2）労使協定に基づく時間外・休日労働を行うための手続

（1）労使協定の方式・内容

労使協定は，各事業場単位で，書面により締結される.

労使協定で定めるべき内容は，次の①〜⑤の事項である（労基法36条2項）.

① 労働時間の延長や休日労働をさせることができる労働者の範囲
② 対象期間（1年に限る）
③ 労働時間の延長や休日労働をさせることができる場合
④ 対象期間における1日，1カ月，1年について延長できる時間数又は労働させうる休日数
⑤ 労働時間の延長や休日労働を適正なものとするために必要な健康確保措置等

第7章 労働時間・休憩・休日 *115*

（2）労使協定の労働者側の当事者

労働者側の当事者は，当該事業場に，労働者の過半数で組織する労働組合がある場合はその労働組合，それがない場合は労働者の過半数を代表する者（過半数代表者）である．

過半数代表者は，時間外・休日労働に従事する労働者の意見を反映させる趣旨から，労働基準法41条2号に規定する監督又は管理の地位にある者ではないこと，また，時間外・休日労働のための労使協定をする者を選出することを明らかにして実施される投票，挙手等の方法による手続により過半数の支持を得て選出されたものであること，が必要とされている（労基則6条の2・1項）．

過半数代表者が使用者の意向により選出されたことが判明したときには，当該労使協定は無効となる．

最高裁のトーコロ事件判決（最2小判平13・6・22労働判例808号11頁）は，役員を含む全従業員で組織されている親睦会の代表者をそのまま過半数代表者として締結された労使協定を無効と解している（トーコロ事件については，拙稿「過半数代表者——トーコロ事件」『労働判例百選［第9版］』（有斐閣，2016）78～79頁）．

（3）労使協定の届出

労使協定は，所定の様式により，事前に，所轄の労働基準監督署長に届け出る必要がある（労基則17条1項）．更新の場合には，その旨の協定の届け出で足りるとされている（労基則17条2項）．

3）時間外労働の限度基準，特別条項付労使協定，時間外・休日労働の制限

（1）時間外労働の限度の原則

労使協定により延長できる労働時間数を適正なものとするため，法定労働時間を超える時間外労働の限度は，原則として，1カ月45時間，1年360時間までとされている（労基法36条．1年単位の変形労働時間制の対象期間を3カ月超とするときは1カ月42時間1年320時間まで）．

（2）特別条項付労使協定による上限

臨時的と認められる「特別の事情」がある場合には，特別条項付労使協定の締結・届け出により，時間外労働の限度の原則を超える時間外労働が許容されるが，下記が上限となり（労基法36条），超えると罰則の対象となる（労基法119条1号）．

① 1年720時間（休日労働時間数含まず）まで

② 1カ月45時間超（休日労働時間数含まず）の月数は1年で6カ月以内

③ 1カ月100時間未満かつ2〜6カ月平均で1カ月80時間（休日労働時間数含む）まで

「特別の事情」とは，当該事業場における通常予見することのできない業務量の大幅な増加等に伴い臨時的に限度時間を超えて労働させる必要がある場合に限られる．通常予見できる業務量の増加は，時間外労働の限度の原則の枠内で対応すべきものとなる．

上記の上限規制は，事業ごとに資本金の額（出資の総額）や常時使用する労働者の数により定められる「中小事業主」には，2020年4月1日からの適用である．また，自動車運転の業務，建設事業，医師，鹿児島県及び沖縄県における砂糖製造業には，2024年4月1日からの適用である．さらには，新技術・新商品等の研究開発業務については，適用除外とされている．

（3）時間外・休日労働の制限，禁止

労使協定による場合においても，坑内労働その他命令で定める健康上とくに有害な業務についての労働時間の延長は，法定時間数に加えて1日2時間が限度とされている（労基法36条但書，労基則18条）．

また，満18歳未満の年少者については，時間外労働や休日労働は禁止されている（労基法60条1項）．

4）労使協定の締結・届出の効力

（1）免罰的効力

労使協定の締結及び届出により，使用者は，労使協定の定める範囲内で，時間外労働や休日労働をさせても，労働基準法違反の責任を問われないことになる（免罰的効力）．しかし，それにより，使用者からの命令に応じて，労働組合が，組合員をして時間外・休日労働を行わせる義務や，個々の労働者が，時間外・休日労働を行う義務が発生するものではない．

（2）時間外・休日労働の義務の法的根拠

労働者が，労働契約上，時間外労働ないし休日労働の義務を具体的に負うには，労使協定の締結及び届出の他に，いかなる法的根拠が必要かについての考え方は，次の2つに大きく分かれている．

① 個別的合意説

個別的合意説は，労使協定の締結及び届出があり，さらに，就業規則や労働協約などに時間外労働や休日労働を命じる規定があったとしても，使用者から具体的に日時，場所を指定して命令があり，これに対して労働者が個別に同意して初めて，労働者は，これに従う義務があるとする考え方である．

労働者としての生活と私生活との調和を考えるならば，基本的には，個別的合意説に立った解釈をすべきである．下級審の判例には，明治乳業事件判決（東京地判昭44・5・31労民集20巻3号477頁）のように，個別的合意説に立つと見られるものもあった．

② 包括的同意説

包括的同意説は，労使協定の締結及び届出があり，就業規則や労働協約などに，労使協定に基づいた時間外労働や休日労働を命じる規定があり，その規定の内容が合理的なものである場合には，その規定に基づく使用者の命令に，労働者は従う義務があるとする考え方である．

この考え方においても，労働者に時間外労働や休日労働を行うことが困難な事情がある場合には，使用者の命令が権利濫用と評価されて，従う義務が否定される可能性もある（浜村彰・唐津博・青野覚・奥田香子（青野覚）『ベーシック労働法〔第6版補訂版〕』121頁）．

最高裁の日立製作所武蔵工場事件判決（最1小判平3・11・28民集45巻8号1270頁）は，時間外労働命令を拒否したことに端を発する懲戒解雇の有効性が争われた事件において，就業規則に関する秋北バス事件最高裁判決の法理を援用して，基本的に，包括的同意説に立った判断を示している（日立製作所武蔵工場事件については，高畠淳子「時間外労働義務——日立製作所武蔵工場事件」『労働判例百選［第9版］』76～77頁）．

3 割増賃金

1）割増賃金支払の趣旨

使用者が，時間外労働，休日労働，深夜労働（原則として，午後10時から午前5時まで）に従事させた場合には，過重な労働や特殊な労働（深夜業）に対する補償と，この種の労働を抑制しようという趣旨（市毛景吉編著（市毛景吉）『労働法教材』43頁）で，割増賃金の支払いが義務付けられている（労基法37条1項及び3項）．

法の定める時間外労働，休日労働に至らない，所定労働時間・労働日を超える労働（法内超勤）については，割増賃金の支払いは必要ではない（昭23・11・4基

118　第Ⅱ部　個別的労使関係法

発1592号).

　労働基準法に違反して，時間外労働，休日労働，深夜労働が行われた場合にも，労働自体は事実行為であり，使用者は，割増賃金の支払いを免れるものではない．最高裁の小糸撚糸事件判決（最1小判昭35・7・14刑集14巻9号1139頁）も，これを確認する判断をしている．

2）時間外労働の場合の割増賃金

（1）2割5分以上の割増賃金

　非常災害の場合（労基法33条）や労使協定により（労基法36条）時間外労働をさせた場合には，通常の労働時間の賃金の計算額の2割5分以上の割増賃金の支払いが必要となる（労基法37条1項，労基法37条1項の時間外及び休日の割増賃金に係る率の最低限度を定める政令）．

（2）月60時間超の時間外労働に対する特則

①　5割以上の割増賃金

　1カ月の時間外労働の累計が60時間を超えた部分についての労働については，2割5分が加算されて，5割以上の割増賃金の支払いが必要とされている（労基法37条1項但書）．この2割5分の加算は，「中小事業主」については，2023年4月1日からの適用となる（労基法138条）．

②　代替休暇制度

　労働者が希望する場合には，加算される2割5分以上の割増賃金の支払いに代えて，有給休暇を付与するものとする時間外労働手当代替休暇制度を導入することも可能とされている．この代替休暇制度を導入するためには，労使協定で，a）代替休暇時間数の算定方法，b）代替休暇の単位（1日又は半日），c）付与期間（2カ月以内），d）取得日の決定方法，を定めることが必要となる（労基則19条の2）．

3）休日労働，深夜労働の場合の割増賃金

（1）休日労働の場合

　労働基準法で必要とされる1週1日又は4週4日の休日に労働させた場合には，通常の労働日の賃金の計算額の3割5分以上の割増賃金の支払いが必要となる（労基法37条1項，労基法37条1項の時間外及び休日の割増賃金に係る率の最低限度を定める政令）．

（2）深夜労働の場合

　深夜労働の時間帯における労働については，通常の労働時間の賃金の計算額の2割5分以上の割増賃金の支払いが必要となる（労基法37条4項）．その長さに関係なく，また，それが所定労働時間内に行われたものであっても，同様である（市毛景吉編著（市毛景吉）『労働法教材』44頁）．

　労働協約，就業規則その他により深夜労働の割増賃金を含めて所定賃金が定められていることが明らかな場合には，深夜労働の割増賃金の別途支払いは不要である（昭63・3・14基発150号，平11・3・31基発168号）．

　なお，第5節で述べる，労働時間に関して適用除外が認められる労働基準法41条各号該当労働者に関しても，深夜労働に関する規定の適用除外はなく，深夜労働については割増賃金の支払いが必要である．

4）割増賃金の算定

　割増賃金の算定の基本となる「通常の労働時間又は通常の労働日の賃金の計算額」の出し方は，「時間」，「日」，「週」，「月」，「月，週以外の一定期間」，「出来高払制その他の請負制」など，賃金の定め方に応じて，労働基準法施行規則19条が規定している．

（1）時間外・休日労働と深夜労働が重複する場合

①　時間外労働と深夜労働が重複する場合

　時間外労働が深夜労働と重なる場合には，重なる部分の労働については，割増率が5割以上となる．休日労働と深夜労働とが重なる場合には，6割以上となる（労基則20条1～2項）．

②　時間外労働と休日労働が重複する場合

　休日労働が8時間を超えた場合にも，行政解釈（昭22・11・21基発366号，昭63・3・14基発150号）は，超過労働としての性質は同じなので，割増率は3割5分以上のままで良いとしている．

　しかし，8時間を超えることにより休日労働の過酷さがさらに増すことになることから，6割以上の割増とすべきである（下井隆史『労働基準法〔第4版〕』337頁及び有泉亨『労働基準法』（有斐閣，1963）343頁）．

（2）割増賃金の算定基礎

　時間外労働・休日労働，深夜労働の割増は，実際の具体的労働に対応すべきものであることから，割増賃金の算定基礎となる賃金には，次の①～⑦は，算入さ

れない（労基法37条5項，労基則21条）．

① 家族手当
② 通勤手当
③ 別居手当
④ 子女教育手当
⑤ 住宅手当
⑥ 臨時に支払われた賃金
⑦ 1カ月を超える期間ごとに支払われる賃金

　使用者により割増賃金が意図的に低く抑えられることがないように，算入されないとされる上記の手当等は，制限列挙である．最高裁の小里機材事件判決（最1小判昭63・7・14労働判例523号6頁）も，制限列挙と解している．

　また，これらの手当等に該当するか否かについては，名称ではなく，その実質に応じて判断すべきである．家族手当が家族の有無・数に関係なく一律に支給されている場合や，通勤手当が通勤距離・方法に関係なく一律に支給されている場合には，これらの手当は，基本給と同じ性格とみられるので，割増賃金の算定基礎としなければならない（昭22・11・5基発231号，昭23・2・20基発297号）．

（3）割増賃金の定額払

　労働基準法は，一定額以上の割増賃金の支払いを求める．しかし，その計算・支払方法までをも強制するものではない．そこで，労働基準法が定める計算方法によらずに，定額の手当や，定額の手当を含む賃金の支給により，割増賃金の支払いに代えるということが許されるかが問題となる．

　行政解釈（昭24・1・28基収3947号）は，実際に支払われる割増賃金が，労働基準法所定の計算による割増賃金を下回らない場合には，労働基準法37条違反ではないとしている．

　最高裁の高知県観光事件判決（最2小判平6・6・13労働判例653号12頁）は，タクシー会社の乗務員の歩合給に関し，「労基法上の時間外及び深夜労働が行われたときにも金額が増加せず，また，右の歩合給のうちで通常の労働時間の賃金に当たる部分と時間外及び深夜の割増賃金に当たる部分とを判別することができない場合には，当該歩合給の支給により時間外及び深夜の割増賃金が支払われたとすることは困難」としている（高知県観光事件判決については，拙稿「時間外労働手当——高知県観光事件」『労働判例百選［第8版］』（有斐閣，2009）92～93頁）．

第7章　労働時間・休憩・休日　*121*

　割増賃金の定額払も一概に否定することはできないが，労働基準法の実効性を考慮するならば，労働基準法が強制する所定の計算による割増賃金以上の手当が付加された賃金額か否かが労働者において容易に確認することができるものであり，加えて，その額を下回る場合には追加の手当が予定されるような賃金形態でなければ，許されないと解すべきである．

第5節　労働時間等の適用除外と特定高度専門業務・成果型労働制

1　労働時間等の適用除外

1）適用除外の趣旨と対象労働者，除外される規定

（1）適用除外の趣旨と対象労働者

　従事する業務の性質や労働の態様から，労働時間に関する法的規制を適用することが適当でない事業又は業務に従事する労働者については，労働基準法41条により，労働基準法上の労働時間，休憩及び休日に関する規定の適用が除外されている（厚生労働省労働基準局編『平成22年版労働基準法上』621頁）．

　適用除外の対象となる労働者は，農業及び水産業に従事する労働者，管理監督の地位にある労働者，機密事務を取扱う労働者，監視・断続的労働従事者で労働基準監督署長の許可を受けたものである．

（2）除外される規定

　除外されるのは，次の①〜⑥の規定である．

① 　法定労働時間（労基法32条）
② 　労働時間の特例（労基法40条）
③ 　休憩時間（労基法34条）及び休日（労基法35条）
④ 　時間外・休日労働の割増賃金（労基法33条，36条，37条）
⑤ 　年少者の時間外・休日（労基法60条）
⑥ 　妊産婦の労働時間（労基法66条等）

　除外されないのは，次の①〜③の規定である．

① 　年少者及び妊産婦の深夜労働禁止（労基法61条，66条3項）
② 　深夜労働に関する割増賃金（労基法37条）
③ 　年次有給休暇（労基法39条）

2）農業及び水産業に従事する労働者

農業及び水産業においては，その業務が天候，気象等の自然条件に大きく左右され，法定労働時間や休日制度に適応し難いことから，労働時間に関する法的規制を除外するものである（労基法41条1号，別表第1・6号及び7号）.

3）管理監督の地位にある労働者，機密事務を取扱う労働者
（1）管理監督者や機密事務取扱者を除外する趣旨

労働者であっても，管理監督者や機密事務取扱者は，経営者と一体となって，所定の労働時間や休日の枠にとらわれず働くことが必要であることから，労働時間に関する法的規制を除外するものである（労基法41条2号）.

管理監督者や機密事務取扱者には，次の4）で述べる監視・断続的労働従事者と異なり，労働基準監督署長の許可が条件とされていないことについて，「これらの者の地位からして規制外においても労働条件に及ぼす影響が比較的少ないこと及びこれらの者の範囲は企業規模又は業種，業態によりおのずから一定の客観的な基準が考えられるからである」と説明されている（厚生労働省労働基準局編『平成22年版労働基準法上』623頁）.

（2）管理監督者・機密事務取扱者該当性の判断

一般的には，局長や部長，工場長などが管理監督者に，秘書その他で，その職務が経営者や管理監督者と一体不可分の労働者が機密事務取扱者に該当する（市毛景吉編著（市毛景吉）『労働法教材』46頁）.

管理監督者や機密事務取扱者を除外する趣旨からするならば，該当するかどうかは，その名称にとらわれず，就労の実態から判断して，次のような事項を考慮して，判断すべきである（浜村彰・唐津博・青野覚・奥田香子（青野覚）『ベーシック労働法〔第6版補訂版〕』142頁）.

① 重要な職務と責任を持ち経営者と一体的な立場にあるか
② 出・退勤につき自由裁量があり，厳格な時間管理を受けない地位にあるか
③ 役職手当その他賃金等の処遇面でその地位にふさわしい処遇を受けているか

（3）「名ばかり管理職」の問題

労働基準監督署長の許可が条件とされていないことから，法の趣旨と労働現場における実態との乖離が激しく（その典型が，外食産業の現場である．安田浩一・斎藤

貴男『肩書きだけの管理職：マクドナルド化する労働』（旬報社，2007）参照），監督・管理者であることを否定する裁判例が多く，「名ばかり管理職」と表現されて，大きな問題となった．

日本マクドナルド事件判決（東京地判平20・1・28労働判例953号10頁）は，直営店の店長の職務内容を具体的に検討して，「職務や権限は店舗内の事項に限られ，経営者と一体的といえる重要なものではない．労働時間の裁量もない」として，管理監督者には当たらないと，妥当な判断をしている．

管理監督者に当たると判断された数少ない例である，ことぶき事件（東京高判平20・11・11労働判例1000号10頁）では，会社が経営する5店舗の5店長を統括し，各店舗の改善策や従業員の配置等の重要事項について意見を述べる立場にあり，他の店長の約1.5倍の基本給，3倍（3万円）の店長手当の支給を受けていた「総店長」が，管理監督者に該当するとされている．

4）監視・断続的労働従事者で労働基準監督署長の許可を受けたもの

（1）監視・断続的労働を除外する趣旨

監視・断続的労働については，労働密度が薄いことも多いことから，労働基準監督署長の許可を条件として，労働時間に関する法的規制を除外するものである（労基法41条3号）．

（2）監視労働の意義

「監視労働」とは，「原則として一定部署にあって監視するのを本来の業務とし，常態として身体又は精神的緊張の少ないもの」である．守衛やマンション管理人等が典型的なものと考えられるが（大内伸哉編著（梶川敦子）『通達・様式からみた労働法』272頁），交通関係の監視等精神的緊張の高い業務や危険又は有害な場所における業務は許可されない（昭22・9・13発基17号，昭63・3・14基発150号）．

（3）断続的労働の意義

「断続的労働」とは，休憩時間は少ないが，手待時間の多いものである．役員専属自動車運転者の業務等が考えられるが（昭23・7・20基収2483号），新聞配達従業員やタクシー運転者の業務は許可されない（昭23・2・24基発356号，昭23・4・5基収1372号）．

2 特定高度専門業務・成果型労働制

1）特定高度専門業務・成果型労働制の意義と対象業務

（1）特定高度専門業務・成果型労働制の意義

特定高度専門業務・成果型労働制とは，「高度プロフェッショナル制度」とも呼ばれるものであり，労働基準法41条に基づく労働時間等の適用除外に加えて，深夜労働に関する割増賃金の規定（労基法37条）をも除外する，新たな適用除外制度である．

（2）特定高度専門業務・成果型労働制の対象業務

職務の範囲が明確で1075万円以上の高い年収を支払われることが見込まれる，高度の専門的知識を必要とする等の業務が対象とされ，金融商品の開発業務，金融商品のディーリング業務，アナリストの業務，コンサルタントの業務，研究開発業務が想定されている．

2）特定高度専門業務・成果型労働制導入の要件と長時間労働防止措置

（1）特定高度専門業務・成果型労働制の導入の要件

対象の事業場において，委員の半数が，過半数労働組合（過半数労働組合がない場合には，労働者の過半数代表者）により任期を定めて指名される委員からなる「労使委員会」が設置され，次の①～⑩を，労使委員会に出席した委員の5分の4以上の多数で決議し，使用者が，決議届を所轄の労働基準監督署長に届け出ることにより，対象労働者が対象とされることに同意して対象業務に就いたときには，当該労働者については，労働時間，休憩，休日，深夜労働の割増賃金規定の適用が除外される（労基法41条の2）．

① 対象業務
② 対象労働者
③ 健康管理時間の把握する措置の実施
④ 長時間労働防止のための義務的措置
⑤ 長時間労働防止のための選択的措置
⑥ 健康福祉確保措置
⑦ 対象労働者の同意の撤回手続
⑧ 苦情処理
⑨ 不利益取扱いの禁止

⑩　その他厚生労働省令で定める事項

「健康管理時間」とは，対象労働者が事業所内にいた時間（労使委員会が除外すると決議した「労働時間以外の時間」を除く）と事業場外で労働した時間の合計時間である．

対象労働者が同意を撤回すれば，特定高度専門業務・成果型労働制の対象外となる．撤回の際にも不利益取扱いは禁止されると解される．

（2）長時間労働防止措置

長時間労働防止のための義務的措置として，1年間を通じて104日以上，かつ，4週間を通じて4日以上の休日を使用者が確実に取得させる必要がある．

また，選択的措置として，①継続休息時間の確保・深夜業の回数制限，②1カ月又は3カ月の健康管理時間の上限措置，③2週間連続休日年1回以上（労働者が請求した場合には1週間連続休日年2回以上）確保措置，④臨時の健康診断，のいずれかを講じる必要がある．

なお，健康管理時間が一定時間を超える対象労働者については，事業主は，医師による面接指導を受けさせなければならない（労安法66条の8の4）．

第6節　休憩・休日，勤務間インターバル制度

1　休　　憩

1）休憩時間制度の趣旨

労働が継続すると，心身ともに疲労し，能率が低下し，そして，労働災害発生の危険も増すことになる．そこで，労働時間の途中に，適切に休憩を設けることが必要となる．

2）休憩時間の長さ

休憩時間については，労働基準法で，使用者は，労働時間が6時間を超える場合には45分以上，8時間を超える場合には1時間以上の休憩時間を与えなければならないとされている（労基法34条1項）．

小刻みの付与や，長過ぎる休憩時間に対する規制は定められていない．

126　第Ⅱ部　個別的労使関係法

3）休憩時間の意義

「休憩時間」とは，単に作業に従事しない手待時間を含まず，労働者が権利として労働から離れることを保障されている時間を意味し，その他の拘束時間は労働時間となる（昭22・9・13発基17号）．

4）休憩時間の与え方

使用者は，休憩時間を，①労働時間の途中に，②事業場ごとに一斉に与え，③労働者の自由に利用させなければならない（労基法34条）．

一斉に与えることについては，幅広く，運送事業，商業，金融・保険業，映画製作業，郵便・電信事業，医療・保健事業，旅館・飲食業，官公署等については適用されないものとされている（労基法40条，労基則31条）．また，労使協定により，その除外を定めることも認められている（労基法34条2項但書）．

自由利用について，行政解釈は，事業場の規律保持上必要な制限を加えることは，休憩の目的を害わない限り差支えないとして，外出を許可制とすることも違法ではないとしている（昭22・9・13発基17号，昭23・10・30基発1575号）．しかし，外出については，労働者の所在確認等の必要性からの届出制など，必要最小限の規制以外は認められないと解される（浜村彰・唐津博・青野覚・奥田香子（青野覚）『ベーシック労働法〔第6版補訂版〕』149頁）．

2　休　　日

1）休日の趣旨

休日は，休息日を保障することにより，労働者の日々の労働による心身の疲労からの回復と，私生活の充実を確保しようとするものである．

2）週休制の原則

休日については，週休制の原則が定められ，使用者は，毎週少なくとも1回の休日を与えなければならない（労基法35条1項）．完全週休2日制を導入する企業も増えてきているが，労働基準法が強制するのは，いまだに週休1日制である．

「毎週」とは，日曜から土曜までの1週間毎を指す．「休日」とは，暦日である午前零時から午後12時まで，労働から完全に解放されることを意味する（昭23・4・5基発535号）．

なお，国民の祝日に関する法律3条にいう国民の祝日（休日）や，週休2日制における2日目の休日は，労働基準法35条の休日ではなく，それらの日に労働さ

せることは，労働基準法35条違反の休日労働にはならない（市毛景吉編著（市毛景吉）『労働法教材』49頁）．

　週休１日制のもとでも，第１週の初日を休日とし，第２週の最終日を休日とするという形で，連続12日間の連続勤務が可能となる．

3）４週４休制

　業種業態による使用者の便宜を考慮して，週休制ではなく，４週間に４日の休日という，４週４休制も認められている（労基法35条２項）．就業規則で単位となる４週間の起算日を定めれば，他に特段の手続を要することなく，４週４休制で働かせることができる（労基則12条の２・２項）．

　４週４休制においては，特定の４週間ごとに４日の休日を確保すればよく，４週間をどこで区切ってもその中に４日の休日が必要である，という意味ではない（昭23・9・20基発1384号）．

　４週４休制のもとでは，第１週の最初の４日間を連休とし，後の24日間は連続勤務という４週間の後，次の４週間は，第４週の最後の４日間を連休とするという形で，連続48日間の苛酷な連続勤務も可能となる．

3　勤務間インターバル制度

　長時間労働の是正に資するものとして，事業主には，前日の終業時刻と翌日の始業時刻の間に一定時間の休息の確保をする，いわゆる勤務間インターバル制度を導入する努力義務が課せられている（労働時間等設定改善法２条１項）．

第8章　年次有給休暇

第1節　年次有給休暇の意義と要件，付与日数

1　年次有給休暇の意義

年次有給休暇は，労働者に対して，休日とは別個に，1年をサイクルとして連続する有給の休暇を与えることにより，勤続の疲労を回復し，私生活の充実を図ることを目指すものである．

年次有給休暇は，有給で休むことが権利として保障されているものであるにもかかわらず，日本における年次有給休暇の取得率は，異常なほど低く止まっている．2016年1月1日現在の年次有給休暇の付与日数は18.2日，そのうち労働者が取得した日数は9.0日で，取得率は49.4％となっている（2017年12月27日厚生労働省政策統括官付参事官付賃金福祉統計室発表「平成29年就労条件総合調査」）．

2　年次有給休暇の要件

使用者は，1）「6カ月以上継続して勤務」し，2）「全労働日の8割以上出勤」した労働者に対して，継続し，または分割した10日間の有給休暇を与えなければならない（労基法39条1項）．

1）「6カ月以上継続して勤務」

（1）「継続勤務」の意義

6カ月以上を要する「継続勤務」とは，労働契約の存続期間，すなわち当該事業場における在籍期間を意味する．その起算点は，労働者の採用日となる．

（2）「継続」の意義

「継続」は，短期契約の更新や雇用形態の変更があっても，実質的に同じ使用者のもとで働いていれば，肯定的に解される（市毛景吉編著（市毛景吉）『労働法教材』（東京教学社，2001）51頁．昭63・3・14基発150号）．

2）「全労働日の8割以上出勤」の意義

（1）「全労働日」の意義

「全労働日」となるのは，就業規則などで出勤が義務付けられている日である．最高裁のエス・ウント・エー事件判決（最3小判平4・2・18労働判例609号12頁）は，「労働者が労働契約上労働義務を課せられている日数」と表現している．

（2）「出勤」の意義

8割以上を要する「出勤」に関して，年次有給休暇をとった日については，出勤したものとみなされる（昭22・9・13発基17号）．

また，次の①～③の期間は，出勤したものとみなされる（労基法39条8項）．

① 労働者が業務上負傷し，又は疾病にかかり，療養のために休業した期間
② 産前・産後の女性が，労働基準法65条の規定により休業した期間
③ 育児介護休業法2条1項の規定により休業した期間

3 年次有給休暇の付与日数

1）付与日数

（1）毎年10～20日

年次有給休暇の付与日数は，6カ月以上の継続勤務では10日，1年6カ月以上継続勤務した労働者に対しては，6カ月を超える継続勤務年数が1年増えるごとに，①2年6カ月までは1労働日，②3年6カ月以降は2労働日を，20日に至るまで加算される（労基法39条2項）．

たとえば，2年6カ月以上継続勤務については12日，4年6カ月以上継続勤務については16日，そして，6年6カ月以上の継続勤務により，最大日数の20日の有給休暇が，全労働日の8割以上出勤を条件に，付与される．

（2）継続勤務期間で定まる付与日数

なお，「全労働日の8割以上出勤」という要件は，それぞれの年度で判断され，また，年度ごとの付与日数は継続勤務期間に応じて労働基準法が定めていることから，この要件を満たさない年度があったとしても，その後の年度の付与日数には影響しない．

たとえば，採用後6カ月において，この要件を満たさない労働者には，7カ月目からの1年は年休の付与はないが，7カ月目からの1年の継続勤務において，この要件を満たせば，1年7カ月目からの1年は10日ではなく11日の有給休暇が

130　第Ⅱ部　個別的労使関係法

表 8-1　年次有給休暇の付与日数

週所定労働日数	年間所定労働日数	採用の日から起算の継続勤務期間						
		6カ月	1年6カ月	2年6カ月	3年6カ月	4年6カ月	5年6カ月	6年6カ月以上
5日	217日超	10日	11日	12日	14日	16日	18日	20日
4日	169～216日	7日	8日	9日	10日	12日	13日	15日
3日	121～168日	5日	6日	6日	8日	9日	10日	11日
2日	73～120日	3日	4日	4日	5日	6日	6日	7日
1日	48～72日	1日	2日	2日	2日	3日	3日	3日

付与される（市毛景吉編著（市毛景吉）『労働法教材』52頁）.

　また，付与される日から1年未満で退職予定の労働者に関しても，継続勤務期間で定まる日数のすべてが付与される.

2）比例付与
（1）比例付与の意義
　年次有給休暇はフルタイムの正社員に限られず，所定労働日数の少ないアルバイトやパートタイム労働者等についても，その勤務日数等に比例した日数の年次有給休暇が権利として保障されている.
（2）比例付与の対象となる労働者
　比例付与の対象となる労働者は，週所定労働時間が30時間未満の者で，① 週所定労働日数が4日以下の者又は，② 週以外の期間により所定労働日数が定められている者については1年間の所定労働日数が216日以下の者である（労基法39条3項，労基則24条の3・3項）.

第2節　年次有給休暇の取得

1　年次有給休暇の取得
1）労働者の「時季指定権」と使用者の「時季変更権」
（1）労働者の「時季指定権」
　「年次有給休暇」の取得に関して，労働基準法は，まず，使用者は，有給休暇を労働者の請求する時季に与えなければならない，と規定する（労基法39条5項）.
これは，労働者の「時季指定権」を定めたものであると解されている.

（2）使用者の「時季変更権」

　使用者は，労働者により請求された時季に有給休暇を与えることが，「事業の正常な運営を妨げる場合」には，「他の時季に」これを与えることができる，と規定する（労基法39条5項但書）．これは，使用者の「時季変更権」を定めたものであると解されている．

2）年次有給休暇権の法的性質

（1）「請求権説」や「形成権説」等

　労働者の時季指定権と使用者の時季変更権に関連して，年次有給休暇権の法的性質をどのように考えるかについては，請求権と解し，労働者が時季を指定して「請求」し，それに使用者が「承認」を与えることにより，成立するとする「請求権説」や，形成権と解し，労働者の一方的意思表示により成立するとする「形成権説」等があった．

（2）「二分説」——最高裁白石営林署事件判決

　最高裁の白石営林署事件判決（最2小判昭48・3・2民集27巻2号191頁）は，年次有給休暇権は，「要件が充足されることによって法律上当然に労働者に生ずる権利であ」り，労働者の時季指定に対して，使用者が時季変更権を行使しないときには，指定日における労働義務が消滅すると判断した．

　この最高裁の考え方は，「年次有給休暇権」と「時季指定権」を明確に区別するものであり，「二分説」と呼ばれている．この考え方の基本は，多くの支持を得ている（白石営林署事件については，中野育男「年次有給休暇権の法的性質——白石営林署事件」『労働判例百選〔第9版〕』（有斐閣，2016）86～87頁）．

2　労働者の時季指定権

1）付与の単位

（1）1日単位の付与の原則

　労働者は，付与された年次有給休暇を，1労働日を単位として，ひとまとめでも，分割でも，利用できる（労基法39条1項）．

（2）半日単位の付与

　使用者が，半日単位での付与を認めることは違法ではないが，使用者は，労働者からの半日単位での請求に応じる義務はない（昭24・7・7基収1428号，昭63・3・14基発150号）．ただし，学校法人高宮学園事件判決（東京地判平7・6・19労働判例

678号18頁）が述べるように，半日単位での付与が労使慣行となっている場合等，その旨の労使間の合意が認められるときには，使用者は，半日単位での利用に応じる義務がある．

（3）時間単位年休

労働者の利用の便宜を考慮するとともに，取得の促進を目的として，労使協定で，次の①〜④の事項を定めると，使用者は，1年間で5日までは，時間単位で年休を付与することができる（労基法39条4項，労基則24条の4）．

① 対象労働者の範囲
② 対象とする年休の日数（5日以内）
③ 年休1日に相当する時間単位年休の時間数
④ 1時間以外の単位で付与する場合の単位時間数

2）取得（時季指定）手続

就業規則等において，時季指定を，休暇日の一定日数前，ないし一定時間前までに行うことを義務付けることがある．このような規定は，労働者の有給休暇権の行使を制約するものではあるが，ある程度の時間的制約は，使用者に対処の時間的余裕を与え，時季変更権の行使を少なくすることもあるので，「規定の時間までに請求されない場合は一切認めない」といった硬直的な運用がなされない限り，合理的な制約と解される．

最高裁の電電公社此花電報電話局事件判決（最1小判昭57・3・18民集36巻3号366頁）は，代替要員確保の必要性がある場合など，合理性のある場合には，有効であると判断している．

3）年次有給休暇への事後的振替

遅刻や早退，病欠等を，事後的に年休に振り替えるといった措置が行われることがある．こうした取扱いは，労働者には，賃金減額の回避など，大きなメリットがある．しかし，労働者から求められても，使用者は，その旨を定める就業規則の規定や労使慣行等がなければ，これに応じる義務はない．

また，不規律な勤務の記録を残したくないという意図等で，使用者の側が，そのような処理を行うことがあるが，それにより年休日数が減少することにもなることから，労働者の同意が必要である．

3 使用者の時季変更権

1)「事業の正常な運営を妨げる場合」の判断

使用者の時季変更権については，いかなる場合が「事業の正常な運営を妨げる場合」（労基法39条5項但書）といえるのかが問題となる．日常の労働の現場において，労使の利害が鋭く対立する重要な争点である．

一般論としては，当該労働者の所属する「事業場」を基準として，事業が一体としてその運営を阻害されることを指し，個別的，具体的，客観的な判断が必要となる（昭23・7・27基発2622号）．

具体的には，① 当該労働者の当該年休指定日における労働が，当該労働者の所属する「事業場」の業務運営にとって必要不可欠で，②「代替勤務者の確保」が困難な場合に，使用者は時季変更権を行使することができると解される（菅野和夫『労働法〔第11版補正版〕』（弘文堂，2017）538頁）．

2)時季変更権の行使時期

時季変更権が行使されれば，労働者は，指定した日の労働義務を免れず，就労を開始しなければならないことになるので，時季変更権は，理論的には，年次有給休暇の開始時間までに行使される必要がある．

3)長期の時季指定と時季変更権

(1)「バカンス裁判」——時事通信社事件

長期の休暇に対する時季変更権の行使に関しては，時事通信社事件が，「バカンス裁判」として話題となり，社会の関心を集めた．争点となったのは，短期の休暇に対するものとは異なる判断が可能か否か，ということである（高裁までの経過については，梅本浩志『バカンス裁判』（三一書房，1989）に詳細に記述されている）．

時事通信社事件は，通信社で社会部に所属し科学技術庁の科学技術記者クラブに単独配置されていた記者が，1カ月の連続休暇となる時季指定をしたのに対し，会社側は，その後半の半分につき時季変更権を行使し，この時季変更権の有効性が争われたものである．

(2)時事通信社事件最高裁判決

時事通信社事件の最高裁判決（最3小判平4・6・23民集46巻4号306頁）は，休暇が「長期のものであればあるほど，使用者において代替勤務者を確保することの困難さが増大するなど事業の正常な運営に支障を来す蓋然性が高くなり，使用者

の業務計画，他の労働者の休暇予定等との事前の調整を図る必要が生じるのが通常である」と，まず一般論を述べた．

そして，① 会社が労働者の職務を代替し得る勤務者を長期にわたって確保することは困難であったこと，② 会社は官庁，企業に対する専門ニュースサービスを主体にしており，一般ニュースサービスのための取材をする社会部への人員配置が手薄になったのはやむを得なかったこと，③ 労働者は，休暇の時期および期間について会社と十分な調整をしないで時季指定をしたこと，④ 会社が時季変更権を行使したのは指定された休暇の後半部分のみであったこと，といったことを認定して，事前の調整のない時季指定に対する変更権行使の裁量的判断を尊重し，会社の時季変更権の行使は適法なものといえる，と判断した（時事通信社事件の最高裁判決については，神尾真知子「長期休暇と時季変更権——時事通信社事件」『労働判例百選［第9版］』90～91頁）．

この最高裁の考え方は，長期の年休を請求する場合には，時季指定の要件として，労働基準法の条文にはない「事前の調整」を求めるものであり，それは，細切れの年休取得が多く，また，年休の完全消化を想定しない人員配置が行なわれるという日本における現実を重視し過ぎる判断とも評しうるものであり，大いに疑問がある．

4　労使協定による計画的付与制度と使用者による付与義務
1）労使協定による計画的付与制度
（1）計画的付与制度の趣旨と計画的付与の仕方

計画的付与制度は，日本では，「同僚への気兼ね」から年休取得が控えられる状況があることを考慮して，年休消化率を高めるために導入された．

使用者が，労使協定により，年次有給休暇を与える時季に関する定めをしたときには，労働者の有する年次有給休暇のうち5日を超える部分については，その定めにより年次有給休暇が与えられる（労基法39条6項）．

計画的付与の仕方は，① 事業場全体での一斉付与に限定されず，② 班ごとの交代付与や，③ 個人別の付与の方法も可能である．

（2）労使協定締結の効果

計画的付与についての労使協定が締結されると，その対象となる日数については，年休日が特定され，労働者の時季指定や使用者の時季変更の余地はなくなる．

計画的付与制度導入に反対する労働者に対しても，労使協定の効果は当然に及

び，その対象となる日は年休取得日となり，その日数だけの年休が減少すること
になる（三菱重工長崎造船所事件・福岡高判平6・3・24労民45巻1‐2号128頁）．

2）使用者による付与義務

　年休消化率をより一層高めるために，使用者には，10日以上の年次有給休暇が
付与される労働者に対し，そのうちの5日については時季指定して付与する義務
が定められている．労働者による時季指定や計画的付与により取得された日数分
については，指定の必要はない（労基法39条7～8項）．

　使用者は，年休管理簿により取得日数を適切に把握し，取得日数が少ない者に
は任意取得を促し，それでも取得が進まないときには，労働者から時季に関する
意見を聴き，その意見を尊重するよう努めながら，5日に達するように付与する
必要がある．

5　年次有給休暇の利用目的

1）自由利用の原則

（1）自由利用の原則

　年次有給休暇の利用目的は労働基準法の関知しないところであり，労働者は，
いかなる目的にも利用できる．使用者は，その利用目的により，付与の可否を決
定することはできない．労働者は，時季指定に際して，その利用目的を申告する
義務はない．

（2）利用目的を確認する合理性

　取得（時季指定）手続の中で，利用目的の申告を求める使用者も多くみられる．
定められた時期に遅れた時季指定を受けて，使用者が特別の配慮をする必要があ
るとして，年次有給休暇とするか否かを判断するような例外的な場合にのみ，利
用目的を確認する合理性が肯定されるであろう．

　時季指定が複数重なった場合に，利用目的により優先順位を決定するという扱
いは，自由利用の原則からして妥当ではなく，指定時期の順番など，合理的と思
われる基準により処理すべきである（西谷敏『労働法　第2版』（日本評論社，2013）
342頁）．

2）年次有給休暇の争議目的の利用

　労働者が，年次有給休暇の取得を名目として，自分の事業場で行う「一斉休暇

闘争」は，最高裁の全林野白石営林署事件判決（最2小判昭48・3・2民集27巻2号191頁）が判示するように，その実質は，ストライキに他ならないものであり，年次有給休暇の利用目的の関連で論じられるべきものではない．年次有給休暇の自由利用の原則の例外と位置付けられるべきものでもない．

　他の事業場のストライキを応援するための年次有給休暇の取得は，労働者が自由に行うことができる（国鉄郡山工場事件最高裁判決・最2小判昭48・3・2民集27巻2号210頁）．

第3節　年次有給休暇の繰越，買い上げ等，不利益取扱いの禁止

1　年次有給休暇の繰越
1）年次有給休暇の繰越
　年次有給休暇は，1年をサイクルとして，労働者が実際に休むことを保障する趣旨で認められている．そこで，付与された当該年度限りのものと解釈することが合理的である．

2）年次有給休暇の時効による消滅
　しかし，労働基準法に繰越しを禁止する規定がなく，また，繰越しを認めないと，現状では50％に満たない日本の年次有給休暇の消化率の低さからして，労働者に不利益である．そこで，労働基準法の時効の規定が2年の消滅時効を定めていることもあり（労基法115条．第6章の第4節で述べたように，労基法115条は，2020年4月1日施行の民法改正により影響を受ける可能性があることに留意する必要がある），年次有給休暇の全部，ないしは一部を次年度までは繰越すことが一般に認められ，実際にも，就業規則等の規定により，年次有給休暇の繰越しが行われている．たとえば，2014年10月1日に発生した年次有給休暇は，2016年9月30日までに消化しないと時効消滅する．

　なお，繰越された年次有給休暇と新たに生じた年次有給休暇がある場合，時効との関係で，どちらを指定したものと扱うか，理論的には法的問題となり得る．形式的に法定充当に関する民法489条2号を適用すれば，後者ということになるが，そのような非常識な解釈が成り立つものではなく，当然，繰越された年次有給休暇から消化されると解される（菅野和夫『労働法〔第11版補正版〕』544頁）．

2　年次有給休暇の買上げ等

1）年次有給休暇の買上げ

（1）年次有給休暇の買上げの意義

年次有給休暇の買上げを予約して，予約された日数について，年次有給休暇の取得を認めないとする扱いは，年次有給休暇の買上げ，と呼ばれる．

（2）年次有給休暇の買上げの法的効力

年次有給休暇の買上げは，実際に休みを取ることを保障するという労働基準法の年次有給休暇規定の趣旨に明確に違反するものであることから違法であり，労働者の同意がある場合にも認められない（昭30・11・30基収4718号）．

（3）消滅した年次有給休暇に対する金銭補償

時効消滅した年休日数に応じて，一定額の手当の支給といった金銭補償をすることについては，とくに違法と解すべきものではないとする立場が多いようである（菅野和夫『労働法〔第11版補正版〕』544頁及び大内伸哉編著（梶川敦子）『通達・様式からみた労働法』（日本法令，2007）262頁等）．

しかし，休暇取得と金銭との交換を誘発し，間接的にではあるが年休取得を抑制する効果を否定できないことからして，認めるべきではない．

3　年次有給休暇の取得と不利益取扱いの禁止

1）不利益取扱いの禁止

（1）不利益取扱いの禁止の趣旨

権利を行使したことにより何らかの不利益を受けることがあると，その権利について，その額面通りの権利としての価値を認めることは困難となり，また権利行使の妨げとなる．

年次有給休暇についても，労働者が取得したことを理由として，使用者が，精皆勤手当や賞与等の減額・不支給，人事考課査定におけるマイナス評価を行うことがあると，それにより，労働者に有給を保障した意義が減殺され，また，年次有給休暇の取得を躊躇させる効果も発生する．そこで，徹底した不利益取扱いの禁止が要請される．

（2）労働基準法附則136条

年休の消化促進のための不利益取扱いの禁止の徹底を意図して，1987年に，労働基準法附則136条が新たに設けられた．しかし，「使用者は……，有給休暇を取得した労働者に対して，賃金の減額その他不利益な取扱いをしないようにしなけ

138　第Ⅱ部　個別的労使関係法

ればならない」とする，その文言の曖昧さから，判例においては，意図とは逆の解釈を導く結果となった．

2）最高裁沼津交通事件判決

（1）最高裁沼津交通事件

労働基準法附則136条に関する最高裁の初めての判断は，タクシー会社の乗務員が年次有給休暇を取得した日が欠勤として扱われ，皆勤手当が減額された事件に関する沼津交通事件判決（最2小判平5・6・25民集47巻6号4585頁）である．

（2）最高裁沼津交通事件判決

沼津交通事件では，まず，その文言から労働基準法附則136条（当時は134条）を，「それ自体としては，使用者の努力義務を定めたものであって，労働者の年次有給休暇の取得を理由とする不利益取扱いの私法上の効果を否定するまでの効力を有するものとは解されない」とした．

そして，本件の皆勤手当減額措置を，労働基準法「39条の精神に沿わない面」があるとしながらも，「その効力については，その趣旨，目的，労働者が失う経済的利益の程度，年次有給休暇の取得に対する事実上の抑止力の強弱等諸般の事情を総合して，年次有給休暇を取得する権利の行使を抑制し，ひいては同法が労働者に右権利を保障した趣旨を実質的に失わせるものと認められるものでない限り，公序に反して無効となるとすることはできないと解するのが相当である」とした．

同様の趣旨を述べる行政解釈もある（昭和63・1・1基発1号）．

3）不利益取扱いの禁止の徹底の必要性

確かに，その文言からするならば労働基準法附則136条を努力義務規定ないしは訓示規定と読むこともできる．しかし，そもそも年次有給休暇の行使は，労働基準法による権利に基づくものであり，年次有給休暇の取得により何らかの不利益でも被ることは，年次有給休暇の行使を抑制する効果を持つことは明らかであり，不利益な取扱いはすべて違法無効と解すべきである（下井隆史『労働基準法〔第4版〕』（有斐閣，2007）357頁．年次有給休暇の取得と不利益取扱いについて詳しくは，小俣勝治「年次有給休暇の買上げと不利益取扱い」『労働法の争点〔第3版〕』（有斐閣，2004）226頁）．

なお，諸般の事情を総合考慮することにより，権利行使の抑制効果等を判断し

て，公序違反による無効を導くという最高裁沼津交通事件判決等にみられるアプローチ自体も，判断基準の不明確さという面から大いに問題がある（西谷敏『労働法　第2版』53頁）．

第9章　非典型的雇用

第1節　総　　論

1　非典型的雇用
1）非典型的雇用

日本では，パートタイム労働者や派遣労働者等，正社員ではない非典型的雇用の労働者が働く人の3人に1人を超えるまでに増大している．正社員のみの事業所は少なくなってきており，大方の事業所では正社員と非正社員が混在し，非正社員にも多様化がみられる．

非正社員のみの事業所も稀ではない状況にある．非正社員の中には，他の就業形態に変わることを望む者が多く，その多くが正社員を希望する．

2）非正社員を雇い入れる理由
（1）労働コストの節約

非正社員を雇い入れる理由には，「景気変動に応じた雇用量の調整」，「1日や週の中の仕事の繁閑への対応」や「即戦力・能力のある人材の確保」といったものもあるが，主たる理由は，「労働コストの節約」であり，ここに不安定かつ低賃金の雇用という非典型的雇用の労働者に関する問題の原因がある．

（2）有期契約の活用

非典型的雇用の労働者のなかには，期間の定めのない者も存在するが，その多くは，数カ月や1年程度の短い期間の定めのある労働契約により雇われている．期間の定めは，使用者側の都合で便利に活用され，必要なときは更新が行われ，不必要なときは，期間の満了を理由として，容赦なく，労働契約の終了が告げられる．有期契約は，不安定の雇用の要因となる．

3）　非典型的雇用に関する立法政策論議の必要性

　最近，人手不足等からやむなく非正社員を正社員に登用する動きもみられるが，日本社会全体において，そのような動きを期待することは，かなり困難な状況にある．立法論として，速やかに，非典型的雇用自体の存在の可否や，そのあるべき労働条件を検討する必要がある．

2　非典型的雇用労働者への労働関係法規の適用
1）非典型的雇用労働者への労働関係法規の適用

　パート労働者，派遣労働者，臨時社員，契約社員，嘱託社員，アルバイト等，いかなる名称で雇い入れられるものであれ，その労務提供の実態や使用者に対する立場から判断して労働者性が認められれば，正社員と同様に，労働基準法や労働契約法等の個別的労使関係法や，労働組合法等の集団的労使関係法等の適用を受ける．

2）非典型的雇用労働者に対する労働関係法規の実効性

　「労働コストの節約」を主たる理由として使用するところでは，使用者負担を回避するために，法的に加入義務のある社会保険や労働保険に加入させない例も見られる等，適正な雇用管理が行われないことも多い．

　また，派遣労働者の場合には，派遣元が，労働基準法や労働安全衛生法，雇用機会均等法等における基本的責任を負い，現実の就労に即した労働時間や休憩等の事項については派遣先が責任を負うものとされており，責任の主体が２つに分かれることで，労働者の保護が必ずしも徹底されない状態にある．

第2節　有期契約労働者

1　有期契約労働者
1）有期契約労働者の意義

　有期契約労働者とは，有期労働契約により雇用される労働者である．日本の使用者は，景気の繁閑による労働力需要の調整弁として，また，正社員に比して安価な労働力確保の便利な方法として，有期契約労働者を最大限有効に活用してきた．有期労働契約における使用者のメリットは，そのまま有期契約労働者のデメリットとなり，低賃金，不安定な雇用となる．

142 第Ⅱ部 個別的労使関係法

2）有期労働契約の存在の不合理性

労働者は，生きるために働くものである．数カ月や1年などの「有期で生きる」ということは想定されるものではなく，何らかの特段の合理的な理由がない限り，有期労働契約は存在すべきものではない．

そのため，有期労働契約の締結やその更新回数を制限する国もあるが（西谷敏『労働法 第2版』（日本評論社，2013）437頁），日本では，そういった制限はないものの，労働基準法や労働契約法により，徐々に規制が強化されてきている．

2　有期労働契約の当事者間の紛争防止のために使用者が講ずべき事項

厚生労働大臣は，有期労働契約の締結時や満了時における紛争防止のため，使用者が講ずべき事項に関する基準を定めることができるとされ（労基法14条2項），「有期労働契約の締結，更新及び雇止めに関する基準」（平成15年厚生労働省告示第357号）が，以下の3つの事項を定めている．

1）雇止めの予告

使用者は，契約の不更新をあらかじめ明示している場合を除き，1年を超えて継続雇用している場合や契約を3回以上更新している場合に，有期労働契約を更新しない場合には，少なくとも契約期間満了日の30日前までに，雇止めの予告をしなければならない．

2）雇止めの理由の明示

使用者は，雇止めの予告後に，労働者が雇止めの理由について証明書を請求した場合は，遅滞なく交付しなければならない．

3）契約期間についての配慮

使用者は，契約を1回以上更新し，1年を超えて継続雇用している有期契約労働者との契約を更新しようとする場合は，契約の実態及びその労働者の希望に応じて，契約期間をできる限り長くするよう努めなければならない．

3　期間の定めのない労働契約への転換

1）期間の定めのない労働契約への転換

労働者の雇用の安定を図るために，有期労働契約が5年を超えて反復更新され

た場合には，有期契約労働者の申込みにより，期間の定めのない労働契約（無期労働契約）に転換させる仕組みを設けている（労契法18条）．

　期間の定めのない労働契約への転換については，それを定める労働契約法18条が施行された2013年4月1日以後を契約期間の初日とする有期労働契約から適用となるので，5年の期間も，その有期労働契約の初日から計算される．

　なお，研究開発能力強化法15条の2及び大学教員任期法7条1項に規定された「労働契約法の特例」により，①研究開発法人や大学等において有期労働契約を締結した研究者・技術者，企画立案担当者，②研究開発法人や大学等との共同開発業務に専ら従事する有期労働契約の研究者・技術者，③任期の定めのある大学教員等については，通算契約期間は，5年ではなく，10年を超えることが必要とされている．

　また，①「5年を超える一定の期間内に完了することが予定されている業務」に就く高度専門的知識等を有する有期雇用労働者と，②定年後有期契約で継続雇用される高齢者に関しても，特例が設けられており（「専門的知識等を有する有期雇用労働者等に関する特別措置法」），適切な雇用管理実施のための計画を策定し，都道府県労働局長の認定を受ければ，①については認定に係る期間（上限10年）を超えた時点で無期転換申込権が発生するものとされ，②については無期転換申込権が発生しないものとされている．

2）期間の定めのない労働契約への転換の要件

　「同一の使用者」との間で締結された「2以上の有期労働契約」が更新され，その「通算契約期間」が5年を超える場合には，現在の有期労働契約の満了日までに，労働者が，「無期労働契約の申込み」をしたときは，「別段の定め」のない限り，現在の有期労働契約の満了日の翌日から，それまでと同一の労働条件で，期間の定めのない労働契約が発効する（労契法18条1項）．

（1）同一の使用者

　同一の使用者は，労働契約の締結主体の視点で見るべきものなので，その同一性は，事業場ではなく，事業主単位で判断される．派遣労働者の場合には，派遣元事業主との有期労働契約について，通算契約期間を計算することになる．

　当然のことながら，使用者が，就業実態が変わらないにもかかわらず，派遣や請負を偽装して，形式的に同一性を否定することにより契約期間の通算を拒否し，適用を免れることはできない．

144 第Ⅱ部 個別的労使関係法

（2）2以上の有期労働契約

「2以上」が要件とされているので，更新が1回以上行われている必要があり，5年を超える有期労働契約（労基法14条1項）でも，更新があって初めて適用を受けることになる．

（3）通算契約期間

5年を超えることが必要とされる通算契約期間は，契約の間に，空白期間があるときにも契約期間の部分は通算される．ただし，空白期間が，その直前の契約の期間が1年未満のときには，その期間に2分の1を乗じて得た期間（1カ月未満の端数は1カ月に切り上げて計算）以上である場合には通算されない．たとえば，6カ月の雇用の後，離職し，同一の使用者のもとに再就職したとき，空白期間が3カ月以上の場合には通算されないことになる．また，空白期間が，その直前の契約の期間が1年以上のときには，6カ月以上である場合には通算されない（労契法18条2項）．

通算を阻止する長さの期間は，「クーリング期間」と呼ばれ，その算定に際しては，空白期間の前の連続した2以上の契約期間は通算され，また，クーリング期間には満たない空白期間を挟む2以上の契約期間も通算される（平成24年厚生労働省令148号）．

（4）無期労働契約の申込み

期間の定めのない労働契約への転換には，労働者が，転換を求める意思表示を，その有期労働契約が通算して5年を超えることになる有期労働契約の終了日までにする必要がある．その意思表示により，使用者は無期労働契約を承諾したものとみなされ，無期労働契約に移行する．無期労働契約の申込みは，その有期労働契約が通算して5年を超えていない時点でも行うことができる．

有期労働契約の締結や更新を行う際の条件として，無期労働契約の申込みをしないことを合意することは，期間の定めのない労働契約への転換を規定する労働契約法18条の趣旨を蔑ろにするものであり，無効と解される（野川忍『労働法』（日本評論社，2018）442頁）．

3）無期労働契約への転換の効果

（1）無期労働契約における労働条件

「別段の定め」がなければ，現在の有期労働契約の満了日の翌日から，それまでと同一の労働条件で，期間の定めのない労働契約に移行する．

期間の定め以外は，① 労働者と使用者との個別の合意，② 就業規則，③ 労働協約により，「別段の定め」をすることにより変更できる．ただし，職務内容に変化がないにもかかわらず，賃金などの労働条件の低下を個別の合意で強く求めることは，無期労働契約への転換の意思表示を躊躇させるものともなり，労働契約法18条の趣旨を蔑ろにするものとなる．また，そのような労働条件の低下を就業規則の変更で行うときには，労働契約法9条，10条の適用を受けることになる．

（2）無期労働契約への転換の意思表示後の労働契約の雇止め

無期労働契約への転換を求める労働者の意思表示を受けて，使用者が，現在の有期労働契約を雇止めすることは，当然のことながら，「解雇」となり，労働契約法16条の適用を受けることになる．

4　有期労働契約の法定更新法理

有期労働契約は，契約期間の満了によって終了するのが原則であるが，最高裁の判決により，雇止めに関する法理が確立されてきており，それが労働契約法19条に規定され，有期労働契約の更新に関するルールが明確になっている．

1）2つの最高裁の判例法理の法定化

（1）2つの最高裁の判例法理

最高裁の東芝柳町工場事件判決（最1小判昭49・7・22民集28巻5号927頁）は，短期契約の基幹臨時工を簡易な更新手続で5〜23回契約更新をした後の雇止めについて，期間の満了毎に当然更新を重ねてあたかも期間の定めのない契約と実質的に異ならない状態で存在していたとして，「解雇に関する法理を類推すべきである」とした．

日立メディコ事件判決（最1小判昭61・12・4日判例時報1221号134頁）は，2カ月の有期契約の臨時工を5回契約更新をした後の雇止めについて，ある程度の継続が期待されていた雇用関係であるとして，「従前の労働契約が更新されたのと同様の法律関係になる」とした．

（2）2つの最高裁の判例法理の法定化

2つの最高裁判決が示した基準を活用し，反復更新により雇止めが解雇と社会通念上同視できる場合や，期間満了時の更新の期待に合理的理由がある場合には，使用者は，客観的に合理的で社会通念上相当であると認められる理由なくして，労働者からの更新の申込みや，期間満了後の有期労働契約の締結の申込みを拒絶

することはできず，当該申込みを承諾したものとみなされるとされた（労契法19条）．

　労働者から申込みがあれば，法定更新が認められるということになり，更新前と同じ内容の有期労働契約が発生する．

2）法定更新の判断基準

　反復更新により雇止めが解雇と社会通念上同視できる場合（労契法19条1号）や期間満了時の更新の期待に合理的理由がある場合（同2号）に該当するか否かの判断基準となるものは，これまでの裁判例を参考にすると，① 当該業務の臨時性・常用性，② 更新回数，③ 通算の契約期間，④ 契約期間管理の状況（雇用継続に関する言動）などがあり，これらのことが総合考慮されて判断されることになる（厚生労働省労働基準局労働条件政策課「改正労働契約法の概要」季刊労働法239号（2012）9頁）．

　常用性のある業務に就く雇用に関し更新が行われたが，更新手続がなく，あるいは形式的なものである場合には，更新回数が少なくても，社会通念上，雇止めが解雇と同視できることもあろう．また，管理職が雇用の継続を確約する言動をしていたようなときには，初めての更新時点においても，更新を期待する合理性が認められる可能性がある．

3）法定更新の手続と効果

（1）法定更新の手続

　更新や締結の申込みは，積極的なものに限らず，使用者からの雇止めに対して反対の意思表示を表明するといったものでもよい．期間満了後の締結の申込みは，遅滞なく行う必要があるが，期間満了時の状況により合理的と判断される理由による遅延については許容する必要がある．

（2）法定更新の効果

　労働者からの更新の申込みや，期間満了後の有期労働契約の締結の申込みがあれば，使用者は，客観的に合理的で社会通念上相当であると認められる理由がない限り雇止めは認められず，従前と同一の労働条件で有期労働契約が更新されることになる．解雇に関する労働契約法16条と同様の規制が及んでいる．

5 有期労働契約における不合理な労働条件の相違の禁止

1）有期労働契約における不合理な労働条件の相違の禁止の意義と効力

（1）有期労働契約における不合理な労働条件の相違の禁止の意義

同一の使用者のもとにある無期契約労働者と比較して，有期契約労働者について，期間の定めがあることを理由として不合理と認められる労働条件の相違を設定することは禁止されている（労契法20条）．

不公正な格差を排除しようとするものである．同一の使用者は，労働契約法18条と同様，事業場ではなく，事業主単位で判断される．

（2）不合理な労働条件の法的効力

不合理と認められた有期契約労働者の労働条件は無効となり，無期契約労働者の労働条件との格差について，不法行為（民法709条）による損害賠償請求ができる．

2）不合理な相違が禁止される労働条件と不合理性の判断基準

（1）不合理な相違が禁止される労働条件

労働契約に基づいて，使用者が労働者に提供するすべての待遇について，不合理な相違が禁止される．通勤手当や食堂の利用，安全管理なども対象となり，これらについては，相違を根拠づける合理性を見出すことは困難であろう．

（2）不合理性の判断基準

相違の不合理性は，個々の労働条件ごとに判断されることになるが，① 職務の内容（業務の内容及び当該業務に伴う責任の程度），② 当該職務の内容及び配置の変更の範囲（転勤，昇進といった人事異動や本人の役割の変化などの有無や範囲），③ その他の事情（合理的な労使の慣行など），を考慮して判断されることになる（厚生労働省労働基準局労働条件政策課「改正労働契約法の概要」季刊労働法239号 9 頁）．

3）労働契約法20条の適用に関する最高裁判例（最 2 小判平30・6・1）

労働契約法20条の適用に関する初めての最高裁判決が 2 件，2018年 6 月 1 日に下された．

（1）長澤運輸事件

定年退職後に有期嘱託社員として再雇用された労働者が，職務の内容等に違いがないにもかかわらず，賃金が 2 割引き下げられたことが労働契約法20条違反であるとして，差額相当の損害賠償等を求めた長澤運輸事件では，「その他の事情」として定年後再雇用である点を考慮することを認め，また，労働条件の相違の不

148 第Ⅱ部 個別的労使関係法

合理性判断の際の考慮事情や考慮の仕方は，問題とされる項目により個別に判断されるとした.

　具体的には，精勤手当や精勤手当を含めて計算した時間外手当の不支給は労働契約法20条に違反するとしたものの，能率給・職務給を支給せず調整給を支給していること，住宅手当・家族手当・役付手当・賞与の不支給は，不合理ではないと判断した.

（2）ハマキョウレックス事件

　有期契約のトラック運転手（契約社員）が，同一職務の無期契約労働者（正社員）との間に，無事故手当，作業手当，給食手当，住宅手当，皆勤手当，通勤手当，家族手当，賞与，定期昇給，退職金に相違があることは，労働契約法20条違反であるとして，差額相当の損害賠償等を求めたハマキョウレックス事件では，長澤運輸事件と同様，個別に検討し，無事故手当，作業手当，給食手当，皆勤手当，通勤手当についての相違は不合理と認め，住宅手当については，転勤のある正社員は転勤のない契約社員に比し住宅に要する費用が多額になり得るということで，不合理ではないと判断した.

第3節　パートタイム労働者

1　パートタイム労働者の意義とパートタイム労働法の制定

1）　パートタイム労働者の意義

　パートタイムはフルタイムの反意語であり，一般的には，正社員の所定労働時間であるフルタイムに満たないパートタイムで働く労働者を意味する言葉がパートタイム労働者である．しかし，正社員と区別するためにパートタイム労働者という言葉を用いる使用者もあり，正社員と同じ所定労働時間のパートタイム労働者（擬似パート）も存在し，多様な意味で用いられている.

2）パートタイム労働法の制定

　日本の企業社会では，パートタイム労働者が重要な役割を果たしているにもかかわらず，正社員に対する場合以上に，労働関係法規を厳守する雇用管理が行われない風潮があり，また，その職務に対する評価が適正でなく，不合理に低い労働条件の下に置かれていることも少なくない．そのため，1993年に，パートタイム労働法（正式名称「短時間労働者の雇用管理の改善等に関する法律」）が制定されて

いる.

3）パートタイム労働法の適用対象——「短時間労働者」

パートタイム労働法がその対象とする「短時間労働者」は,「1週間の所定労働時間が同一の事業所に雇用される通常の労働者の1週間の所定労働時間に比べて短い労働者」と定義されている（パート労働法2条）.

この定義に該当する労働者は,臨時社員,契約社員,嘱託社員,アルバイト等,その呼称に関係なく,パートタイム労働法の対象となる.

2　パートタイム労働法の内容

1）労働条件の書面による明示義務

（1）文書の交付等による明示義務

労使間で生じることの多い,昇給・退職手当・賞与の有無についてのトラブルを未然に防止することを意図して,事業主には,雇い入れに際して労働基準法15条により文書での明示が義務付けられている事項に加えて,短時間労働者を雇い入れたときには,速やかに,①「昇給の有無」,②「退職手当の有無」,③「賞与の有無」について,文書の交付等（労働者が希望する場合には電子メールやファクスでも可能）により明示する義務が課せられている. この義務を怠ると,10万円以下の過料に処せられる（パート労働法6条1項,31条）.

（2）文書の交付等による明示努力義務

（1）で示した事項以外の,所定労働日以外の日の労働の有無等に関する事項については,文書の交付等により明示する努力義務が課せられている（パート労働法6条2項）.

2）就業規則作成・変更時の意見聴取努力義務

事業主は,短時間労働者に関する事項について,就業規則を作成,変更するときには,事業所で雇用する短時間労働者の過半数を代表する者の意見を聴く努力義務が課せられている（パート労働法7条）.

3）通常の労働者との均衡ある待遇の確保

（1）短時間労働者の待遇の原則

事業主は,短時間労働者と通常の労働者の待遇を相違させる場合は,その相違

は，職務の内容，人材活用の仕組み，その他の事情を考慮して，不合理なものであってはならない（パート労働法8条）．

（2）通常の労働者と同視すべき短時間労働者についての差別的取扱いの禁止

短時間労働者であっても，その働き方が通常の労働者と同じであれば，その待遇についても同様に扱うべきことは当然であることから，① 職務の内容（業務の内容と責任の程度），② 全雇用期間における人材活用の仕組みや運用等，の2点において，「通常の労働者と同視すべき短時間労働者」については，短時間労働者であることを理由として，賃金の決定，教育訓練の実施，福利厚生施設の利用その他の待遇について，差別的取り扱いをしてはならない（パート労働法9条）．

（3）通常の労働者と同視すべき短時間労働者以外の者についての努力義務

通常の労働者と同視すべき短時間労働者以外の者については，① 賃金の決定，② 教育訓練の実施，③ 福利厚生施設の利用に関して，通常の労働者と均衡のとれた待遇の確保の推進が求められている．

① 賃金の決定

事業主は，通常の労働者との均衡を考慮し，短時間労働者の職務内容，成果，意欲，能力又は経験等を勘案して，賃金を決定するよう努めなければならない（パート労働法10条）．

② 教育訓練の実施

事業主は，短時間労働者の職務の内容が通常の労働者と同じ場合には，その職務の遂行に必要な知識や技術を身につけるために通常の労働者に実施している教育訓練については，短時間労働者が既に必要な能力を身につけている場合を除き，短時間労働者に対しても同様に実施しなければならない（パート労働法11条1項）．

事業主は，上記以外の教育訓練についても，通常の労働者との均衡を考慮し，短時間労働者の職務内容，成果，意欲，能力又は経験等に応じて，実施するよう努めなければならない（パート労働法11条2項）．

③ 福利厚生施設の利用

事業主は，通常の労働者に利用させている給食施設，休憩室，更衣室等の福利厚生施設については，短時間労働者に対しても利用させるよう配慮しなければならない（パート労働法12条）．

4）通常の労働者への転換の推進

短時間労働者の勤労意欲の維持や社会的公正の観点から，その雇用する短時間

労働者について，通常の労働者への転換を推進する下記の①～③の措置のいずれかを講じることが，事業主の義務とされている（パート労働法13条1項）．

① 通常の労働者を募集する場合，事業所に掲示する等，募集に関する事項を短時間労働者に周知すること
② 通常の労働者の配置を新たに行う場合，配置の希望を申し出る機会を短時間労働者に与えること
③ 一定の資格を有する短時間労働者を対象とする通常の労働者への転換のための試験制度を設けること，その他の通常の労働者への転換を推進するための措置を講ずること

5）事業主が講ずる措置の内容等の説明
（1）雇入れ時の説明義務

事業主は，短時間労働者を雇い入れたときは，① 待遇の差別的取扱い禁止，② 賃金の決定方法，③ 教育訓練の実施，④ 福利厚生施設の利用，⑤ 通常の労働者への転換を推進するための措置の内容について，説明する必要がある（パート労働法14条1項）．

（2）待遇決定に当たり考慮した事項の説明義務

事業主は，雇い入れ後，短時間労働者から求められたときには，（1）の①～⑤の外，労働条件の文書交付等と就業規則の作成手続について決定するにあたり考慮した事項を説明する必要がある（パート労働法14条2項）．

この説明義務は，事業主による安易な差別取扱いを防止するとともに，短時間労働者の納得性を高めることに役立つものと解される．

6）短時間雇用管理者の選任努力義務等
（1）相談のための体制の整備義務

雇用管理の改善等に関する事項に関して，短時間労働者からの相談に応じ，適切に対応するために，事業主は，必要な体制を整備しなければならない（パート労働法16条）．

（2）短時間雇用管理者の選任努力義務

事業主は，常時10人以上の短時間労働者を雇用する事業所ごとに，短時間雇用管理者を選任し，短時間労働者の雇用管理改善に関して必要な措置や，短時間労

働者からの相談への対応等を担当させる努力義務がある（パート労働法17条）．短時間雇用管理者には，人事部の課長等の人事労務管理の責任者が相応しいと思われる．

7）紛争の解決

パートタイム労働法に関しても，雇用機会均等法や育児介護休業法，身体障害者雇用促進法に基づく諸制度と同様の労使間の紛争の解決に関する諸制度が整備されており，都道府県労働局の雇用環境・均等室が所管している．

労働相談，労働局長による個別紛争解決の援助（助言・指導・勧告）及び紛争調整委員会による調停からなるが，第15章の第3節の3で，詳述する．

8）実効性の確保

（1）報告の徴収又は助言，指導及び勧告

都道府県労働局長は，厚生労働大臣の委任を受けて，短時間労働者の雇用管理の改善等を図るために必要と認めるときは，事業主に対して，報告の徴収や，助言，指導，勧告をすることができるとされている（パート労働法18条．パート労働法施行規則8条）．報告の徴収の実効性を確保するために，この報告をせず，又は虚偽の報告をした者には，20万円以下の過料が予定されている（パート労働法30条）．労働基準監督官のように特別の強制的権限を行使できない雇用環境・均等部（室）職員に関しては，この権限を効果的に行使することが期待される．

パートタイム労働法18条に基づいて，雇用管理の実態把握を行った1万465事業所のうち，何らかのパートタイム労働法違反が確認された9026事業所（86.2％）に対し，2万5609件の是正指導を実施し，是正を受けた事業所のうち9割以上が年度内に是正している．指導事項の内容は，労働条件の文書交付等（24.2％）が最も多く，次いで，通常の労働者への転換（18.9％），措置の内容の説明（14.0％）などとなっている（厚生労働省HP「平成29年度都道府県労働局雇用環境・均等部（室）での法施行状況」）．

（2）事業主名等の公表の制度

短時間労働者の雇用管理の改善等に関する措置の規定に違反している事業主に対して，都道府県労働局長が行った是正の勧告に事業主が従わなかった場合には，事業主名を公表することができる（パート労働法18条2項）．

第4節　派遣労働者

1　労働者派遣の問題と労働者派遣法の制定・改正

1）労働者派遣の問題

（1）労働者派遣の意義

労働者派遣とは，自己の雇用する労働者を，当該雇用関係の下に，かつ，他人の指揮命令を受けて，当該他人のために労働に従事させることを意味する（派遣法2条1号）．

（2）労働者派遣の問題

労働者派遣では，労働者と労働契約を結んだ派遣元が，労働者派遣契約に基づいて労働者を派遣先に派遣し，派遣先は派遣元に派遣料金を支払い，派遣元は派遣料金から派遣労働者に賃金を支払うという関係になる．派遣先から得る派遣料と，労働者に支払う賃金との差額を利益とする事業であり，まさに労働基準法6条が排除する中間搾取の典型とみられるが（西谷敏『労働法　第2版』464頁），労働者派遣法の規制のもとに許されている．

派遣元からすれば，派遣先は顧客ということになり，構造的に，規制が徹底できない仕組みとなっている．

2）労働者派遣法の制定・改正

（1）労働者派遣法の制定

派遣は，労働契約関係と労務の指揮命令関係がそれぞれ派遣元と派遣先に分断されることで，労働関係法規による保護が不徹底となり，労働者の人格を軽視する管理も行われがちな雇用形態である．

そこで，派遣労働者の保護及び雇用の安定を図るために，労働者派遣法（正式名称「労働者派遣事業の適正な運営の確保及び派遣労働者の保護等に関する法律」）が制定されている．

（2）労働者派遣法の改正

労働者派遣法は，その制定から数次の改正を経てきており，基本的には規制緩和の方向で行われたが，2008年秋のリーマン・ショックによる経済不況下で，派遣労働の劣悪な実態が明らかとなり，2012年には，規制を強化する改正法が成立した．

154 第Ⅱ部　個別的労使関係法

　しかし，2015年には，労働者派遣活用の方向へ再転換する，派遣期間の規制を緩和する改正が行われるとともに，派遣労働者の公正な待遇の確保を図るための改正法が2018年に成立した（2020年4月1日施行予定）.

2　労働者派遣事業に対する規制

1）労働者派遣事業の許可制と対象外業務

（1）労働者派遣事業の許可制

　労働者派遣事業の健全化を図るために，事業の開始には厚生労働大臣の許可が必要とされている（派遣法5条）.

（2）労働者派遣事業の対象外業務

　労働者派遣事業は，① 港湾運送業務，② 建設業務，③ 警備業務，④ 医療関係業務（医師・歯科医師・薬剤師・看護師・保健師等. 紹介予定派遣や産前産後休業の場合は可）については，対象とすることはできない（派遣法4条1項. 労働者派遣法は，船員職業安定法6条1項に規定する船員には適用がなく，労働者派遣をすることはできない. 派遣法3条）.

2）日雇派遣の禁止等

（1）日雇派遣の禁止と例外

　労働者派遣は，雇用期間が31日以上のものに限られ，雇用の不安定等，弊害の著しい日々雇用の派遣を行うことは，原則として禁止された（派遣法35条の4・1項）.

　例外的に認められる日雇派遣は，① ソフトウエア開発等の業務と，② 60歳以上の人や雇用保険の適用を受けない学生等の人についての派遣である（派遣法施行令4条）.

（2）離職後1年以内労働者の派遣禁止

　離職した労働者を派遣元が派遣労働者として雇い，離職後1年以内に元の勤務先に派遣することはできない（派遣法35条の5，40条の9. 60歳以上の定年退職者は可）.

（3）関係派遣先への派遣8割規制

　関係派遣先（グループ企業）への派遣は，全体の8割以下までとされている（派遣法23条の2）.

3）紹介予定派遣

（1）紹介予定派遣の意義

紹介予定派遣とは，労働者派遣のうち，派遣元が，労働者派遣の開始前又は開始後に，派遣労働者及び派遣先について，職業安定法その他の法律による許可を受けて，又は届出をして，職業紹介（雇用関係の成立のあっせん）を行い，又は行うことを予定してする労働者派遣である（派遣法2条4号）．紹介予定派遣の場合，派遣元は，紹介予定派遣の派遣労働者として雇い入れることを当該労働者に明示する必要がある（派遣法32条1項）．

この派遣形態では，派遣期間が試用期間として機能し，派遣先による直接雇用を促進する効果を期待することができる（橋詰洋三『実務労働法Ⅰ』（社団法人全国労働基準関係団体連合会，2004）345頁）．新規学卒者の採用方法として拡大することにより雇用の不安定な労働者が増大することを懸念する見解もあるが（吉田美喜夫・名古道功・根本到編著（中島正雄）『労働法Ⅱ〔第3版〕』（法律文化社，2018）361頁），健全なものとして労働者派遣事業が生き残る可能性が認められるのは，この形態だけであると考えられる．

（2）紹介予定派遣に関する特則

① 派遣労働者特定禁止の解除

紹介予定派遣の場合は，派遣就業開始前又は派遣就業期間中の求人条件の明示，派遣期間中の求人・求職の意思の確認及び採用内定，派遣就業開始前の面接，履歴書の送付等，派遣先が派遣労働者を特定する行為を行うことができる（派遣法26条6項）．

② 派遣受入期間の制限

紹介予定派遣の場合は，同一の労働者について6カ月を超えて労働者派遣を行うことはできない（派遣元指針及び派遣先指針）．

③ 派遣先が派遣労働者を雇用しない場合等の理由の明示

紹介予定派遣を受けた派遣先が，職業紹介を受けることを希望せず，又は職業紹介を受けた派遣労働者を雇用しなかった場合には，派遣元の求めに応じて，それぞれの理由を，派遣元に対し書面等により明示する必要がある．また，派遣元は，派遣労働者の求めに応じて，派遣先から明示された理由を，派遣労働者に対して書面等により明示する必要があるとされている（派遣元指針及び派遣先指針）．

3 労働者派遣契約に対する規制

1）労働者派遣契約の意義と内容，契約締結の際に明示すべき事項

（1）労働者派遣契約の意義

労働者派遣契約とは，当事者の一方（派遣元）が相手方（派遣先）に対し労働者派遣をすることを約する契約である．

（2）労働者派遣契約の内容

労働者派遣契約の当事者は，労働者派遣契約の締結に際し，派遣労働者が従事する業務の内容，派遣就業の場所や組織単位等を定めるとともに，その内容の差異に応じて派遣労働者の人数を定めなければならないとされている（派遣法26条1項）．

（3）労働者派遣契約締結の際に明示すべき事項

労働者派遣契約の締結に際し，派遣元は，労働者派遣事業の許可を受けていることを明示する必要がある（派遣法26条3項）．派遣先は，派遣受入期間の制限に抵触することになる最初の日を派遣元に通知する必要があり（派遣法26条4項），この通知がないときは，派遣元は労働者派遣契約の締結をしてはならないとされている（派遣法26条5項）．

2）派遣労働者の特定の禁止

労働者派遣法の基本的趣旨からして，派遣労働者の決定は派遣元が行うべきものであることが当然の事理であることから，派遣先は，派遣労働者を特定する行為（事前面接や派遣元への履歴書送付請求等）をしないように努めなければならない（派遣法26条6項）．

3）労働者派遣契約の解除

（1）派遣先からの労働者派遣契約の解除の禁止

派遣先は，派遣労働者の国籍，信条，性別，社会的身分，労働組合の正当な行為をしたこと等を理由として，労働者派遣契約を解除してはならない（派遣法27条）．

（2）派遣元からの労働者派遣契約の解除

派遣元は，派遣先が労働者派遣法や労働基準法等の法令の規定に違反した場合には，労働者派遣を停止し，又は労働者派遣契約の解除をすることができる（派遣法28条）．

（3）派遣先の都合による労働者派遣契約の解除の場合の措置義務

　派遣先が，派遣先の都合により労働者派遣契約を解除する場合には，派遣労働者の新たな就業の機会の確保，休業手当等の支払に要する費用を確保するための費用の負担その他の派遣労働者の雇用の安定を図るための措置を講じなければならない（派遣法29条の２）．

4　労働者派遣の期間に関する規制

1）労働者派遣の期間制限

（1）事業所単位の期間制限

　派遣元が，派遣先の同一の事業所に派遣できる期間は，原則，３年までとされている（派遣法35条の２，40条の２・２項）．

　３年を超えて派遣を受け入れようとするときは，過半数労働組合又は過半数代表者の意見を聴く必要があり，異議ありとの意見を受けたときは，対応方針等を説明する必要がある（派遣法40条の２・３～４項）．

（2）労働者個人単位の期間制限

　派遣元が，同一の派遣労働者を，派遣先の事業所における同一の組織単位に対し派遣できる期間は，原則，３年までとされている（派遣法35条の２，40条の３）．

　組織単位とは，実態として，労働者の配置の区分であって業務遂行を指揮命令する職務上の地位にある者が業務の配分に関して直接の権限を有する課やグループのような組織を想定している（派遣法26条１項２号）．

　たとえば，派遣労働者が人事課で３年業務に従事した後も，事業所単位の派遣可能期間の延長があれば，同一事業所の広報課に，同一労働者を派遣することができる．

2）期間制限の例外とクーリング期間

（1）期間制限の例外

　長期派遣の弊害等が乏しいと考えられる，①派遣元に無期雇用される派遣労働者を派遣する場合，②60歳以上の派遣労働者を派遣する場合，③終期が明確な有期プロジェクト業務に派遣労働者を派遣する場合，④日数限定業務（１カ月の業務日数が通常の労働者の半分以下かつ10日以下）に派遣労働者を派遣する場合，⑤産前産後休業，育児休業，介護休業等を取得する労働者の業務に派遣労働者を派遣する場合については，例外的に期間制限のないものとされている（派遣法

158　第Ⅱ部　個別的労使関係法

施行規則32条の5，33条，33条の2）．

（2）期間制限のクーリング期間

　派遣元が，派遣先の事業所ごとの業務に，労働者派遣の終了後に再び派遣する場合，派遣終了と次の派遣開始の間の期間が3カ月を超えるときは，派遣終了前の派遣先の派遣労働受入れ期間は通算されない扱いとなる（派遣先指針14（3））．

　派遣元が，派遣先事業所における同一組織単位ごとの業務に，労働者派遣の終了後に同一労働者を再び派遣する場合，派遣終了と次の派遣開始の間の期間が3カ月を超えるときは，派遣終了前の派遣先の派遣労働受入れ期間は通算されない扱いとなる（派遣先指針14（4））．

5　派遣労働者の保護
1）派遣労働者に対する説明・明示義務
（1）派遣労働者に対する説明義務

　派遣元事業主は，労働契約締結前に，派遣労働者として雇用しようとする労働者に対して，①派遣労働者であること，②雇用された場合の賃金額の見込みその他の待遇等について，説明しなければならない（派遣法31条の2，32条）．

（2）派遣労働者に対する明示義務

　派遣元事業主は，労働契約締結時に，派遣労働者として雇用しようとする労働者に対して，①従事する業務の内容等の就業条件や，②派遣料金額等について，明示しなければならない（派遣法34条，34条の2）．

2）雇用の安定措置と教育訓練等の実施，直接雇用の推進
（1）雇用の安定措置

　同一の組織単位に継続3年派遣される見込みの有期雇用派遣労働者が，就業継続を希望する場合には，派遣元事業主は，派遣終了後の雇用継続のために，①派遣先への直接雇用の依頼，②新たな派遣先の提供，③派遣元事業主による無期雇用，④その他雇用の安定を図るために必要な措置（雇用を継続したままの教育訓練,紹介予定派遣等）のいずれかの措置を講じなければならない（派遣法30条2項）．

　派遣元事業主は，同一の組織単位に継続1年以上3年未満派遣される見込みの有期雇用派遣労働者が，就業継続を希望する場合には，上記の①～④のいずれかの措置を，また，派遣元に雇用された期間が通算1年以上の有期雇用派遣労働者が，就業継続を希望する場合には，上記の②～④のいずれかの措置を講ずる

ように努めなければならない（派遣法30条1項）.

（2）教育訓練等の実施

派遣元事業主は，雇用する派遣労働者が段階的かつ体系的に派遣就業に必要な技能及び知識を習得できる教育訓練，希望者には，キャリア・コンサルティング（職業生活の設計に関する相談の機会の確保その他の援助）を実施しなければならない（派遣法30条2項）.

（3）直接雇用の推進

派遣先事業主は，同一の事業所で1年以上の期間継続して派遣労働者を受け入れているときに，当該事業所で通常の労働者（正社員）の募集をする場合には，業務の内容や賃金等の募集に係る事項を周知しなければならない（派遣法40条の5・1項）. また，派遣先事業主は，同一の組織単位の業務に継続して3年間派遣就業の見込みのある特定有期派遣労働者で派遣元事業主から直接雇用の依頼があった者に対して，当該事業所で労働者の募集をする場合には，業務の内容や賃金等の募集に係る事項を周知しなければならない（派遣法40条の5・2項）.

派遣先事業主は，事業所の組織単位ごとの同一業務に1年以上継続して特定有期派遣労働者を受け入れて，当該業務のために派遣終了後に新たに労働者を雇い入れるときに，当該派遣労働者について派遣元事業主から直接雇用の依頼があった場合には，当該派遣労働者を遅滞なく雇い入れるように努めなければならない（派遣法40条の4）.

3）均衡待遇の推進

（1）均衡を考慮した待遇の確保

派遣元事業主は，派遣先の労働者と派遣労働者との均衡を考慮しつつ，賃金の決定，教育訓練，福利厚生について，配慮しなければならない（派遣法30条の3）.

派遣先事業主は，派遣先の労働者と派遣労働者との均衡確保に資するため，派遣先の労働者の賃金等に関する情報提供や，派遣先の労働者に実施する業務関連の教育訓練，給食施設・休憩室・更衣室の利用に関して，配慮しなければならない（派遣法40条2〜6項）.

（2）待遇に関する説明義務

派遣元事業主は，派遣労働者から求められたときには，賃金，教育訓練，福利厚生の実施等に関し，均衡待遇の確保のために考慮した事項について，説明しなければならない（派遣法31条の2・2項）.

4）労働契約申込のみなし制度
（1）労働契約申込のみなし制度
違法派遣を防止するために，違法と知りながら次の①～④の行為を行った派遣先については，当該行為の時点で，当該派遣労働者に対して，労働契約の申込みをしたものとみなされることになる（派遣法40条の6・1項）．

① 派遣禁止業務（派遣法4条1項）に派遣労働者を従事させること
② 派遣元事業主以外（無許可事業者）から労働者派遣を受け入れること
③ 事業所単位及び労働者個人単位の期間制限に違反して労働者派遣を受け入れること
④ 労働者派遣法等の適用を免れる目的で，請負等の名目で，労働者の派遣を受け入れること（偽装請負）

（2）労働契約申込のみなしの効力
労働契約の申込みをしたものとみなされた派遣先は，前記①～④の行為が終了した日から1年が経過するまでは，当該申込みを撤回することはできず，当該労働者は，その1年間に，承諾の意思表示をすることができる（派遣法40条の6・2～3項）．

当該労働者が労働契約の申込みを承諾すると，派遣元事業主の下での労働条件と同一の内容の労働契約が成立する．

6 派遣元と派遣先の使用者としての責任
労働者派遣法は，労働基準法等に関する派遣元と派遣先の使用者としての責任の分担に関し，特例規定を設けている．また，その責任を全うさせるために，派遣元と派遣先に対する義務を定めている．

1）派遣元と派遣先の使用者としての責任の分担
派遣労働の基礎には派遣元と派遣労働者との労働契約が存在し，使用者としての基本的責任は派遣元が負っている．しかし，派遣労働者に対する指揮命令を行うのは派遣先である．そのため，派遣労働者に対する使用者としての責任の所在が不明にならないように，労働者派遣法は，労働基準法，労働安全衛生法，じん肺法，作業環境測定法，雇用機会均等法に関する使用者の責任に関して，派遣元と派遣先のいずれが負うのかについて，第4節（44～47条の2）に，特例規定を設

けている.

（1）派遣元と派遣先がともに負う責任

派遣元と派遣先がともに負う責任の主なものは，① 均等待遇（労基法3条），② 強制労働の禁止（労基法5条），③ セクハラに関する雇用管理上の措置義務（均等法11条1項），④ 妊娠中及び出産後の健康管理に関する措置（均等法12条）である.

（2）派遣元だけが負う責任

派遣元だけが負う責任の主なものは，① 賃金等の支払義務（労基法24～27条），② 災害補償（労基法75～80条）である.

（3）派遣先だけが負う責任

派遣先だけが負う責任の主なものは，① 公民権行使の保障（労基法7条），② 労働時間（労基法32条），③ 労働者の危険・健康障害防止措置義務（労安法20条）である.

2）派遣元の義務

労働者派遣法により，派遣元に課せられている義務の主なものは，① 派遣労働者の就業にあたり，派遣先が法令違反をすること等のないように適切に配慮する義務（派遣法31条），② 派遣先への一定事項の通知義務（派遣法35条），③ 派遣労働者に対する助言・指導・苦情処理，派遣先等との連絡調整等の任に当たる派遣元責任者の選任義務（派遣法36条），④ 派遣元管理台帳の作成と3年間の保存義務（派遣法37条）である.

3）派遣先の義務

労働者派遣法により，派遣先に課せられている義務の主なものは，① 労働者派遣契約の就業条件等の事項に関する定めに違反することのないように適切な措置を講じる義務（派遣法39条），② 派遣労働者からの苦情に対し，適切かつ迅速に処理する義務（派遣法40条1項），③ 派遣労働者の就業が適正かつ円滑に行われるように，適切な就業環境の維持，診療所，給食施設等の利用に関する便宜の供与等必要な措置を講じる努力義務（派遣法40条4項），④ 派遣労働者からの苦情の処理や派遣元との連絡調整等の任に当たる派遣先責任者の選任義務（派遣法41条），⑤ 派遣先管理台帳の作成，記載事項の派遣元への通知と3年間の保存義務（派遣法42条）である.

第5節　雇用形態に関わらない公正な待遇の確保のための関連法改正の成立

1　法改正の目的とその概要等（2020年4月1日施行）
1）法改正の目的

いかなる雇用形態で働いても公正な処遇を受け，その職業能力を高めながら，納得して働き続けることができるように，正規雇用労働者（無期雇用フルタイム労働者）と，非正規雇用労働者（パートタイム労働者・有期雇用労働者・派遣労働者）との不合理な待遇の差を解消することを目的とする．

具体的には，パートタイム労働法，労働契約法，労働者派遣法を改正し，2～4で述べる内容等が盛り込まれる．パートタイム労働法は，改正施行時期より，有期雇用労働者をも適用対象として，パートタイム・有期雇用労働法と名称も変更される．

改正の施行は2020年4月1日であるが，パートタイム・有期雇用労働法は，事業ごとに資本金の額（出資の総額）や常時使用する労働者の数により定められる「中小事業主」には，2021年4月1日からの適用である．

2）法改正の概要

法改正の内容を大まかにみると，不合理な待遇の格差を解消するための規定の整備，労働者に対する待遇に関する説明義務の強化及び紛争の解決に関する規定の整備が図られている．

2　不合理な待遇の格差を解消するための規定の整備
1）均衡待遇規定（不合理な待遇差の禁止）

同一事業主の下で，正規雇用労働者と，非正規雇用労働者との間で，基本給や賞与などの個々の待遇ごとに，不合理な待遇の相違を設けることが禁止される．どのような待遇の差が不合理とされるかについては，2016年12月に「同一労働同一賃金ガイドライン案」が策定されている．

有期労働契約における不合理な労働条件の相違の禁止を定める労働契約法20条は削除され，パートタイム・有期雇用労働法8条に組み込まれる．

パートタイム・有期雇用労働法8条＝「事業主は，その雇用する短時間・有期

雇用労働者の基本給，賞与その他の待遇のそれぞれについて，当該待遇に対応する通常の労働者の待遇との間において，当該短時間・有期雇用労働者及び通常の労働者の職務の内容及び当該職務に伴う責任の程度（以下「職務の内容」という．），当該職務の内容及び配置の変更の範囲その他の事情のうち，当該待遇の性質及び当該待遇を行う目的に照らして適切と認められるものを考慮して，不合理と認められる相違を設けてはならない．」

2）均等待遇規定（差別的取扱いの禁止）

同一事業主の下で，職務内容と，職務の内容・配置の変更の範囲が，正規雇用労働者と同一の短時間・有期雇用労働者について，短時間・有期雇用労働者であることを理由とする，差別的取扱いは禁止される．

パートタイム・有期雇用労働法 9 条＝「事業主は，職務の内容が通常の労働者と同一の短時間・有期雇用労働者であって，当該事業所における慣行その他の事情からみて，当該事業主との雇用関係が終了するまでの全期間において，その職務の内容及び配置が当該通常の労働者の職務の内容及び配置の変更の範囲と同一の範囲で変更されることが見込まれるもの（「通常の労働者と同視すべき短時間・有期雇用労働者」という．）については，短時間・有期雇用労働者であることを理由として，基本給・賞与その他の待遇のそれぞれについて，差別的取扱いをしてはならない．」

3）派遣労働者に関する均衡・均等待遇規定

派遣労働者に関しても，労働者派遣法に同様の均衡・均等待遇規定が置かれるが，派遣先が変わるごとに賃金水準が変わることによる所得の不安定を回避すること等のために，通常の労働者＝派遣先の比較対象労働者（「労働者派遣の役務の提供を受けようとする者に雇用される通常の労働者であって，職務の内容・人材活用の仕組みが派遣労働者と同一と見込まれるものその他の労働者」，派遣法26条8項）との均衡・均等ではなく，一定の条件を満たす「労使協定」により，派遣労働者の賃金を決定する方法等を定める方式を選択することもできるとされている（派遣法30条の4）．

164　第Ⅱ部　個別的労使関係法

3　労働者への待遇に関する説明義務の強化
1）雇い入れ時の待遇内容に関する説明義務

　パートタイム労働者や派遣労働者については，雇い入れ時における待遇内容に関する説明義務が定められていたが，有期雇用労働者についても同様とされた（パート・有期労働法14条1項，派遣法31条の2）．

2）非正規労働者からの求めがあった場合の説明義務

　パートタイム労働者や派遣労働者については，労働者から求めがあれば，その待遇決定の際の考慮事項に関する説明義務が定められていたが，有期雇用労働者についても同様とされるとともに，通常の労働者（比較対象労働者）との間の待遇の相違及びその理由などについても説明義務の対象とした（パート・有期労働法14条2項，派遣法31条の2）．

4　紛争の解決に関する規定等の整備
1）パートタイム・有期雇用労働法の紛争の解決に関する規定

　パートタイム・有期雇用労働法は，有期雇用労働者を，労使間の紛争の解決のための労働相談，労働局長による個別紛争解決の援助（助言・指導・勧告）及び紛争調整委員会による調停からなる制度の対象にするとともに，不合理な待遇差を禁止する均衡待遇（パート有期労働法8条）に関する紛争も対象に加えた．

2）労働者派遣法の紛争の解決に関する規定

　労働者派遣法に関しても，雇用機会均等法やパートタイム労働法，育児・介護休業法，身体障害者雇用促進法に基づく諸制度と同様の労使間の紛争の解決に関する制度が整備され，苦情の自主的解決の努力義務（派遣法47条の4）や紛争の解決の促進に関する特例（派遣法47条の5），労働局長による個別紛争解決の援助（助言・指導・勧告，派遣法47条の6），紛争調整委員会による調停（派遣法47条の7，47条の8）等に関する規定が置かれている．

第10章　雇用の平等

第1節　総　　論

　不合理な差別は根絶されなければならない．雇用の場では差別が行われやすく，それによる労働者の人格への侵害は著しく，実害も甚だしい．差別の故に，雇用の機会を奪われ，低賃金，劣悪な労働条件の下に置かれることもある．平等の意識が希薄だった時代もあるが，現代では，徹底した平等が要請される．

　労働基準法は，憲法14条が定める法の下の平等の原則を雇用の場においても実現するために，均等待遇の原則を定めることにより，労働者の国籍，信条又は社会的身分を理由とする差別を禁止する．女性であることを理由とする差別については，男女同一賃金の原則が賃金に関する差別を禁止する．

　性を理由とする賃金以外の労働条件に関する差別については，1960年代後半から，判例が，男女差別の労働条件を無効とする法理を徐々に確立してきた．そして，1985年に雇用機会均等法が制定され，改正を重ねることにより規制を強化し，雇用の場における性による差別の根絶が目指されている．

第2節　均等待遇の原則と男女同一賃金の原則

1　均等待遇の原則

1）均等待遇の原則の意義

　労働基準法が規定する均等待遇の原則とは，労働者の国籍，信条又は社会的身分を理由とする，賃金，労働時間その他の労働条件に関する差別を禁止するものである（労基法3条）．労働とは直接関係のないことによる不合理な差別を禁止する趣旨である（市毛景吉編著（市毛景吉）『労働法教材』（東京教学社，2001）9頁）．

　国籍とは，一定の国家の所属員たる資格であり，信条は，特定の宗教的もしくは政治的信念，社会的身分は，生来の身分を意味する（昭22・9・13発基17号）．

166　第Ⅱ部　個別的労使関係法

　差別が禁止される労働条件は，賃金，労働時間に限られず，配置，昇進から解雇まで，労働条件のすべてがその対象となる．採用における差別を解消しないと憲法14条の法の下の平等の原則の趣旨を徹底することはできないが，最高裁の三菱樹脂事件判決（最大判昭48・12・12民集27巻11号1536頁）は，「労働基準法3条は，労働者の信条によって賃金その他の労働条件につき差別することを禁じているが，これは，雇入れ後における労働条件についての制限であって，雇入れそのものを制約する規定ではない」として，雇入れ自体については，均等待遇の原則の適用はないとしている．

2）均等待遇の原則違反の効果

　均等待遇の原則に違反した使用者の措置は，法律行為は無効となる．事実行為は不法行為となり，労働者は，それにより被った損害について，賠償の請求ができる（民法709条）．

　違反した使用者には，6カ月以下の懲役又は30万円以下の罰金という罰則の適用も予定されている（労基法119条1号）．

2　男女同一賃金の原則

1）男女同一賃金の原則の意義

　労働基準法が定める男女同一賃金の原則とは，労働者が女性であることを理由として，賃金について，男性と差別的取扱いをすることを禁止するものである（労基法4条）．男女平等実現の大きな妨げとなる賃金差別を禁止する趣旨である（立法の審議過程については，小西國友・渡辺章・中島士元也（渡辺章）『労使関係法〔第5版〕』（有斐閣，2007）128頁以下参照）．

　結婚を機に退職する場合に女性のみに退職金の優遇措置を行うことなど，賃金に関して男性よりも女性を優遇することも，この原則に反する（昭和22・9・13発基17号，平成9・9・25基発648号）．

　秋田相互銀行事件（秋田地判昭50・4・10労民集26巻2号388頁）のように，職務内容が同じ労働者に男女別の賃金表を用いることが，この原則違反の典型となる．また，一般的に，女性は勤続年数が短いこと，主たる生計の維持者ではないこと等を理由として，一律に賃金につき男女で異なる取扱いをすることも，男女同一賃金の原則に違反する．職務，能率，技能，年齢，勤続年数等，個人的差異に基づく賃金の格差は，違反とはならない．

２）男女同一賃金の原則違反の効果

　差別的取扱いを受けた労働者は，使用者に対し，差別のない賃金との差額を，賃金請求権ないしは不法行為に基づく損害賠償請求権（民法709条）に基づいて求めることができる．

　男女同一賃金の原則に違反した使用者には，６カ月以下の懲役又は30万円以下の罰金という罰則の適用も予定されている（労基法119条１号）．

第３節　判例による男女平等法理の展開

１　判例による男女平等法理の意義と基本的考え方

１）判例による男女平等法理の意義

　1985年に雇用機会均等法が制定されるまでは，男女同一賃金の原則があるのみで，賃金以外の場面における男女差別を禁止する具体的な法律は存在せず，判例により，男女平等法理が展開されていた．

２）判例による男女平等法理の基本的考え方

　男女平等法理の基本的考え方は，憲法14条１項と民法２条に基づく男女平等法理が民法90条にいう公の秩序となっており，合理的理由のない男女差別を内容とする合意や措置は，民法90条に違反するものとして，その民事上の効力が否定されるというものである（菅野和夫『労働法〔第11版補正版〕』（弘文堂，2017）251頁）．

２　判例による男女平等法理の展開

１）結婚退職制——住友セメント事件

　住友セメント事件判決（東京地判昭41・12・20労民集17巻６号1407頁）は，「結婚又は満35歳に達した時は退職する」という趣旨の念書を提出していた女性職員が結婚後も退職をしないので会社が解雇した事件において，結婚退職を定める契約は，公の秩序（民法90条）に違反し，解雇は無効と判断した．

２）女子若年定年制——東急機関工業事件

　東急機関工業事件判決（東京地判昭44・7・1労民集20巻４号715頁）は，会社が，労働組合と締結した，女子の定年を30歳，男子の定年を55歳とする旨の協定に基づいて，30歳に達した組合員である女子の労働者を定年のため当然会社を退職し

168　第Ⅱ部　個別的労使関係法

たものとして扱った事件において, 女子を著しく不利益に差別する本件定年制は, 著しく不合理なもので, 公序良俗 (民法90条) に反して無効と判断した.

3）男女差別定年制——日産自動車事件

日産自動車事件判決 (最3小判昭56・3・24民集35巻2号300頁) は, 定年年齢を男子60歳, 女子55歳とする定年制について, 女子労働者の生活に深刻な影響のある定年年齢について理由もなく差別するもので, 企業経営上の観点からの合理性は認められず, また社会的な妥当性を著しく欠くものであるから, 法秩序の基本である男女の平等に背反するものであり, 公序良俗 (民法90条) に違反して無効であると判断した.

第4節　雇用機会均等法

1　雇用機会均等法の制定
1）雇用機会均等法の制定

雇用の分野における男女の均等な機会及び待遇の確保を図るとともに, 女性労働者の就業に関して妊娠中及び出産後の健康の確保を図る等の措置を推進することを目的として, 1985年に, 雇用機会均等法 (正式名称は, 「雇用の分野における男女の均等な機会及び待遇の確保等に関する法律」) が制定されている.

2）雇用機会均等法の展開

制定以来, 改正を重ね, その規制を強化してきたが, 直近の大規模な2007年4月1日施行の法改正では, ① 男女双方に対する差別的取扱いの禁止, ② 差別禁止対象の追加・明確化, ③ 間接差別の禁止, ④ 妊娠・出産に対する保護の拡大, ⑤ セクシュアルハラスメント対策, ⑥ 実効性の確保の充実等が, その内容となっている (2007年4月1日施行の改正雇用機会均等法について詳しくは, 青野覚編著 (新谷眞人)『労働契約法・改正男女雇用機会均等法・改正パートタイム労働法・改正高年齢者雇用安定法に関する情報収集・分析・対応に関する検討』(社会保険労務士総合研究機構, 2011) 31頁以下参照).

なお, 雇用の分野における男女格差の縮小や, 女性の活躍促進の一層推進, セクシュアルハラスメントの予防・事後対応の徹底等を目的として, 雇用機会均等法施行規則や指針の改正, コース等別雇用管理についての指針の制定が行われ,

2014年7月1日に施行されている（労経ファイル2014年2月号74〜79頁）．

　また，2017年1月1日施行の育児介護休業法等の改正に際して，就業環境保全のための雇用管理上の措置義務が新設された（均等法11条の2）．

2　性別を理由とする差別の禁止

　事業主が，労働者の性別を理由として，差別的取扱いをすることを禁止されているのは，次の1）〜5）の事項についてである．それらの事項に関しては，事業主が適切に対処するための指針が定められている（「労働者に対する性別を理由とする差別の禁止等に関する規定に定める事項に関し，事業主が適切に対処するための指針」平成18・10・11厚生労働省告示614号）．

1）募集・採用における均等な機会の付与義務

　雇用の入り口である募集・採用において，事業主は，労働者の性別にかかわりなく，均等な機会を与えなければならない（均等法5条）．事業主が，次の①〜⑤のような取扱い等をする場合には，均等な機会を付与する義務に違反するとされている（前記「指針」）．

① 　募集又は採用に当たって，その対象から男女のいずれかを排除すること
② 　募集又は採用の条件を男女で異なるものとすること
③ 　採用選考において，能力や資質を判断する場合に，その方法や基準について男女で異なる取扱いをすること
④ 　募集又は採用において，男女のいずれかを優先すること
⑤ 　求人の内容の説明等募集又は採用に係る情報の提供について，男女で異なる取扱いをすること

　コース別雇用管理と一般に呼ばれている，総合職と一般職に分けて雇用管理を行う制度は，コース選択が労働者の自由な意思に任されていれば，均等な機会を付与する義務に違反しない．しかし，銀行などでは，総合職には男性を，一般職には女性を予定するような採用実態が，いまだに多く行われ，総合職への女性の採用実績が乏しい事業主も少なくなく，均等な機会を付与しているとはいえない例も多くみられる．コース別雇用管理に関しては，「コース等で区分した雇用管理を行うに当たって事業主が留意すべき事項に関する指針」（平成25・12・24厚生労働省告示384号）が定められている．

170 第Ⅱ部 個別的労使関係法

2）配置・昇進・降格・教育訓練に係る差別の禁止

配置（業務の配分及び権限の付与を含む），昇進，降格，教育訓練について，事業主が，労働者の性別を理由として差別的取扱いをすることは禁止されている（均等法6条1号）．次の①〜⑦のようなこと等が，差別的取扱いとして禁止されている（前記「指針」）．

① 一定の職務への配置，昇進，降格，教育訓練に当たって，その対象から男女のいずれかを排除すること
② 一定の職務への配置，昇進，降格，教育訓練に当たっての条件を男女で異なるものとすること
③ 一定の職務への配置，昇進，降格，教育訓練に当たって，能力及び資質の有無等の判断方法や基準について男女で異なる取扱いをすること
④ 一定の職務への配置，昇進，降格，教育訓練に当たって，男女のいずれかを優先すること
⑤ 配置における業務の配分に当たって，男女で異なる取扱いをすること
⑥ 配置における権限の付与に当たって，男女で異なる取扱いをすること
⑦ 配置転換に当たって，男女で異なる取扱いをすること

3）福利厚生に係る差別の禁止

住宅資金の貸付その他これに準ずる福利厚生の措置（生活資金・教育資金等各種資金の貸付，住宅の貸与等．均等法施行規則1条）について，事業主が，労働者の性別を理由として差別的取扱いをすることは禁止されている（均等法6条2号）．次の①〜②のようなこと等が，差別的取扱いとして禁止される（前記「指針」）．

① 福利厚生の措置の実施に当たって，その対象から男女のいずれかを排除すること
② 福利厚生の措置の実施に当たっての条件を男女で異なるものとすること

4）職種及び雇用形態の変更に係る差別の禁止

労働者の職種及び雇用形態の変更について，事業主が，労働者の性別を理由として差別的取扱いをすることは禁止されている（均等法6条3号）．次の①〜⑤のようなこと等が，差別的取扱いとして禁止される（前記「指針」）．

① 職種や雇用形態の変更に当たって，その対象から男女のいずれかを排除すること

② 職種や雇用形態の変更に当たっての条件を男女で異なるものとすること

③ 一定の職種や雇用形態の変更に当たって，能力及び資質の有無等の判断方法や基準について男女で異なる取扱いをすること

④ 職種や雇用形態の変更に当たって，男女のいずれかを優先すること

⑤ 職種や雇用形態の変更に当たって，男女で異なる取扱いをすること

5）退職の勧奨・定年・解雇・労働契約の更新に係る差別の禁止

退職の勧奨，定年，解雇，労働契約の更新について，事業主が，労働者の性別を理由として差別的取扱いをすることは禁止されている（均等法6条4号）．次の①〜⑦のようなこと等が，差別的取扱いとして禁止される（前記「指針」）．

① 退職の勧奨の対象を男女のいずれかのみとすること

② 退職の勧奨の際に能力及び資質の有無等の判断方法や基準について男女で異なる取扱いをすること

③ 定年の定めについて，男女で異なる取扱いをすること

④ 解雇に当たって，その対象を男女のいずれかのみとすること

⑤ 解雇に当たって，男女のいずれかを優先すること

⑥ 労働契約の更新に当たって，その対象から男女のいずれかを排除すること

⑦ 労働契約の更新に当たって，男女のいずれかを優先すること

6）例外

募集，採用，配置，昇進に関して，次の①〜⑤のような職務に関しては，特別の事情により均等な取扱いが困難であり，男女異なる取扱いに合理的な理由があるものと認められることから，男女のいずれかを優先ないし，その対象から除外しても，雇用機会均等法違反とはならないとしている（前記「指針」）．

① 芸術・芸能の分野における表現の真実性等の要請から必要がある職務（俳優や歌手，モデル等）

② 守衛，警備員等のうち，防犯上の要請から必要がある職務

③ 宗教上や風紀上，スポーツにおける競技の性質上その他の業務の性質上，必要性があると認められる職務（神父・巫女や女子更衣室の係員等）

④　労働基準法により女性の就業が制限されている職務（妊産婦等の坑内・危険有害業務）又は保健師助産師看護師法により男性の就業が制限されている職務

⑤　風俗や風習等の相違により男女のいずれかが能力を発揮し難い海外での勤務が必要な職務

3　間接差別の禁止

1）間接差別の意義

　間接差別とは，形式的には男女に中立な要件が，結果として，一方の性に有利ないしは不利に作用する形で現れる差別を意味する．男女差別の根絶には，間接差別の禁止も当然の前提となることから，2007年4月1日施行の改正法において，限定的ではあるが，間接差別も禁止されるところとなった（均等法7条）．

　指針（平成18年10月11日厚生労働省告示第614号）によれば，間接差別とは，①性別以外の事由を要件とする措置であって，②当該要件を満たす男性及び女性の比率を勘案すると実質的に性別を理由とする差別となるおそれがあると考えられるものを，③業務の遂行上特に必要な場合等合理的な理由がない場合に講じること，である．

2）雇用機会均等法が禁止する間接差別

　雇用機会均等法7条に基づいて，厚生労働省令では，性別を理由とする差別が禁止されている事項に関する措置の中で，労働者の性別以外の事由を要件とするもののうち，現在のところ，次の①～③の3つの措置を間接差別として禁止している（均等法施行規則2条）．

①　労働者の募集又は採用に当たって，労働者の身長，体重又は体力を要件とすること

②　労働者の募集もしくは採用，昇進又は職種の変更に当たって，転居を伴う転勤に応じることができることを要件とすること

③　労働者の昇進に当たり，転勤の経験があることを要件とすること

第10章　雇用の平等　*173*

4　婚姻・妊娠・出産等を理由とする不利益取扱いの禁止等

1）婚姻・妊娠・出産等を理由とする不利益取扱いの禁止

　女性労働者が，働き続ける上で重大な障害となることから，事業主が，女性労働者が婚姻し，妊娠し，又は出産したことを退職理由として予定する制度を設けること，婚姻したことを理由として解雇することは禁止されている（均等法9条1項及び2項）．

　また，女性労働者が婚姻し，妊娠し，出産し，又は労働基準法65条による産前産後の休業をしたこと等を理由として解雇その他の不利益取扱いをすることは禁止されている（均等法9条3項）．

2）妊産婦の解雇の無効

　妊娠中及び産後1年を経過しない女性労働者に対する解雇は，事業主が妊娠や出産等を理由とする解雇でないことを証明したときを除き，無効となる（均等法9条4項）．使用者が，その証明に成功しない場合には，労働契約が継続していることになる．

5　女性労働者に係る措置に関する特例（ポジティブ・アクション）

1）ポジティブ・アクションの意義

　ポジティブ・アクションは，職場において男女労働者間に事実上生じている労働条件の格差を解消するために，使用者が自主的に行う積極的な差別是正措置を意味する．

2）雇用機会均等法が許容するポジティブ・アクション

　雇用機会均等法は，ポジティブ・アクションを「女性労働者に係る措置に関する特例」として定め，男女の均等な機会及び待遇の確保の支障となっている事情の改善を目的として，募集，採用や配置，昇進等に関して，女性労働者に有利な取扱いをすること等の措置を講じることを許容する（均等法8条）．

　たとえば，役職者に占める女性の割合が4割を下回っている場合には，昇進の基準を満たす者の中から女性を優先して登用することも例外的に認められる．

6　セクシュアルハラスメント対策
1）セクシュアルハラスメントの意義と法的責任
（1）セクシュアルハラスメントの意義

　セクシュアルハラスメントは，一般的には，「職場における性的嫌がらせ」と表現されてきたものである．職場において男女が恋愛関係になり，いわゆる「職場結婚」に至る例も少なくない．しかし，一方的な恋愛感情の押しつけや，恋愛感情のない性的言動が行われ，職場環境を悪化させ，労働者の人格を著しく傷つけ，ときには心身に甚大な被害を及ぼす事件が後を絶たない現状にある．セクシュアルハラスメントをめぐる裁判も，報道する価値に乏しいほどに，珍しいものではなくなってきている．

　雇用機会均等法は，「職場における性的な言動に起因する問題」という形で取り上げ（均等法11条），職場におけるセクシュアルハラスメントの内容を指針で明らかにしている（均等法11条2項，事業主が職場における性的な言動に起因する問題に関して雇用管理上講ずべき措置についての指針〔平成18年厚生労働省告示第615号〕）．

（2）セクシュアルハラスメント

　指針によると，職場におけるセクシュアルハラスメントには，①職場において行われる性的な言動に対する労働者の対応により当該労働者がその労働条件につき不利益を受ける「対価型」と，②当該性的な言動により労働者の就業環境が害される「環境型」があるとされている．同性に対するものも含まれる．

　「職場」とは，事業主が雇用する労働者が業務を遂行する場所を指し，取引先と打合せをするための飲食店，出張先，車中等のように，当該労働者が通常就業している場所以外の場所であっても，当該労働者が業務を遂行する場所については，「職場」に含まれる．

　「性的な言動」とは，性的な内容の発言及び性的な行動を指し，この「性的な内容の発言」には，性的な事実関係を尋ねること，性的な内容の情報を意図的に流布すること等が含まれ，「性的な行動」には，性的な関係を強要すること，必要なく身体に触ること，わいせつな図画を配布すること等が含まれる．

（3）セクシュアルハラスメントの典型例

　セクシュアルハラスメントの典型例には，次のようなものがある．

　①　「対価型」の典型例

　　イ）　事務所内で事業主が労働者に対して性的な関係を要求したが，拒否されたため，当該労働者を解雇すること．

ロ）　出張中の車中において上司が労働者の腰，胸等に触ったが，抵抗された
　　　ため，当該労働者について不利益な配置転換をすること．

ハ）　営業所内において事業主が日頃から労働者に係る性的な事柄について
　　　公然と発言していたが，抗議されたため，当該労働者を降格すること．

② 「環境型」の典型例

イ）　事務所内において上司が労働者の腰，胸等に度々触ったため，当該労
　　　働者が苦痛に感じてその就業意欲が低下していること．

ロ）　同僚が取引先において労働者に係る性的な内容の情報を意図的かつ継
　　　続的に流布したため，当該労働者が苦痛に感じて仕事が手につかないこ
　　　と．

ハ）　労働者が抗議をしているにもかかわらず，事務所内にヌードポスター
　　　を掲示しているため，当該労働者が苦痛に感じて業務に専念できないこ
　　　と．

（4）セクシュアルハラスメントの法的責任

① 加害者の法的責任

　加害者には，行為の内容や程度によっては不法行為（民法709条）が成立し，損
害賠償責任が発生することがある．また，強要罪（刑法223条），強制わいせつ罪（刑
法176条），暴行罪（刑法208条），名誉毀損罪（刑法230条）等が成立することもある．

② 使用者の法的責任

　使用者にも，加害者である被用者の行為について使用者責任（民法715条）が成
立し，損害賠償責任が発生することがある．また，使用者が労働契約に基づく付
随的義務として負うと解される職場環境配慮義務に違反するとして債務不履行
（民法415条）に基づく損害賠償責任が発生することがある．三重セクシュアルハ
ラスメント事件判決（津地判平9・11・5労働判例729号54頁）は，職場環境配慮義
務に違反するとして損害賠償責任を認めている．加害者が，代表取締役のように
使用者を代表する者の場合には，法人自体の不法行為責任が生じることもある．

2）雇用機会均等法に基づくセクシュアルハラスメント対策

（1）セクシュアルハラスメントに関する雇用管理上の措置義務

　事業主には，職場においてセクシュアルハラスメントが発生しないよう，労働
者からの相談に応じ，適切に対応するために必要な体制の整備その他の雇用管理
上必要な措置を講じる義務が課せられている（均等法11条1項）．この義務の具体

的内容も，前述の指針で定められている．

（2）セクシュアルハラスメントに関する雇用管理上の措置義務の具体的内容

① 事業主の方針の明確化及びその周知・啓発

イ） 職場におけるセクシュアルハラスメントの内容及び職場におけるセクシュアルハラスメントがあってはならない旨の方針を明確化し，管理・監督者を含む労働者に周知・啓発すること．

ロ） セクシュアルハラスメントの行為者に対し厳正に対処する旨の方針及び対処の内容を就業規則その他の職場における服務規律を定めた文書に規定し，管理・監督者を含む労働者に周知・啓発すること．

② 相談（苦情を含む）に応じ，適切に対応するために必要な体制の整備

イ） 相談窓口をあらかじめ定めること．

ロ） 相談窓口担当者が，相談に対し，その内容や状況に応じ適切に対応できるようにすること．

③ 事後の迅速かつ適切な対応

イ） 事案に係る事実関係を迅速かつ正確に確認すること．

ロ） 職場におけるセクシュアルハラスメントが生じた事実が確認できた場合は，速やかに被害を受けた労働者に対する措置を適正に行うこと．

ハ） 職場におけるセクシュアルハラスメントが生じた事実が確認できた場合は，行為者に対する措置を適正に行うこと．

ニ） 改めて職場におけるセクシュアルハラスメントに関する方針を周知，啓発する等の再発防止に向けた措置を講ずること．

④ ①〜③までの措置と併せて講ずべき措置

イ） 相談者・行為者等のプライバシー保護のための必要な措置を講じ，周知すること．

ロ） 相談したこと，事実関係の確認に協力したこと等を理由として不利益な取扱いを行ってはならない旨を定め，労働者に周知・啓発すること．

7 就業環境保全のための雇用管理上の措置義務

職場における妊娠・出産等に関する言動（ハラスメント）により，労働者の就業環境が害されないように，事業主は，相談や適切な対応体制を整備する等の雇用管理上の措置を講じなければならないとされ（均等法11条の2・1項），そのための指針（均等法11条の2・2項）が定められている（平28厚労告312号）．

第10章　雇用の平等　*177*

8　妊娠中及び出産後の健康管理に関する措置

雇用機会均等法においても，母性保護の視点から，事業主に関し，妊娠中及び出産後の女性労働者に対する措置義務が定められている．

1）保健指導又は健康診査を受けるための時間確保義務

事業主は，妊娠中及び出産後の女性労働者に対して，母子保健法の規定による保健指導又は健康診査を受けるための時間を確保しなければならないとされている（均等法12条）．

2）勤務時間の変更・勤務の軽減等の措置義務

事業主は，母子保健法の規定による保健指導又は健康診査に基づく指導事項を守ることができるよう，勤務時間の変更や勤務の軽減等の措置を講じなければならないとされている（均等法13条1項）．

9　紛争の解決

国の労働行政機関として，先行して個別的労使紛争の処理を行っていたのは1985年制定の雇用機会均等法に基づく諸制度であり，雇用機会均等法に関する相談に対応するとともに，労働局長による個別紛争解決の援助及び機会均等調停委員会による調停を制度化していた．その後，法改正による変化が見られるが，その基本的な姿を維持し，労働相談，労働局長による個別紛争解決の援助（助言・指導・勧告）及び紛争調整委員会による調停からなる．

雇用機会均等法に基づく諸制度を統括しているのは，都道府県労働局の雇用環境・均等部（室）であり，第15章の第3節の3で，詳述する．

10　実効性の確保
1）報告の徴収並びに助言，指導及び勧告

雇用機会均等法の施行に関し必要があるときは，厚生労働大臣は，事業主に対し報告を求め，雇用機会均等法上問題のある場合には，助言，指導，勧告をすることができるとされている（均等法29条1項）．この権限は都道府県労働局長に委任され，実施されている（均等法29条2項）．報告の徴収の実効性を確保するために，この報告をせず，又は虚偽の報告をした者には，20万円以下の過料が予定されている（均等法33条）．労働基準監督官のように特別の強制的権限を行使できない雇

用環境・均等部（室）職員に関しては，この権限を効果的に行使することが期待される.

2017年度においては，雇用管理の実態把握を行った8222事業所のうち，何らかの雇用均等法違反が確認された6912事業所（84.1％）に対し，1万4595件の是正指導を実施している．指導事項の内容は，妊娠・出産等に関するハラスメント（39.5％）が最も多く，次いでセクシュアルハラスメント（30.5％），母性健康管理（29.1％）などとなっている（厚生労働省HP「平成29年度都道府県労働局雇用環境・均等部（室）での法施行状況」）.

2）事業主名等の公表の制度

雇用機会均等法29条1項に基づく勧告の実効性を確保するために，募集・採用，配置・昇進・降格・教育訓練，一定範囲の福利厚生，職種及び雇用形態の変更，退職の勧奨・定年及び解雇並びに労働契約の更新，一定範囲の間接差別，婚姻・妊娠・出産等を理由とする不利益取扱い，セクシュアルハラスメント，妊娠中及び出産後の健康管理に関する措置等に関する規定に違反している事業主に対し，勧告をしても従わなかった場合には，厚生労働大臣は，その旨を公表することができるとされている（均等法30条）.

勧告の例も乏しく，永いこと公表の例はなかったが，2015年9月4日に，初の事案が公表されるに至っている．茨城県の医療法人が「妊娠を理由に女性労働者を解雇し，解雇を撤回しなかった」という雇用機会均等法9条3項違反の事案で，2カ月ほどの間に労働局長により助言，指導，勧告が行われ，さらに厚生労働大臣による勧告も行われたにもかかわらず従わなかったことから，公表が行われた.

第11章　家庭生活と職業生活の両立

第1節　育児介護休業

1　育児介護休業法の制定

　育児又は家族の介護を行う労働者の職業生活と家庭生活との両立が図られるよう支援することにより，その福祉を増進し，我が国の経済及び社会の発展に資することを目的として，育児介護休業法（正式名称は，「育児休業，介護休業等育児又は家族介護を行う労働者の福祉に関する法律」）が制定されている．

　少子高齢化が進む日本においては，仕事と生活の調和（ワーク・ライフ・バランス）が強く求められる時代を迎えている．

2　育児休業制度
1）育児休業の権利
（1）育児休業の権利

　日々雇用される者を除き，男女いずれの労働者も，事業主に申し出ることにより，子が，原則として1歳に達するまでの間，育児休業をすることができる（育介法2条1号，5条1項）．事業主は，その申出を拒否することはできない（育介法6条1項本文）．

　対象となる子には，法律上の親子関係にある実子や養子のみならず，特別養子縁組の監護期間中の子（民法817条の8・1項）や養子縁組里親に委託されている子（児童福祉法6条の4・2号，27条1項3号）等の法律上の親子関係に準じる関係にある子も含まれる．

（2）期間を定めて雇用される労働者への適用

　期間を定めて雇用される労働者については，① 当該事業主に1年以上継続雇用され，かつ，② 子が1歳6カ月になるまでの間に雇用契約がなくなることが明らかでない場合には，育児休業を取得できる（育介法5条1項但書）．

形式的には期間を定めて雇用されている者でも，その契約が実質的に期間の定めのない契約と異ならない状態の場合には，育児休業の対象となる．

（3）労使協定による適用除外

但し，事業主は，労使協定の締結により，① 雇い入れて1年未満の者，② 休業申出の日から1年以内に雇用関係が終了することが明らかである者，③ 1週間の所定労働日数が2日以下の者については，育児休業の対象外とすることができるものとされ（育介法6条1項但書，育介則7条），現場の実態をよく知る労働者側の意見を反映させる形での規制緩和を認めている．

2）育児休業期間

（1）原則1歳まで

育児休業期間は，原則として，子が1歳に達するまでである．

（2）1歳2カ月まで（パパ・ママ育休プラス）

父親の育児休業取得（「イクメン」）を促進する意図から，父と母がともに取得するときには，子が1歳2カ月に達するまで認められる．この場合，父の育児休業の上限は1年，母については産後休業と育児休業を合わせての上限が1年となる（育介法9条の2）．

（3）1歳6カ月ないしは2歳まで（育児休業期間の延長）

保育所不足等という現状を背景として，労働者又はその配偶者により子を1歳に達するまで育児休業してきた場合において，① 保育所への入所を希望するも入所できないときや，② 子の養育を行っている配偶者であって，1歳以降子を養育する予定であった者が，死亡，負傷，疾病等の事情により子を養育することが困難になったとき等には，子が1歳6カ月に達するまで，育児休業をすることができる（育介法5条3項）．

子を1歳6カ月に達するまで育児休業してきた場合において，上記と同様の理由により子を養育することが困難になったとき等には，子が2歳に達するまで，育児休業をすることができる（育介法5条4項）．

3）育児休業の申出

育児休業の申出は，原則として1人の子につき1回，労働者が，① 申出に係る子の氏名，② 生年月日，③ 労働者との続柄，④ 休業開始予定日及び休業終了予定日等を記載した「育児休業申出書」を事業主に提出することにより行われる

（育介法5条，育介則5条）．

　ただし，配偶者の死亡等の特別の事情がある場合や，配偶者の出産後8週間以内に父親が育児休業を取得した場合には，再度の取得も可能とされている（育介法5条2項，育介則4条）．

4）所定労働時間の短縮等の措置義務等
（1）所定労働時間の短縮等の措置義務

　事業主は，3歳未満の子を養育し，育児休業をしない労働者（日々雇用の者と所定労働時間が6時間以下の者を除く）が希望する場合には，所定労働時間の短縮措置を講じなければならない．但し，①継続雇用期間1年未満の者，②1週間の所定労働日数2日以下の者，③所定労働時間の短縮措置を講じることが困難な業務に従事する者については，労使協定の締結により対象外とすることができる（育介法23条1項）．

　上記③に該当する者に所定労働時間の短縮措置を講じないときは，①フレックスタイム制，②時差出勤の制度，③保育施設の設置運営，のいずれかの措置を講じなければならない（育介法23条2項）．

（2）時差出勤の制度等の措置努力義務

　小学校就学始期に達するまでの子を養育する労働者に関しては，その子の年齢に応じて，育児介護休業法が定める制度や措置に準じて，①時差出勤の制度，②育児休業制度，③所定外労働の免除制度，④所定労働時間の短縮措置を講じるように努力する義務が課せられている（育介法24条1項）．

5）子の看護休暇
（1）子の看護休暇の日数と対象労働者

　日々雇用される者を除いて，小学校就学前の子を養育する労働者は，事業主に申し出て，1年度に，子が1人のときは5日，2人以上のときは10日まで，看護（病気やけがをした子の世話や疾病予防のための世話）のために，休暇を取得することができる（育介法16条の2）．事業主に，看護休暇中の賃金支払い義務はない．

　事業主は，業務の繁忙等を理由に，その申出を拒否することはできないが，労使協定の締結により，①勤続6カ月未満の労働者及び②週の所定労働日数が2日以下の労働者については，その対象外とすることができる（育介法16条の3）．

182　第Ⅱ部　個別的労使関係法

（2）看護休暇の取得

　看護休暇の趣旨からして，事業主は，取得当日の電話等による申出も拒否することはできないとされている．

　事業主は，労働者から看護休暇の取得の申出があったときには，子の病気等の事実を証明する書類の提出を求めることができるが，証明する書類は診断書等に限定されず，看護を要する事実があったことが客観的に証明できる医療機関等の領収書等でも良いとされている．

　取得の便宜を考慮して，半日（所定労働時間の2分の1）単位での取得も可能とされている（育介法16条の2・2項）．

3　介護休業制度
1）介護休業の権利
（1）介護休業の権利

　日々雇用される者を除き，男女いずれの労働者も，事業主に申し出ることにより，要介護状態にある対象家族1人につき，常時介護を必要とする状態ごとに通算93日を限度として3回まで，介護休業をすることができる（育介法11条）．

　育児休業とは異なり，1人の家族に2人以上の家族が同時ないしは別々に介護休業を取ることも可能である．事業主は，その申出を拒否することはできない（育介法12条1項）．

（2）期間を定めて雇用される労働者への適用

　期間を定めて雇用される労働者については，①当該事業主に1年以上継続雇用され，かつ，②介護休業開始予定日から起算して93日を経過する日から6月を経過する日までに労働契約が満了することが明らかでない者は，介護休業を取得できる（育介法11条1項但書）．

　形式的には期間を定めて雇用されている者でも，その契約が実質的に期間の定めのない契約と異ならない状態の場合には，介護休業の対象となる．

（3）労使協定による適用除外

　事業主は，労使協定の締結により，①雇い入れて1年未満の者，②介護休業申出の日から起算して93日以内に雇用関係が終了することが明らかな者，③1週間の所定労働日数が2日以下の者については，介護休業の対象外とすることができる（育介法12条2項）．

第11章　家庭生活と職業生活の両立　*183*

2）対象家族と要介護状態の意義

（1）対象家族

介護休業の取得が保障される対象家族は，① 配偶者（内縁を含む），② 父母，③ 子，④ 同居かつ扶養している祖父母・兄弟姉妹・孫，⑤ 配偶者の父母，をいう（育介法2条4号及び5号，育介則2条及び3条）.

（2）要介護状態

要介護状態とは，負傷，疾病又は身体上若しくは精神上の障害により，2週間以上の期間にわたり，常時介護を必要とする状態をいう（育介法2条3号，育介則2条）.

3）介護休業期間と所定労働時間の短縮等の選択的措置義務

（1）介護休業期間

介護休業の期間は，対象家族1人につき，通算して93日までの，原則として労働者が申し出た期間である.

（2）所定労働時間の短縮等の選択的措置義務

事業主は，要介護状態にある対象家族を介護する労働者（日々雇用の者を除く）で介護休業をしないものについては，労働者の申出に基づき，3年以上の期間において，① 所定労働時間の短縮，② フレックスタイム制，③ 時差出勤の制度，④ 介護サービス費用の助成，のいずれかの方法による措置を，④ を除き2回以上利用できる措置として，講じる必要がある（育介法23条3項，育介則74条）.

4）介護休業の申出

介護休業の申出は，原則として対象家族1人につき，1つの要介護状態ごとに1回，労働者が，① 申出に係る対象家族の氏名，② 労働者との続柄，③ 休業開始予定日及び休業終了予定日等を記載した「介護休業申出書」を事業主に提出することにより行われる（育介法11条）.

対象家族1人につき通算して93日までは，要介護状態が発生するたび毎に，何回でも申出をすることができる.

5）介護休暇

（1）介護休暇の日数と対象労働者

日々雇用される者を除いて，要介護状態にある対象家族の介護その他の一定の

世話を行う労働者は，事業主に申し出て，1年度に，要介護状態にある対象家族が1人のときは5日，2人以上のときは10日まで，介護（要介護状態にある対象家族の世話）のために，休暇を取得することができる（育介法16条の5）．事業主に，介護休暇中の賃金支払い義務はない．

　事業主は，業務の繁忙等を理由に，その申出を拒否することはできないが，労使協定の締結により，①勤続6カ月未満の労働者及び②週の所定労働日数が2日以下の労働者については，その対象外とすることができる（育介法16条の6）．

（2）介護休暇の取得

　介護休暇の趣旨からして，事業主は，取得当日の電話等による申出も拒否することはできないとされている．

　事業主は，労働者から介護休暇の取得の申出があったときには，対象家族の病気等の事実を証明する書類の提出を求めることができるが，証明する書類は診断書等に限定されず，介護を要する事実があったことが客観的に証明できる医療機関等の領収書等でも良いとされている．

　取得の便宜を考慮して，半日（所定労働時間の2分の1）単位での取得も可能とされている（育介法16条の5・2項）．

4　育児・介護休業制度における通則
1）不利益取扱いの禁止

育児介護休業法に基づく権利行使の妨げとならないように，事業主は，労働者が，次の①～③の行為をしたことを理由として，当該労働者に対し，解雇その他不利益な取扱いをしてはならないとされている．

　①　育児休業，介護休業，子の看護休暇，介護休暇の取得の申出をし，または育児休業，介護休業，子の看護休暇，介護休暇を取得したこと（育介法10条，16条，16条の4，16条の7）

　②　所定外労働の免除，時間外労働の制限，深夜業の制限の請求をし，所定外労働，制限時間を超える時間外労働，深夜業をしなかったこと（育介法16条の9，18条の2，20条の2）

　③　短時間勤務制度等の措置の利用の申出をし，短時間勤務制度等の措置を利用したこと（育介法23条の2）

第11章　家庭生活と職業生活の両立　*185*

2）所定外労働・時間外労働・深夜業の制限

（1）所定外労働の制限

満3歳に満たない子を養育し，又は要介護状態にある対象家族を介護する労働者が請求したときには，事業主は，事業の正常な運営を妨げる場合を除き，所定労働時間を超えて労働させることはできないとされている．但し，労使協定の締結により，①継続雇用期間1年未満の者，②1週の所定労働日数2日以下の者については，その適用対象外とすることができる（育介法16条の8・1項，16条の9）．

（2）時間外労働の制限

小学校就学前の子を養育し，又は要介護状態にある対象家族を介護する労働者が請求したときには，事業主は，事業の正常な運営を妨げる場合を除き，1カ月24時間，1年150時間を超える時間外労働をさせることはできないとされている．但し，労使協定の締結により，①継続雇用期間1年未満の者，②1週の所定労働日数2日以下の者については，その適用対象外とすることができる（育介法17条1項，18条）．

（3）深夜業の制限

小学校就学前の子を養育し，又は要介護状態にある対象家族を介護する労働者が請求したときには，事業主は，事業の正常な運営を妨げる場合を除き，深夜（午後10時から午前5時まで）において労働をさせることはできないとされている（育介法19条1項，20条1項）．但し，①継続雇用期間1年未満の者，②深夜に常態として子を保育，家族を介護できる同居の家族がいる者，③1週の所定労働日数2日以下の者，④所定労働時間全部が深夜にある者，は請求できない（育介法19条1項，20条）．

3）就業環境保全のための雇用管理上の措置義務

育児介護休業法に基づく休業等の利用に関する職場の言動（ハラスメント）により，労働者の就業環境が害されないように，事業主は，相談や適切な対応体制を整備する等の雇用管理上の措置を講じなければならないとされ（育介法25条），そのための指針が定められている（平21厚労告509号，平28改正）．

4）労働者の配置に関する配慮義務

（1）労働者の配置に関する配慮義務を定める育児介護休業法26条

事業主は，労働者の就業の場所の変更を伴う配置の変更を行う場合に，就業の

186 第Ⅱ部 個別的労使関係法

場所の変更により子の養育や家族の介護が困難となる労働者については，その子の養育や家族の介護の状況に配慮しなければならないとされている（育介法26条）．

（2）育児介護休業法26条の影響力

この配慮義務に関する規定は，育児や介護をする労働者に対する転勤命令の有効性に関する裁判所の判断に，大きな影響を及ぼしていると解され，この規定が施行された2002年4月以前の裁判例に比べると，育児や家族の看護・介護についての配慮をより重視するものがみられるようになっている（たとえば，家族の看護や介護を理由として配転命令の撤回を求めたネスレ日本（配転本訴）事件・大阪高判平18・4・14労働判例915号60頁等．同事件判決については，拙稿「家族の看護・介護を要する労働者への配転命令における配慮——ネスレ日本（配転本訴）事件・大阪高裁判決」労働法律旬報1648号（2007）64頁参照）．

5）再雇用特別措置等実施・職業家庭両立推進者選任努力義務

（1）再雇用特別措置等実施努力義務

日本では，退職者が，元の職場に再就職するということは多くみられることではない．しかし，その労働力の有効活用という視点で見れば，慣れた職場・業務に復帰することが，労使双方にとって非常に合理的であることは言うまでもないことである．

そこで，事業主は，妊娠・出産・育児又は介護を理由に退職した者が，その退職の際に就業が可能となったときの再雇用の希望を申し出ていた場合には，必要に応じ，労働者の募集又は採用に当たって特別の配慮をする措置その他これに準ずる措置を実施するように努めなければならないとされている（育介法27条）．

（2）職業家庭両立推進者選任努力義務

事業主は，育児介護休業法の規定に基づき事業主が講ずべき措置や，子の養育又は家族の介護を行う労働者の職業生活と家庭生活との両立が図られるようにするために講ずべきその他の措置の適切かつ有効な実施を図るために，その業務を担当する「職業家庭両立推進者」を選任するように努めなければならないとされている（育介法29条）．

6）紛争の解決

育児介護休業法に関しても，雇用機会均等法やパートタイム労働法に基づく諸制度と同様の労使間の紛争の解決に関する諸制度が整備されており，都道府県労

働局の雇用環境・均等部（室）が所管している．

労働相談，労働局長による個別紛争解決の援助（助言・指導・勧告）及び紛争調整委員会による調停からなるが，第15章の第3節の3で，詳述する．

7）実効性の確保

（1）報告の徴収並びに助言，指導及び勧告

育児介護休業法の施行に関し必要があるときは，厚生労働大臣は，事業主に対し報告を求め，育児介護休業法上問題のある場合には，助言，指導，勧告をすることができるとされている（育介法56条）．この権限は都道府県労働局長に委任され，実施されている（育介法58条）．報告の徴収の実効性を確保するために，この報告をせず，又は虚偽の報告をした者には，20万円以下の過料が予定されている（育介法68条）．

労働基準監督官のように特別の強制的権限を行使できない雇用環境・均等部（室）職員に関しては，この権限を効果的に行使することが期待される．2017年度には，8980の事業所に対し雇用管理の実態把握を行い，そのなかで何らかの育児介護休業法違反が確認された8434の事業所（93.9％）に対し，4万142件の是正指導を実施している（厚生労働省HP「平成29年度都道府県労働局雇用環境・均等部（室）での法施行状況」）．

（2）事業主名等の公表の制度

育児介護休業法56条に基づく勧告の実効性を確保するために，事業主に対して勧告をしても従わなかった場合には，厚生労働大臣は，その旨を公表することができるとされている（育介法56条の2）．

8）育児・介護休業中の所得保障と社会保険料の免除

育児・介護の休業期間について，事業主に賃金支払義務はない．雇用保険法により，一定の要件を満たす被保険者について，育児休業については育児休業給付金，介護休業については介護休業給付金が支給され．また，育児休業については，申出による社会保険料の免除が認められている．

（1）育児休業給付

育児休業期間中，一定の要件を満たした雇用保険の被保険者である労働者には，「育児休業給付金」が支給される（雇保法61条の4）．その額は，最初の180日間は育児休業取得開始前賃金の67％，それ以後は50％とされている．

（2）介護休業給付

　介護休業期間中，一定の要件を満たした雇用保険の被保険者である労働者には，介護休業取得開始前賃金の67％の「介護休業給付金」が支給される（雇保法61条の6）．

（3）育児休業中の社会保険料の免除

　育児休業期間中及び3歳に達するまでの子を養育する労働者に係る育児休業制度に準ずる措置の期間中の健康保険・厚生年金保険の保険料については，事業主が申し出ることにより，事業主及び被保険者（労働者）の負担分の保険料は免除されることになる．なお，雇用保険に関しては，育児・介護休業いずれにおいても，休業期間中に賃金の支払がない場合には，事業主及び被保険者（労働者）の負担分はない．

第2節　次世代育成支援

1　次世代育成支援対策推進法の制定，国や事業主等の責務

1）次世代育成支援対策推進法の制定

　少子化の流れを変える対策を一層進める必要性の認識から，次代の社会を担う子どもが健やかに生まれ，かつ育成される社会の形成に資することを目的として，次世代育成支援対策推進法が制定され，2005年4月1日から10年間の時限立法として施行され，その後，施策を強化しつつ有効期限を10年延長する改正法が2014年に成立し，現在に至っている．

2）国，地方公共団体，事業主，国民の責務

　その目的を達成するため，国，地方公共団体，事業主，国民が担う責務が明らかにされ（次世代対策推進法4～6条），事業主は，行動計画を策定し，達成しようとする目標，内容，実施時期等を定めて，取組を進めることとなっている．

2　一般事業主行動計画

1）一般事業主行動計画策定義務

　常時100人を超える労働者を雇用する国・地方公共団体以外の事業主（一般事業主）には，厚生労働大臣が定める「行動計画策定指針」に即して，一般事業主行動計画を策定し，厚生労働大臣に届出，公表し，従業員に周知する義務が課され

ている．事業主が，この義務を果たさない場合には，厚生労働大臣が当該事業主に対し，策定・届出，公表，従業員への周知をすべきことを勧告することができるとされている（次世代対策推進法12条，12条の2）．

常時100人以下の労働者を雇用する事業主については，努力義務とされている（次世代対策推進法12条4項，12条の2・2項）．

2）一般事業主行動計画

一般事業主行動計画においては，①計画期間，②次世代育成支援対策の実施により達成しようとする目標，③実施しようとする次世代育成支援対策の内容及びその実施時期，を定めるものとされている（次世代対策推進法12条2項）．

一般事業主行動計画において次世代育成支援対策の内容として盛り込まれることが望まれるのは，雇用環境の整備に関する事項として，①母性健康管理に関する制度の周知，相談体制の整備等の妊娠中及び出産後における配慮，②子どもの出生時に取得可能な休暇制度の創設，年次有給休暇または育児休業の取得促進等の子どもの出生時における父親の休暇取得の促進等，③育児休業制度の周知，復職後の労働条件に関する事項の周知，代替要員の確保等の育児休業を取得しやすく，職場復帰しやすい環境の整備等である．また，雇用環境の整備以外の次世代育成支援対策に関する事項としては，インターンシップやトライアル雇用等を通じた若年者の安定就労・自立した生活の推進等がある．

3　認定制度
1）認定制度の意義

行動計画を届け出た事業主は，雇用環境の整備について，行動計画策定指針に照らし適切な行動計画を策定・実施し，その目標を達成したこと等一定の基準に適合する場合には，申請を行うことにより，その基準に適合する旨の都道府県労働局長の認定を受けることができる（次世代対策推進法13条）．

2）認定を受けるメリット

この認定を受けた認定一般事業主は，その旨を示す「認証マーク」（くるみん）を商品や名刺，広告等に付けることができ（次世代育成支援対策推進法14条），企業のイメージアップや優秀な人材の確保等に役立てることができる（奥山明『労働法』（新世社，2006）204頁）．

さらに高水準の取組みを行った認定一般事業主は，行動計画策定・届出義務の免除等のメリットがある特例認定を受けて，その旨を示す「認証マーク」（プラチナくるみん）を付けることができる（次世代対策推進法15条の2，15条の3，15条の4）．

第12章　年少者・妊産婦等

第1節　年　少　者

　1916（大正5）年に施行された日本の工場法は，女性とともに，年少者を保護職工として，その労働条件を規制した．

1　最低年齢
1）最低年齢──満15歳到達後の3月31日終了後
　工場法制定当初，労働者として使用できる最低年齢は満12歳であった．その後，ILO（国際労働機関）が採択する条約を受けて徐々に引き上げられた．
　現在の最低年齢を定める規定は，使用者は，義務教育が終了する時点である満15歳に達した日以後の最初の3月31日が終了するまで児童を使用してはならないと定めている（労基法56条1項）．

2）最低年齢未満の例外的使用
　労働基準監督署長の許可を受ければ，満13歳以上の児童については，新聞配達等，非工業的事業（製造業・鉱業・土木建築業・運送業・貨物取扱業以外の事業）に係る職業で，児童の健康及び福祉に有害でなく，かつ，その労働が軽易なものについては，その者の修学時間外に使用することができる．また，子役等，映画の製作又は演劇の事業については，満13歳に満たない児童についても使用することができる（労基法56条2項）．

3）年齢証明書等
　年齢により就労の可否や保護規定の適用の有無等が問題となることから，使用者は，①満18歳未満の年少者を使用する場合には，その年齢を証明する戸籍証明書を，また，②満15歳未満の児童を使用する場合には，修学に差し支えない

ことを証明する学校長の証明書及び親権者又は後見人の同意書を，事業場に備え付けなければならないとされている（労基法57条１項及び２項）．

親権者とは，父母（養親）であり，父母が共同して行使し，一方が行使できないときは他の一方が行使する（民法818条）．後見人とは，未成年者に親権者が不在等の場合に，未成年者を監護教育し又はその財産を管理する者である（民法838条１項）．

2　未成年者の労働契約と賃金請求権
1）未成年者の労働契約

未成年者が労働契約を締結するには，親権者又は後見人の同意が必要とされている（民法４～５条）．成年は年齢20歳とされているが（民法４条），18歳に引き下げる改正があり，2022年４月１日より施行予定である．

未成年者が食い物にされるといった弊害を防止するため，親権者又は後見人も，未成年者に代って労働契約を締結することはできない（労基法58条１項）（市毛景吉編著（市毛景吉）『労働法教材』（東京教学社，2001）58頁）．親権者もしくは後見人又は所轄労働基準監督署長は，労働契約が未成年者に不利であると認める場合には，将来に向って解除することができる（労基法58条２項，年少則３条３項）．

2）未成年者の賃金請求権

賃金については，未成年者の独立請求権が明確に規定され，親権者又は後見人が代って受け取ることを厳禁する（労基法59条）．未成年者の賃金を受領した親権者又は後見人には30万円以下の罰金が予定され（労基法120条１号），未成年者の手に渡らなかった部分には，使用者について労働基準法24条違反が成立する．

3　労働時間についての制限

満18歳未満の年少者については，心身ともに成長過程にあることから，その労働時間に関して厳しい規制が定められている．

1）変形労働時間制，フレックスタイム制の適用禁止

年少者に対し，変形労働時間制やフレックスタイム制を適用することはできない（労基法60条１項及び32条の２～５）．ただし，満15歳で３月31日を迎えた者については，①１週間のうち１日を４時間以内に短縮する場合には，他の日を10時

間まで延長すること，② 1週48時間，1日8時間の限度で，1カ月又は1年単位の変形労働時間制を適用することはできる（労基法60条3項）.

2）時間外・休日労働の禁止，労働時間の特例の不適用

年少者については，① 労使協定による時間外・休日労働（労基法36条）や，② 労働時間及び休憩の特例（労基法40条）は認められない（労基法60条1項）. ただし，① 非常災害の場合の時間外・休日労働（労基法33条1項）や，② 労働時間，休憩及び休日に関する規定の適用除外（労基法41条）は認められる.

3）児童の労働時間制限

労働基準監督署長の許可を受けて満15歳未満の児童を使用する場合（労基法56条2項）の労働時間は，修学時間を通算して，1日7時間，1週40時間以内である（労基法60条2項）.「修学時間」とは，授業開始時刻から終了時刻までの時間から休憩時間を除いた時間を意味する（昭25・4・14基収28号）.

4）深夜労働の禁止

年少者については，深夜労働は禁止されている（労基法61条1項）. ただし，① 非常災害の場合（労基法33条1項）や，② 交替制労働の場合の満16歳以上の男子（労基法61条1項但書）及び，② 農業及び水産業，保健衛生業，電話の事業（労基法61条4項）については，深夜労働が認められる.

4　危険有害業務の制限と坑内労働の禁止，帰郷旅費
1）危険有害業務の制限

年少者については，就労に際しての安全，衛生面での特別の保護として，運転中の機械・動力伝動装置の危険部分の掃除等，一定の危険業務・重量物取扱業務や有害業務に就かせることはできない（労基法62条，年少則7～8条）.

2）坑内労働の禁止

年少者を坑内で労働させることはできない（労基法63条）.

3）帰郷旅費

満18才に満たない者が解雇され，その日から14日以内に就業前の住居地や父母

194　第Ⅱ部　個別的労使関係法

等親族の住居地に移動する（帰郷する）場合には，使用者は，必要な旅費を負担しなければならない（労基法64条本文）．ただし，当該労働者の責に帰すべき事由に基づいて解雇され，使用者がその事由について所轄労働基準監督署長の認定を受けたときは，負担する必要はない（労基法64条但書，年少則10条）．

第2節　妊産婦等

　女性については，当初は，年少者とともに「弱者」として保護するとともに，その「母性」を保護しようというものであった．1947（昭和22）年に制定された労働基準法にも女性保護規定があったが，女性を弱者と捉えることに疑問が呈され，1985（昭和60）年の雇用機会均等法の制定を機に，女性の保護の緩和と母性保護の拡充が進んだ．

　労働基準法は，母性保護の視点から，妊娠中の「妊婦」と産後1年を経過しない「産婦」が一定の業務に従事することを，制限，禁止している．妊婦と産婦の総称が「妊産婦」である．妊産婦以外の女性一般に対する保護も残っている．

1　坑内労働の制限
1）坑内労働の禁止
　妊婦及び坑内業務に従事しない旨を使用者に申し出た産婦を，坑内で労働させることはできない（労基法64条の2・1号）．

2）坑内労働の制限
　妊婦及び坑内業務に従事しない旨を使用者に申し出た産婦以外の満18歳以上の女性については，坑内での「人力により行われる掘削の業務その他の女性に有害な業務として厚生労働省令で定めるもの」に就かせることはできないとされ（労基法64条の2・2号），ネガティブ・リスト方式になっている．

　具体的には，① 坑内における医療や取材，研究等の，坑内労働ではない業務や，② 坑内労働でも，管理・監督業務については，就業することができる（女性則1条）．

2　有害業務への就労禁止
1）妊産婦の就労禁止
　使用者は，妊産婦を，重量物を取り扱う業務や有害ガスを発散する場所での業

務等,「妊娠,出産,哺育等に有害な業務」に就かせることはできない(労基法64条の3・1項,女性則2条).

2)妊産婦以外の女性の就労禁止

妊産婦以外の女性についても,妊娠・出産の機能に有害な一定業務に就かせることはできない(労基法64条の3・2項,女性則3条).

3)妊婦の軽易業務への転換

使用者は,妊婦が請求した場合には,他の軽易な業務に転換させる必要がある(労基法65条3項).求める軽易な業務を新設して転換させる義務を使用者に課すものではないとの行政解釈(昭61・3・20基発151号)があるが,妊婦の意向に応じて,軽易な業務を確保するように,相応の配慮をする義務はあると解される.

軽易業務への転換を理由とする解雇その他の不利益取扱は禁止されている(均等法9条3項,雇均則2条の2・6号).

3 産前産後の休業等
1)産前産後の休業
(1)産前6週間,産後8週間

使用者は,6週間(多胎妊娠の場合は,14週間)以内に出産する予定の女性が休業を請求した場合には,その者を就業させることはできない(労基法65条1項).また,産後8週間を経過しない女性を就業させることはできない.ただし,産後6週間を経過した女性が請求した場合に,その者について医師が支障ないと認めた業務に就かせることはできる(労基法65条2項).産後6週間は就労禁止期間となる.

産前6週間の計算は分娩予定日を基準とする.予定日が遅れて延びた期間も,産前休業期間と扱われる(市毛景吉編著(市毛景吉)『労働法教材』56頁).出産当日は産前休業期間に含まれる.

(2)産前産後の休業中の賃金

使用者には,産前産後の休業中の賃金の支払い義務はない.健康保険法で,産前42日(多胎妊娠の場合は98日)以内,産後56日以内で,休業1日について標準報酬日額の3分の2に相当する金額の出産手当金の支給が行われる(健保法102条).

196　第Ⅱ部　個別的労使関係法

（3）事業主の母子健康配慮・措置義務

　雇用機会均等法は，妊産婦について，母子保健法による保健指導・健康診査を受けるために必要な時間を確保できるよう配慮し，保健指導・健康診査に基づく指導事項を守ることができるように，勤務時間の変更や勤務の軽減等，必要な措置を講じることを，事業主の義務としている（均等法12～13条）．

（4）不利益取扱いの禁止

　労働基準法に基づく産前産後休業の請求やその取得を理由とする解雇その他の不利益取扱は禁止されている（均等法9条3項）．

2）労働時間等の制限

　使用者は，妊産婦が請求した場合には，変形労働時間制を採用している場合でも，法定労働時間を超えて労働させることはできず（労基法66条1項），また，時間外労働及び休日労働，深夜業をさせることはできない（労基法66条2～3項）．

　ただし，労働基準法41条に該当する者については，労働時間，休憩，休日に関する規定の適用が排除されているので，深夜業の禁止だけが認められる．

4　育児時間

1）育児時間

　生後満1年に達しない生児を育てる女性は，法定の休憩時間のほか，1日2回各々30分以上の育児時間を請求することができる（労基法67条）．1日60分の一括取得も許されている．

　育児時間については，使用者に，賃金支払い義務はない．

2）育児時間を女性に限定する合理性

　育児時間は，もともとは授乳時間等の確保と産後の女性労働者の身体への配慮の趣旨で認められたものである（厚生労働省労働基準局編『平成22年版労働基準法下』（労務行政，2011）749頁）．

　しかし，その使途に制限はなく，保育所送迎のための勤務時間の最初や最後での取得も可能であり，女性に限定する特段の理由はない．男性の育児への参加を促進するためにも，男性にも認めるよう労働基準法を改正する必要がある（西谷敏『労働法　第2版』（日本評論社，2013）350頁）．

5　生理日の休暇

1）生理日の休暇

　使用者は，生理日の就業が著しく困難な女性が休暇を請求したときは，その者を生理日に就業させることはできない（労基法68条）．「生理日の就業が著しく困難」であることの特別の証明は，原則として不要である（昭63・3・14基発150号）．

　労働基準法に休暇日数の制限はなく，その日数を制限することはできないが，使用者には，生理日の休暇における賃金支払義務はなく，有給とする休暇の日数を限定することは可能である（市毛景吉編著（市毛景吉）『労働法教材』57頁）．

2）不利益取扱いの禁止

　生理日の休暇の取得を理由とする不利益取扱いは，その取得を著しく抑制しない限り違法ではないと解されている（エヌ・ビー・シー工業事件・最3小判昭60・7・16民集39巻5号1023頁）．

第13章　安全衛生・労災補償

第1節　安全衛生

　労働者は，まさに体が資本であり，その労務提供を受けて，効率的な事業運営を行い，最大限の利益を得ようとする使用者にとっても，労働者の安全第一，健康第一こそが，まずもって課せられる重要課題である．

1　労働安全衛生法
1）労働安全衛生法の制定
　労働災害を防止し，職場における労働者の安全と健康を確保するとともに，快適な職場環境を促進するために，労働安全衛生法が制定されている．

　労働安全衛生法は，労働災害の防止を図るために，事業者に対して，安全衛生管理体制の確立を求めるとともに，遵守すべき安全衛生の基準を定めている．

2）労働安全衛生法の実効性確保
　労働安全衛生法の実効性を確保するために，その規定の違反に対しては，労働基準法違反と同様，罰則が予定されている（安衛法115条の2～123条）．

　また，労働基準監督官や産業安全・労働衛生専門官による行政監督制度が用意され，事業者等に対する作業の停止，建設物等の使用停止その他必要な事項を命じることができるものとされている（安衛法90～94条，98条）．

2　安全衛生管理体制の確立
　労働災害防止の責任体制を明確にし，事業場における安全衛生を日常的に保持するために，事業者に対して，安全衛生管理体制の確立を求めている．

1）安全管理者や衛生管理者等を選任する義務

（1）安全管理者や衛生管理者，総括安全衛生管理者を選任する義務

まず，事業者は，その事業場の規模に応じて，安全管理者や衛生管理者，安全衛生推進者を選任する義務があり（安衛法11〜12条の2），これらの者を指揮し，事業場における安全衛生業務全般を統括管理する者として，総括安全衛生管理者の選任が義務づけられている（安衛法10条）．

（2）作業主任者を選任する義務

労働災害を防止するための管理を必要とする31種類の作業については，一定の資格を有する作業主任者を選任し，労働者の指揮その他必要な事項を行わせるものとしている（安衛法14条，安衛令6条）．

（3）産業医を選任する義務

常時50人以上の労働者を使用する事業場の事業者は，産業医を選任しなければならない（安衛法13条）．産業医は，専門的見地から，労働者が健康で快適な労働環境の下で働けるように，助言，指導を行うことになる．

2）安全委員会や衛生委員会，安全衛生委員会を設置する義務

事業場における労働者の危険又は健康障害を防止するための基本となる対策に関すること等を調査審議し，事業者に意見を述べさせるものとして，その規模に応じて，安全委員会や衛生委員会，安全衛生委員会の設置を義務づけている（安衛法17〜19条）．

3 事業者が遵守すべき安全衛生に関する措置義務・規制

安全衛生に関して事業者が遵守すべき措置義務や規制の主なものとしては，労働者の危険又は健康障害防止の措置，機械等や危険物及び有害物の規制，労働者の就業に当たっての措置，健康の保持増進のための措置，快適な職場環境形成のための措置等が定められている．

1）労働者の危険又は健康障害防止の措置

（1）事業者の講ずべき措置等

安全衛生の確保のために，事業者には，機械等による危険や，掘削等の業務における作業方法から生ずる危険，原材料等による健康障害を防止するために必要な措置を講じる義務が課せられている（安衛法20〜25条の2）．

事業者が講じる措置の適切かつ有効な実施を図るため，厚生労働大臣は，必要な業種又は作業ごとの技術上の指針を公表するものとされている（安衛法28条）．

（2）労働者の必要な事項を守る義務

事業者が講じる措置に応じて，労働者にも，必要な事項を守る義務が課せられている（安衛法26条）．

2）機械等や危険物及び有害物の規制

（1）機械等に関する規制

ボイラー（動力源として高温，高圧の蒸気を発生させる装置）等，特に危険な作業を必要とする機械等については，その製造の許可や，製造時等の検査，使用等の制限等について，詳細な規制が定められている（安衛法37～54条の6）．

（2）危険物及び有害物に関する規制

黄りんマッチ等，重度の健康障害を生ずる危険物及び有害物については，その製造等の禁止等について，詳細な規制が定められている（安衛法55～57条の5）．

3）労働者の就業の際の措置，健康の保持増進の措置

（1）労働者の就業の際の措置

労働者の就業に当たって，事業者には，その雇入れ時，作業内容変更時等において安全衛生教育等を受けさせる義務や，中高年齢者等についての配慮義務が課せられている（安衛法59～62条）．

（2）労働者の健康の保持増進のための措置

労働者の健康の保持増進のための措置として，事業者には，作業環境測定や医師による健康診断，一定時間超の時間外労働等を行った労働者に対する医師による面接指導・措置（過労死防止），心理的負担の程度把握のための検査等（ストレスチェック），受動喫煙防止措置等を行う義務が課せられている（安衛法65～70条の3）．

健康保持確認の基本となる健康診断は1年以内ごとに1回，放射線業務等，有害な業務については6カ月以内ごとに1回行われなければならないとされている（安衛法66条）．

4）快適な職場環境形成のための措置

快適な職場環境形成のための措置として，事業者には，作業環境を快適な状態

に維持管理するための措置などを継続的かつ計画的に講ずることにより，快適な職場環境の形成に努める義務が課せられている（安衛法71条の2）．

第2節　労災補償

1　労働者災害補償保険法
1）労働者災害補償保険法の制定
　労働基準法は，労働者が仕事で負傷し，あるいは病気になったときには，使用者が治療費を負担し，療養のために働けず賃金が支払われないときは休業補償を行うこと，さらに，障害が残るときや，死亡した場合には，障害補償や遺族補償などを行うことを義務づけている．

　しかし，使用者に十分な資力がないときや，大きな事故の場合には，使用者だけで十分な補償が困難となることもある．そこで，労働災害に遭った労働者に対する補償を，迅速，確実かつ公正にするために，労働者災害補償保険法が制定されている．

2）強制適用と特別加入制度
（1）強制適用
　労働者災害補償保険法は，国家・地方公務員や船員保険の被保険者や労働者5人未満の個人経営の農林・水産・畜産事業等を除いて，常用，臨時，パート労働者など，その雇用形態に関係なく，一人でも労働者を使用するすべての事業所に適用され，そこで働く人は，すべて強制的に適用労働者とされている（労災法3条）．
（2）特別加入制度
　労働者ではない中小零細の事業主や自営業者，家族従事者等や，適用外の海外の事業場に国内の事業場から派遣された労働者等についても任意加入を認める，特別加入制度（労災法33～37条）が設けられている（特別加入制度について詳しくは，青野覚『労災保険法上の特別加入制度に関する諸問題の検討』（社会保険労務士総合研究機構，2011）を参照のこと）．

3）労働者災害補償保険の保険料とメリット制
（1）保険料
　保険料は，事業所の全労働者の賃金総額に，54種ある業種の危険度に応じた

1000分の2.5〜89までの保険料率を乗じて定められ，使用者が全額負担する（労働保険徴収法12条2項）．

（2）メリット制

災害防止と保険料負担の公平という視点から，保険料を災害率に応じて一定範囲で増減させる，メリット制が採用されている（古橋エツ子編著（廣瀬真理子）『初めての社会保障論』（法律文化社，2007）98頁）．

4）労働者災害補償保険法に基づく補償と労働基準法上の補償義務

労働者災害補償保険法に基づく補償が行われると，使用者は，原則として，労働基準法の定める補償義務を免れることになる（労基法84条1項）．

「通勤」途上での災害による傷病等（通勤災害）については，使用者に補償義務はないが，業務上の傷病等（業務災害）とほぼ同様の保険給付が行われる．

2　労災保険給付の種類と労災保険給付の請求
1）労災保険給付の種類

労災保険の給付は，業務災害を対象とするものと，通勤災害を対象とするものに大別される．業務災害を対象とする給付は，労働基準法上の補償義務を果たす意味合いがあるので，葬祭料を除いては，「補償」の文字が入るのに対して，通勤災害を対象とするものには，その文字が入らない（労災保険制度の保険給付については，古橋エツ子編著（廣瀬真理子）『初めての社会保障論』93頁以下）．たとえば，介護を要する場合の給付は，業務災害では介護補償給付，通勤災害では介護給付となる．

以下では，簡易に，業務災害と通勤災害とを併せて，介護（補償）給付といった形で記述する．

2）労災保険が給付される場合

労災保険は，被災労働者が，（1）療養の場合，（2）障害が残った場合，（3）死亡の場合，（4）介護を要する場合，（5）脳・心臓疾患に関し異常所見の場合，に応じて給付される．

（1）療養の場合

療養の場合には，①療養（補償）給付のほか，②休業（補償）給付，③傷病（補償）年金が支給される．

① 療養（補償）給付

療養（補償）給付は，原則的には，現物支給として，無料で診察，薬剤支給，治療等を行うものである．例外的に，それが困難な場合等には，療養費用が支給される（労災法13条，22条）．

通勤災害における療養給付については，業務災害とは異なり，受益者である労働者に費用の一部を負担させるのが公平であるという理由で，労働者災害補償保険法31条２項により，労働者が支払いを要する200円以内の一部負担金が定められている．

② 休業（補償）給付

休業（補償）給付は，病院で傷病の治療を受けるために仕事を休み，そのために給料が支給されなかった場合に，休業１日について休業給付基礎日額（平均賃金相当額）の60％が支給される．ただし，休業当初の３日間は労災保険からは支給されず（労災法14条，22条の２），会社が負担する（労基法76条）．

③ 傷病（補償）年金

傷病（補償）年金は，療養開始後１年６カ月経過しても治癒しない場合に，その程度が一定の傷病等級に該当する場合に，その等級に応じて，休業（補償）給付に代えて，年金が支給されるものである（労災法12条の８・３項，18条，23条）．

（２）障害が残った場合

傷病は治癒したが，何らかの障害が残った場合には，その程度に応じて１級から14級までの障害等級に当てはめ，軽度の８〜14級については障害（補償）一時金，重度の１〜７級については障害（補償）年金が支給される．障害の等級は，労働基準監督署長が決定する（労災法15条，22条の３）．たとえば，小指の爪から先を切断した場合は14級で，平均賃金の56日分の障害（補償）一時金が支給される．

（３）死亡の場合

被災者が死亡した場合には，① 遺族（補償）年金ないしは遺族（補償）一時金と，② 葬祭料ないし葬祭給付が支給される．

① 遺族（補償）年金，遺族（補償）一時金

遺族（補償）年金は，一定の要件を満たす遺族のうちの最先順位者に支給されるものであり，遺族（補償）一時金は，遺族（補償）年金の受給資格者が不在のときなどに，一定の要件を満たす者に支給されるものである（労災法16条，22条の４）．

② 葬祭料，葬祭給付

葬祭を行う者には，業務災害では葬祭料，通勤災害では葬祭給付が支給される

（労災法17条，22条の5）．

（4）介護を要する場合

業務災害ないしは通勤災害により重度の障害を負い，そのために介護を受けているときには，介護（補償）給付が支給される（労災法19条の2，24条）．

（5）脳・心臓疾患に関し異常所見の場合

事業主が実施する労働安全衛生法に基づく定期健康診断において，血圧，血中脂質等一定の項目について，異常所見がある労働者については，その請求に基づいて，無料の二次健康診断が行われる（労災法26条）．

3）労災保険給付の請求と決定

（1）労災保険給付の請求

労災保険給付の請求は，遺族補償は遺族が，それ以外は，被災した労働者が本人の名義で，災害発生年月日，災害発生状況，雇用の事実及び治療経過についての事業主及び医師の証明を付した請求書を，所轄の労働基準監督署に提出する形で行われる（拙著『実務における労働法の基本問題』（松山労働条件相談センター・社団法人全国労働基準関係団体連合会愛媛県支部，2003）44頁）．

（2）事業主の証明義務

事業主には，労災保険給付の請求に必要とされる証明をする義務があり（労災法施行規則23条2項），事業主がこの証明をしない場合には，労働基準監督署が職権により調査をすることになる．

（3）「労働者死傷病報告」の提出義務

事業主は，業務上の災害による休業（欠勤）が4日以上になる場合には，労働基準監督署に「労働者死傷病報告」の提出が必要とされており，提出を怠ると，「労災隠し」とみなされ50万円以下の罰金に処せられることがある（安衛法100条及び120条5号，安衛則97条）．

（4）労災保険給付を受ける権利の消滅時効

労災保険の各種の給付を受ける権利には消滅時効があり，療養（補償）給付や休業（補償）給付，葬祭料，葬祭給付，介護（補償）給付，二次健康診断等給付を受ける権利は2年，障害（補償）給付や遺族（補償）給付を受ける権利は5年の経過により，時効により消滅する（労災法42条）．

第6章第4節で述べたように，消滅時効に関する2020年4月1日施行の民法改正があり，労災保険給付を受ける権利の消滅時効についても，その影響を受ける

可能性がある.

（5）労災保険給付の決定

業務災害や通勤災害に該当するか否かについては，労働基準監督署長が判断し労災保険給付の決定を行い，この決定により，遺族や被災労働者が具体的な給付請求権を取得する（本沢巳代子・新田秀樹編著（小西啓文）『トピック社会保障法〔2015第9版〕』（不磨書房，2015）84頁）.

3　業務災害の認定

業務災害と称される業務上の傷病等は，業務上の災害と業務上の疾病に大別される. いかなる災害が「業務上」の災害ないし疾病となるかの判断基準については，労働基準法や労働者災害補償保険法には規定がなく，具体的事例について出された行政解釈により形成されてきている（下井隆史『労働法〔第4版〕』（有斐閣，2009）450頁）.

1）業務上の災害
（1）業務起因性

業務上の災害については，災害が事業主の支配下にあることに伴う危険が現実化したと経験則上認められること，いわゆる「業務起因性」が認定のポイントとなり，事業主の支配下で起こったこと，すなわち「業務遂行性」が，業務起因性の第1次的な判断基準となる（浜村彰・唐津博・青野覚・奥田香子（青野覚）『ベーシック労働法〔第6版補訂版〕』（有斐閣，2016）174頁）.

（2）業務遂行性の有無の判断

業務遂行性は，①事業主の支配下で，かつその管理下にあり，業務に従事している場合の他，②休憩中のように，事業主の支配下で，かつその管理下にあるが，業務に従事していない場合や，③出張のように，事業主の支配下で，その管理下にはないが，業務に従事している場合，にも認められる.

なお，社内運動会や社員旅行は会社の本来の業務ではなく，その際の災害は労働災害にはならないが，社内運動会については，「同一事業場又は同一企業に所属する労働者全員の出場を意図して行われ」，かつ運動会「当日は，勤務を要する日とされ，出場しない場合には欠勤したものと取り扱われる」場合には，運動競技に起因する災害が業務上と認められることがある（平12・5・18基発366号）.

また，社員旅行については，「職務の一環として幹事役で参加する労働者は業

務上のものと認められるが，その他の労働者には，参加について使用者の特命が
あるなど特別の事情がない限り業務上のものとは認められない」とされている（昭
22・12・19基発516号）．

（3）「自殺」による死亡の業務起因性判断

「自殺」による死亡については，業務による強いストレスがあり，業務以外の
原因がなく，精神障害を発症した者が自殺した場合には，原則として業務起因性
を認め，労働者災害補償保険法が保険給付の不支給事由とする「故意」による災
害（労災法12条の2の2・1項）には該当しないとされている（平11・9・14基発544号，
平11・9・14基発545号）．

2）業務上の疾病
（1）業務上の疾病の認定

業務上の疾病については，疾病と業務との間に相当な因果関係があるかが認定
のポイントとなる．

労働基準法は，業務と因果関係があると考えられている疾病の典型例を列挙し，
それらの業務起因性を推定するとともに，列挙されない疾病についても，「その
他業務に起因することの明らかな疾病」という概括条項を設けることで対応して
いる（労基法75条2項，労基則35条・別表第1の2）．

（2）「過労死」の認定基準

「その他業務に起因することの明らかな疾病」に該当するか否かで問題となる，
いわゆる「過労死」は，過重な業務を原因として，典型的には，脳・心臓疾患に
より死亡するものである．

その認定については，行政解釈により順次新たな基準が示されてきており，業
務起因性判断のポイントとなる「業務上の過重負荷」の有無についての詳細な基
準等が明らかにされている（平13・12・12基発1063号）．

4　通勤災害の認定

通勤災害の認定については，労働者災害補償保険法に詳細な規定がある．

1）通勤災害の意義
（1）通勤災害の意義

通勤災害とは，「労働者の通勤による負傷，疾病，傷害又は死亡」である（労

災法7条1項2号）．「通勤による」とは，通勤に通常伴う危険が具体化したことを意味する．

（2）通勤の意義

「通勤」とは，「就業に関し」，① 住居と就業の場所との間の往復，② 複数の事業場で働く者の事業場間の移動，③ 単身赴任者による赴任先住居と自宅との間の移動を，「合理的な経路及び方法により行うこと」である．業務の性質を持つものは業務災害となることから除外される（労災法7条2項1〜3号）．

2）通勤途上での「中断」や「逸脱」

「就業に関し」とは，就業に関連して通勤が行われることであるから，通勤途上で通勤と無関係な行為をする「中断」や，通勤途中で通勤と関係のない目的で合理的な経路を外れる「逸脱」があれば，それ以降は「就業に関し」とはみられなくなる（労災法7条3項本文）．

ただし，たとえば日用品の購入，理容・美容院での整髪，選挙権の行使，病院等での診察・治療，公共職業能力開発施設での職業訓練等，① 日常生活上必要な行為であって，② やむを得ない理由で最小限度の範囲で行う場合には，その中断，逸脱の部分を除き，通勤に復帰した時点から再び通勤と認められる（労災法7条3項但書）．なお，通勤途上における，経路近くの公衆トイレの利用や駅構内でのジュースの立ち飲み等の些細な行為は，中断，逸脱にもならないと解される（拙著『実務における労働法の基本問題』46頁）．

5　労災民事訴訟

1）労災民事訴訟の意義

労働者が労働災害に遭った場合，被災労働者ないしは遺族は，労働者災害補償保険法により，労災補償を請求することができる．労働者災害補償保険法に基づく保険給付を超える損害や慰謝料については，さらに，使用者に対して，民事訴訟を提起して，損害賠償の請求をすることも可能とされている．

労災民事訴訟により損害賠償が認められる場合には，労災補償との調整の問題も発生する（労災法64条．詳しくは，西村健一郎『労災補償』（独立行政法人日本労働政策研究・研修機構，2007）126頁以下）．

2）使用者に対する損害賠償請求の法的構成

労働災害に関して，使用者に対する損害賠償請求の根拠となるのは，使用者側の不法行為責任（民法709条，715条）と，労働契約上の安全配慮義務違反による債務不履行責任（民法415条）である．

（1）不法行為責任

不法行為責任の追及には，民法709条により使用者自身の故意又は過失に基づくものと，民法715条の使用者責任に基づくもの等がある．従来は，不法行為責任の形態で追及する事例が多く見られた．

（2）安全配慮義務違反による債務不履行責任（民法415条）

不法行為では，請求権の消滅時効期間が 3 年（民法724条）のところ，債務不履行責任では10年（民法167条 1 項）と長く，また，使用者の安全配慮義務の存在を肯定する最高裁判決が相次いで出されたこともあり，現在では，安全配慮義務違反による債務不履行責任を追及するものが主流となっている（菅野和夫『労働法〔第11版補正版〕』（弘文堂，2017）631頁）．

① 最高裁判決の示した安全配慮義務

最高裁は，まず陸上自衛隊八戸車両整備工場事件判決（最 3 小判昭50・2・25民集29巻 2 号143頁）において，国家公務員である自衛隊員に対する国の安全配慮義務を認めた（陸上自衛隊八戸車両整備工場事件については，内藤恵「安全配慮義務——陸上自衛隊八戸車両整備工場事件」『労働判例百選［第 9 版］』（有斐閣，2016）98～99頁）．

さらに，民間企業に関する川義事件判決（最 1 小判昭59・4・10民集38巻 6 号557頁）において，同様の判断を示し，安全配慮義務を，「労働者が労務提供のため設置する場所，設備もしくは器具等を使用し又は使用者の指示のもとに労務を提供する過程において，労働者の生命及び身体を危険から保護するよう配慮すべき義務」と定義している．

② 労働契約法 5 条

最高裁判決が示した安全配慮義務を，労働契約法は，「使用者は，労働契約に伴い，労働者がその生命，身体等の安全を確保しつつ労働することができるよう，必要な配慮をするものとする．」と明文化し（労契法 5 条），労働契約に特約がない場合においても，労働契約上の付随義務として当然に，使用者は，安全配慮義務を負うことを明らかにしている．

使用者の安全配慮義務を免除する特約は，当然のことながら，無効と解すべきことになる（岩出誠・中村博・大濱正裕『労働契約法って何？』（労務行政研究所，2008）47頁）．

第14章　労働契約の終了

第1節　解雇以外の労働契約の終了事由

1　労働契約の終了の意義と労働契約の終了事由
1）労働契約の終了の意義

大方の人は，労働者として雇われて働くことにより得られる賃金で生活をすることになる．仕事に生きがいを見出す人も多い．そこで，労働者が雇われて働くことを止めるときに関する問題は，使用者からすれば単なる労働力の喪失であるが，労働者にとっては非常に重要なものとなる．

2）労働契約の終了事由

労働契約の終了事由としては，使用者の一方的な意思表示による労働契約の解約を意味する解雇と，解雇以外のものに大別される．

3）解雇以外の労働契約の終了事由

解雇以外の労働契約の終了事由としては，辞職，合意解約，期間の定めのある労働契約における期間の満了，定年制，当事者の消滅，約定の終了事由の発生等がある．

辞職や合意解約のように労働者の意思表示に基づく場合には，民法の一般原則に従い，心裡留保や錯誤，詐欺，強迫（民法93条，95〜96条）を理由として，その効力が取消し得るものとされたり，無効となったりすることがある．

2　辞職と合意解約
1）辞職
（1）辞職の意義

辞職は，労働者の一方的意思表示による労働契約の解約である．合意解約とは

異なり，使用者の承諾は不要であり，その意思表示が使用者に到達することにより労働契約が終了することが確定する．その終了時期は，民法により，意思表示の時から2週間経過した時とされる（民法627条1項）．期間の定めがあるときでも，労働者にやむを得ない事情がある場合には，辞職することができる（民法628条）．

（2）退職勧奨

使用者が，労働契約の解消を意図して，労働者に対して退職勧奨を行うことがある．退職勧奨には様々な態様のものが想定され，その法的性質は，態様により，① 辞職の誘引，② 合意解約の申込の誘引，③ 合意解約の申込，と解釈することができる．

辞職の誘引と解釈される，労働者の辞職を促す行為であっても，それが社会通念上認められる手段，態様を逸脱して行われる場合には，辞職の効力が否定されることや，勧奨行為が不法行為とされ損害賠償責任が発生することがある（下関商業高校事件判決・最1小判昭55・7・10労働判例345号20頁．同事件について詳しくは，小俣勝治「退職勧奨──下関商業高校事件」『労働判例百選［第七版］』（有斐閣，2002）164～165頁）．

2）合意解約

（1）合意解約の意義

合意解約は，労働者と使用者との合意による労働契約の解約である．「依願退職」は，これに該当する．労働者の使用者に対する退職願の提出が，合意解約の申込みと解され，これに対して使用者が退職願を受理し承諾することにより労働契約が終了する．

（2）合意解約の申込と撤回

労働者の退職願に対し使用者が承諾することにより労働契約終了の効果が発生すると，労働者は撤回が不可能となるので，いかなる段階で使用者の承諾があったと判断されるかが重要なポイントになる．退職願を受理し承認する権限を有すると判断される人事部長による退職願の受理は，即時に使用者の承諾の意思表示が行われ，撤回できないものとなると解されるのが一般的である（大隅鉄工事件・最3小判62・9・18労働判例817号46頁）．

3　期間の定めのある労働契約における期間の満了

1）期間の満了による終了と期間満了前の解雇

（1）期間の満了による終了

期間の定めのある労働契約は，その期間の満了により終了する．

（2）期間満了前の解雇

労働契約法は，期間の定めのある労働契約において，使用者は，やむを得ない事由がある場合でなければ，期間の満了前に労働者を解雇することができないと定めた（労契法17条1項）．これは当然の事理であり，民法にもその旨の規定（民法628条）があるが，特に使用者の解雇を「やむを得ない事由」がある場合に限定し，その事由存在の立証責任を使用者に負わせる意図で規定されたものと解される（菅野和夫『労働法〔第11版補正版〕』（弘文堂，2017）333頁）．

2）期間の定めのある労働契約の黙示の更新と法定更新法理

（1）黙示の更新

期間満了の後，労働者が引き続きその労務に服する場合に，使用者がこれを知りながら異議を述べないときには，それまでの契約と同一の条件で更に契約をしたものと推定され，その後は，期間の定めなき契約と同様に扱われる（民法629条）．これは「黙示の更新」と呼ばれる．

（2）法定更新法理

第9章第2節の4で述べたように，最高裁の東芝柳町工場事件判決（最1小判昭49・7・22民集28巻5号927頁）と，日立メディコ事件判決（最1小判昭61・12・4日判例時報1221号134頁）の2つの最高裁判決が示した基準をそれぞれ活用し，反復更新により雇止めが解雇と社会通念上同視できる場合や，期間満了時の更新の期待に合理的理由がある場合には，労働契約法19条により，使用者は，客観的に合理的で社会通念上相当であると認められる理由なくして，労働者からの更新の申込みや，期間満了後の有期労働契約の締結の申込みを拒絶することはできず，当該申込みを承諾したものとみなされるものとされている．

労働者から申込みがあれば，法定更新が認められるということになり，更新前と同じ内容の有期労働契約が発生し，労働契約は終了しない．

3）期間の定めのない労働契約への転換

第9章第2節の3で述べたように，労働契約法18条で，有期労働契約が5年を

超えて反復更新された場合には，有期契約労働者の申込みにより，期間の定めのない労働契約（無期労働契約）に転換させる仕組みが設けられている．

4　定　年　制

1）定年制の意義と種類

（1）定年制の意義

定年制は，労働者が一定の年齢に達したときに，労働契約が終了する制度を意味する．労働契約は，労務提供義務をその主たる内容とする契約であることからするならば，労働者の労働能力や適格性の有無にかかわりなく一律に一定年齢で強制的に退職させることの合理性には疑問の余地無しとすることは困難である．

しかし，日本における定年制は，年齢差別というよりも，むしろ年齢という公平な基準に基づく制度として永きにわたり社会一般に受け入れられてきており，定年までの雇用保障という意義や企業組織の新陳代謝の必要性も認められることから，現状では，定年制の合理性を否定することはできないと解される．

（2）定年制の種類

法的には，一定の年齢に到達したときに自動的に労働契約が終了する「定年退職制」と，一定の年齢に到達したことを解雇事由とする「定年解雇制」に大別される．大方の制度は前者であろうと思われるが，後者については，解雇に関する法的規制に服することになる．

2）高年齢者雇用安定法による規制

（1）60歳定年制

高年齢者雇用安定法は，事業主が定年制を設ける場合には，その年齢を60歳以上とすることを義務づけている（高齢安法8条）．

60歳未満の定年を定める就業規則の規定は無効となる．その場合，労働基準法13条（強行法規の補充的効力）を類推適用して60歳定年制となるとする有力な見解がある（西谷敏『労働法　第2版』（日本評論社，2013）392頁）．しかし，適法な労働条件管理を怠っている使用者を救済することになるような解釈をする必要はなく，定年制が存在しないことになると解すべきである．

（2）65歳までの雇用確保措置

高年齢者雇用安定法は，年金の支給開始年齢となる65歳までの収入の道を確保するために，①定年年齢の引上げ，②継続雇用制度の導入，③定年制の廃止，

のいずれかにより，65歳までの雇用確保をすることを事業主に義務付けている（高齢安法9条1項1～3号）．

大方の事業主が選択する継続雇用制度においては，原則として，希望者全員をその対象とすることが義務づけられており，心身の故障のため業務に耐えられないことや勤務状況が著しく不良で従業員としての職責を果たしえないことなど，就業規則に定める解雇・退職事由（年齢に係るものを除く）に該当する場合以外は，継続雇用をしなければならない（「高年齢者雇用確保措置の実施及び運用に関する指針」平24厚労告560号）．継続雇用は，当該事業主と特殊な関連を有する「特殊関係事業主」（当該事業主の経営を実質的に支配することが可能となる関係にある事業主その他の当該事業主と特殊の関係のある事業主として厚生労働省令で定める事業主）によるものでも良いとされている（高齢安法9条2項）．また，継続雇用後の雇用形態は，有期契約や短時間勤務，隔日勤務といったものでも良いと解されている．

雇用確保措置義務を果たさない事業主に対し，厚生労働大臣は，助言・指導を行うことができ，従わない場合には勧告を行うことができる．勧告にも従わない事業主については，その旨を公表することができるものとされている（高齢安法10条1～3項）．

なお，定年後の再雇用については，特段の事由がない限り再雇用する慣行の存在が認められるところでは，定年退職者に再雇用契約の締結を求める権利が生じていると判断されることもある（大栄交通事件・最2小判昭51・3・8労働判例245号24頁）．

5　当事者の消滅と約定の終了事由の発生

1）当事者の消滅

労働契約の当事者が消滅すれば，原則として，労働契約も当然に終了する．労働者はその死亡により，使用者は，当該企業の消滅により，労働契約は終了する．

個人企業の使用者の死亡の場合，労働契約上の地位の一身専属性を強調して，相続の対象とはならず労働契約は終了するという立場（菅野和夫『労働法〔第11版補正版〕』713頁）もあるが，相続人等により企業が存続する限り，労働者に特段の不利益はなく，労働契約は当然には終了しないと解すべきである．

法人企業が解散する場合には，清算の終了時点で法人格が消滅し，労働契約が終了することになる．

2）約定の終了事由の発生

約定の終了事由がある労働契約は，その事由の発生により終了することになる．

但し，法律や公序（民法90条）に違反する終了事由を約定しても無効である．たとえば，婚姻や妊娠を終了事由と定めるもの等が，その典型である．これに対し，会計事務所が事務職員を採用する際に，終了事由として，税理士等の国家資格の取得を定めておくものが，合理的なものとなりうると解される．

第2節　解　　　雇

1　解雇の意義
1）解雇の意義と種類
（1）解雇の意義

解雇とは，使用者の一方的な意思表示による労働契約の解約である．

（2）解雇の種類

解雇は，労働者による服務規律違反行為に対する懲戒として行われる懲戒解雇と，それ以外の普通解雇（通常解雇）とに大別することができる．

業績悪化に伴う生産縮小や合理化等のための余剰人員の解雇は，とくに整理解雇と呼ばれている．また，予告のない解雇は即時解雇と呼ばれている．

2）使用者の解雇権と解雇の制限
（1）使用者の解雇権

民法627条1項により，使用者は，労働契約の解約の自由が基本的に認められていることから，一定の制約には服するものの，使用者には解雇権があることが一般に承認されている．

（2）解雇の制限

解雇は，生活の基盤を賃金に依存する労働者にとって重大な影響を及ぼすことから，労働基準法等の法律等が，解雇を禁止，制限する様々な規定を設けて，労働者を保護している．労働基準法等に基づいて作成される就業規則や労働協約も，解雇を制限する機能を果たしている．

判例も，使用者による解雇権の行使に対して権利濫用法理（民法1条3項）を適用する解雇権濫用法理を確立し，とくに整理解雇の有効性に関しては，4つの事項を重視する判断を行い，解雇を制限してきている．解雇権濫用法理は，労働契

約法16条に明文化されている.

2　労働基準法等による解雇の制限
1）労働基準法による解雇の禁止
（1）国籍等による差別的解雇の禁止

　労働基準法は,「労働者の国籍, 信条又は社会的身分を理由として, ……労働条件について, 差別的取扱いをしてはならない」と規定する（労基法3条. 均等待遇）. この「労働条件」には「解雇に関する条件」も含まれると解されており, 労働者の① 国籍, ② 信条又は③ 社会的身分を理由とする差別的解雇の効力は認められない.

（2）業務災害・産前産後休業の場合の解雇の禁止

　就業活動が困難な場合の労働者を保護し, 解雇の虞を危惧することなく安心して, 療養, 休業できるように, 業務災害や産前産後休業の場合における解雇は禁止されている. すなわち, ① 労働者が業務上の負傷又は疾病による療養のために休業する期間及びその後30日間と, ② 産前産後の女性が労働基準法65条の産前休業や産後休業の期間及びその後30日間, における解雇は禁止されている（労基法19条1項）.

　この解雇禁止期間は,「労働者の責に帰すべき事由」がある場合でも解雇することはできない. 但し,「天災事変その他やむを得ない事由のために事業の継続が不可能となった場合」に, 不可能となった事由につき労働基準監督署長の認定を受けた場合や, 業務上の負傷又は疾病について, 使用者が, 労働基準法81条の打切補償を支払った場合に限って, 解雇することができるものとされている（労基法19条1項但書, 2項）.

（3）企画業務型裁量労働制に対する同意拒否を理由とする解雇の禁止

　企画業務型裁量労働制の適用の要件とされる同意を拒否したことを理由とする解雇は禁止されている（労基法38条の4・1項6号）.

（4）労働基準監督機関に対する申告を理由とする解雇の禁止

　労働基準法104条1項が保障する労働者の労働基準監督機関に対する申告権の実効性を確保するために, その申告権の行使を理由とする解雇は禁止されている（労基法104条2項）.

2）労働基準法による解雇手続（解雇の予告）

手続的制約に過ぎないものではあるが，使用者が解雇する場合には，民法が求める2週間を大きく上回る30日前の予告を義務付けて，再就職活動を強いられる労働者の保護を図っている．

（1）30日前の予告又は30日分の予告手当の支払

解雇する場合には，少なくとも30日前の予告，又は30日分以上の平均賃金（解雇予告手当）の支払が必要とされている（労基法20条1項本文）．予告の日数は，支払う平均賃金の日数分だけ短縮することができる（労基法20条2項）．この30日は労働日ではなく暦日である．予告は，解雇の日を特定して行われなければならず，不確定期限を付した予告や条件付きの予告は認められない．

使用者が行った解雇予告の意思表示の取消や変更は，労働者の自由意思による同意がなければ認められない（厚生労働省労働基準局編『平成22年版労働基準法上』（労務行政，2011）296頁）．

（2）予告の除外認定

「天災事変その他やむを得ない事由のために事業の継続が不可能となった場合」や，「労働者の責に帰すべき事由」により解雇する場合には，その事由について労働基準監督署長の認定を受ければ，即時解雇することができるとされている（労基法20条1項但書）．懲戒解雇の場合には，即時解雇とする使用者が一般的であるが，懲戒解雇が認められる場合には常に即時解雇が妥当するものと解されるものではない．除外認定に関する解釈例規では，かなり厳しい認定基準を示しており，「労働者の責に帰すべき事由」としては，① 原則として極めて軽微なものを除き，事業場における盗取，横領，傷害等刑法犯に該当する行為のあった場合や，② 他の事業場へ転職した場合，③ 原則として2週間以上正当な理由なく無断欠勤し，出勤の督促に応じない場合等が，その例とされている（昭23・11・11基発1637号，昭31・3・1基発111号）．

（3）予告の適用除外

次に示すような臨時的性格を有する労働者については，解雇の予告をする必要はないとされている（労基法21条）．

① 1カ月を超えて引き続き使用されるに至った場合を除き「日日雇い入れられる者」

② 所定の期間を超えて引き続き使用されるに至った場合を除き「2カ月以内

の期間を定めて使用される者」

③　所定の期間を超えて引き続き使用されるに至った場合を除き「季節的業務に4カ月以内の期間を定めて使用される者」

④　14日を超えて引き続き使用されるに至った場合を除き「試の使用期間中の者」

（4）予告や予告手当の支払を欠く解雇の効力

予告や予告手当の支払を欠く解雇の効力については，最高裁の細谷服装事件判決（最2小判昭35・3・11民集14巻3号403頁）が，使用者が即時解雇に固執する趣旨でない限り，30日の期間の経過ないしは予告手当の支払のときから解雇の効力を生じるとしている（「相対的無効説」）。

しかし，解雇予告の規定は労働者保護のためのものであるから，この規定をいかに利用するかは，他に特別の弊害が生じない限り，労働者の選択に任すべきものであり，労働者が，①解雇無効の主張と，②予告手当の請求，のいずれかを選択できると解すべきである（「選択権説」．セキレイ事件・東京地判平4・1・21労働判例605号91頁）。

3）労働基準法以外の法律による解雇の禁止

労働基準法以外でも，多くの法律がそれぞれの法の趣旨から，様々な理由による解雇を禁止し，違反する解雇の無効を導いている。

（1）男女雇用機会均等法による解雇の禁止

男女雇用機会均等法は，性別や婚姻・妊娠・出産等を理由とする解雇を禁止する（雇用均等法6条，9条）とともに，同法上の紛争解決援助や調停の申請を理由とする解雇を禁止している（均等法17条2項，18条2項）。

（2）育児介護休業法による解雇の禁止

育児介護休業法は，育児・介護休業の申出や育児・介護休業の取得を理由とする解雇を禁止する（育介法10条，16条）とともに，同法上の紛争解決援助や調停の申請を理由とする解雇を禁止している（育介法52条の4・2項，52条の6）。

（3）労働者派遣法による解雇の禁止

労働者派遣法49条の3・1項が保障する労働者の厚生労働大臣に対する申告権の実効性を確保するために，その申告権の行使を理由とする解雇は禁止されている（派遣法49条の3・2項）。

218　第Ⅱ部　個別的労使関係法

（4）雇用保険法による解雇の禁止

雇用保険法は，労働者が，雇用保険の被保険者になったことや被保険者でなくなったことの確認の請求をしたことを理由とする解雇を禁止している（雇保法73条）.

（5）パートタイム労働法による解雇の禁止

パートタイム労働法は，同法上の紛争解決援助や調停の申請を理由とする解雇を禁止している（パート労働法21条2項，22条2項）.

（6）個別労働紛争解決促進法による解雇の禁止

個別労働紛争解決促進法は，同法上の助言・指導やあっせんの申請を理由とする解雇を禁止している（個労法4条3項，5条2項）.

（7）労働安全衛生法による解雇の禁止

労働安全衛生法97条1項が保障する労働者の労働基準監督機関に対する申告権の実効性を確保するために，その申告権の行使を理由とする解雇は禁止されている（労安法97条2項）.

（8）賃金確保法による解雇の禁止

賃金確保法14条1項が保障する労働者の労働基準監督機関に対する申告権の実効性を確保するために，その申告権の行使を理由とする解雇は禁止されている（賃確法14条2項）.

（9）労働組合法による解雇の禁止

労働組合法は，労働組合の組合員たることや，正当な組合活動に従事したこと等を理由とする解雇を不当労働行為として禁止している（労組法7条）.

（10）公益通報者保護法による解雇の禁止

公益通報者保護法は，同法上の公益通報をしたことを理由とする解雇を禁止している（公益通報者保護法3条）.

（11）裁判員法による解雇の禁止

裁判員法は，裁判員の職務を行うための休暇取得等を理由とする解雇を禁止している（裁判員法100条）.

（12）障害者雇用促進法による解雇の禁止

障害者雇用促進法は，同法上の紛争解決援助や調停の申請を理由とする解雇を禁止している（障雇促法74条の6・2項，74条の7・2項）.

3 労働協約や就業規則による解雇の制限

1）労働協約による解雇の制限

（1）労働協約による解雇事由の制限

労働協約上の解雇事由を限定する定めは，労働組合法16条にいう「労働者の待遇に関する基準」を定めた部分，すなわち「規範的部分」として，規範的効力を有すると解されるので，その事由に該当しない解雇は無効となる．

（2）労働協約による解雇手続

労働協約に，組合員の解雇には労働組合との協議ないしは労働組合の同意を要するとする条項（解雇協議・同意条項）がある場合には，この条項に違反する解雇は，原則として無効と解される．

但し，解雇協議，同意条項がある場合でも，使用者が，当該組合員を解雇し得る客観的に合理的な理由を示して求めたにもかかわらず，労働組合が正当な理由なく同意を拒絶し，協議に応じない態度を続ける場合には，協議権や同意権を濫用，ないし放棄したものとして，使用者は，労働組合の同意や協議を経ずに解雇することができると解される．

2）就業規則による解雇の制限

解雇事由は，就業規則の必要記載事項であり（労基法89条3号），いかなる事実がある場合に解雇されるかを明確に規定する必要がある（厚生労働省労働基準局編『平成22年版労働基準法下』（労働行政，2011）898頁）．就業規則に規定された解雇事由は限定列挙と解され，原則として，列挙されていない事由により解雇することは認められない．

4 解雇権濫用法理

1）解雇権濫用法理

（1）解雇権濫用法理の意義

使用者による解雇権の行使が労働者とその家族の生存に及ぼす重大な影響を直視して，判例は，使用者の解雇権の行使に権利濫用法理（民法1条3項）を適用して，労働者の雇用の安定を図ってきた．

解雇権濫用法理を確立したとされる最高裁の日本食塩製造事件判決（最2小判昭50・4・25民集29巻4号456頁）は，「使用者の解雇権の行使も，それが客観的に合理的な理由を欠き社会通念上相当として是認することができない場合には，権

利の濫用として無効となる」と判示した.

（2）権利濫用評価の効力

民法1条3項は,「権利の濫用は,これを許さない.」という規定であるが,これは,権利の行使が権利というものを認めた見地からして濫用と評価される場合には,権利行使により当然発生するはずの効果を認めない,ということを意味する.解雇権濫用法理では,解雇権の行使が濫用と評価された場合には,解雇権の行使により生じるはずの労働契約の終了という効果が発生せず,労働者は従業員たる地位を維持するということになる.

2）労働契約法による解雇権濫用法理の明文化

（1）労働契約法16条

労働契約法は,判例により確立された解雇権濫用法理を明文化し,使用者の解雇権の行使に対して,権利濫用法理による制限を付しており,「使用者の解雇権の行使も,それが客観的に合理的な理由を欠き,社会通念上相当として是認することができない場合には,権利の濫用として無効になる」としている（労契法16条）.

（2）解雇権濫用法理の機能

解雇権濫用法理は,解雇に「客観的に合理的な理由」を求めるものであり,外国でみられる解雇制限法と同じ機能を果たすことになる.日本においては,実質的に,使用者の解雇の自由は著しく制限されているということができる.

3）解雇の「客観的に合理的な理由」

解雇が有効か無効かは,解雇権の行使が濫用と評価されないために必要とされる「客観的に合理的な理由」の存在いかんにかかってくる.どのような理由が必要かは,労働契約法によっても明らかにされてはいないが,これまでの裁判例等を参考にすると,次のようなものが考えられる.

（1）労働者の労働能力の喪失や適格性の欠如

労働契約上の労働者の中心的義務が労務提供にあることから,労働契約で予定された労務提供に支障をきたす程度の労働能力の喪失や適格性の欠如がある場合には,解雇が認められる.

（2）労働者の規律違反の行為

企業という組織は,秩序正しく効率的に運営される必要があり,職務怠慢や業務命令違反,業務妨害等,労働契約の継続を困難とする程度の重大な規律違反の

行為があり，組織の一員としてふさわしい労務提供を期待できない場合には，解雇が認められる．

（3） 経営上の必要性に基づく場合

業績悪化に伴い，倒産を回避するために，企業が生産縮小や合理化等，経営上の必要性に基づいて，余剰人員を解雇する場合であり，一般的には，「整理解雇」と呼ばれ，5 で詳述するように，一定の厳しい要件の下に，限定的に認められている．

（4） ユニオン・ショップ協定に基づく解雇

ユニオン・ショップ協定を締結している労働組合の組合員については，組合員資格を維持することが雇用継続の条件となり，組合から脱退ないし除名された場合には，使用者は，当該組合員を解雇する義務を負うことになることから（拙著『労使関係法』（晃洋書房，2015）52頁），組合からの脱退ないし除名は，「客観的に合理的な理由」となり，解雇が認められることになる（解雇権濫用法理のリーディング・ケースとされる最高裁の日本食塩製造事件は，ユニオン・ショップ協定に基づく解雇の効力をめぐる事件であった）．

5　整理解雇と変更解約告知

1） 整理解雇

（1） 整理解雇の有効性判断

整理解雇については，労働者に責任がなく，経営の失敗等，もっぱら使用者側の事情によりもたらされる解雇であることから，判例は，整理解雇の有効性判断にあたっては，次の4つの事項を重視し，いずれも欠くべからざる有効性の要件であると判断するものもある．

（2） 整理解雇の4要件

① 人員削減の必要性

経営判断が非常に困難であることからして，「倒産必至」といえる程の経済的必要性を求めることは無理であるが，客観的に「高度の経営危機」にあり，人員削減がやむをえない状況にあることを要すると解すべきである．人員削減の必要性を疑わしめる客観的行為がみられる場合には，否定的に判断されることになる．その典型例が，整理解雇の前後に新規採用をする等の行為である．

なお，人員削減の必要性を判断する組織単位も問題となる．最高裁の日立メディコ事件判決（最1小判昭61・12・4判例時報1221号134頁）は，「独立採算制」をとる

工場の業績悪化を理由とする臨時工の雇止めを有効としているが，経営が危機にあるか否かは組織全体で判断すべきものであり，妥当ではない．

② 解雇回避努力

責任のない労働者を解雇の憂き目に遭わせることは可能な限り回避すべきであることから，労働契約に基づく労働者に対する使用者の配慮義務の一部として，希望退職募集，配置転換，出向，一時帰休等，解雇に代わり得る可能な限りの措置を行うことが求められる．

最高裁のあさひ保育園事件判決（最1小判昭58・10・27労働判例427号63頁）は，任意退職の募集等を試みずいきなり行われた整理解雇を無効としている．

③ 被解雇者選定基準（整理解雇基準）の合理性

客観的に合理的な被解雇者選定基準が定められ，その基準が公正に適用され，被解雇者が選定される必要がある．主観的で，不明確な基準や，差別的な基準は認められず，また，その恣意的な適用も許されない．

経営再建の視点からすると，賃金の安い有能な若手の労働者を残すのが合理的ではあるが，賃金の高い中高年の労働者は再就職の困難が予想され，整理解雇されると，非常に苛酷な状況になる可能性が高い．いかなる事案にも妥当する客観的に合理的な基準の定立は困難であるが，勤務成績に基づく基準は一般的に合理的と解される．

④ 労働者側に対する説明・協議義務

労働者側に責任がないことから，信義則（労契法3条4項）の要請がより強く働き，使用者には，労働協約や就業規則等に整理解雇についての説明・協議条項等がなくても，労働組合や労働者側に，整理解雇の必要性，時期，規模，被解雇者選定基準等について，丁寧な説明や誠実な協議を十分に行う義務があると解される．

2）変更解約告知

（1）変更解約告知の意義

変更解約告知（Änderungskündigung）は，ドイツ法に由来する概念であり，新たな労働条件による再雇用（新たな契約）の申出を伴う解雇を意味している．一般的には，使用者が，労働条件を低下させる意図で行うものである．

日本の法律には直接根拠となる条文はないが，「変更解約告知」という言葉を用いたスカンジナビア航空事件判決（東京地決平7・4・13労働判例675号13頁）によ

り注目されるところとなった．同判決は，① 労働条件の変更が会社業務の運営に不可欠である，② 労働条件変更の必要性が変更により労働者が被る不利益を上回っていて，新たな契約に応じない労働者の解雇を正当化するものと認められる，③ 解雇を回避する努力が十分に尽くされている，という３つの条件を満たす場合には，新たな契約に応じない労働者を解雇することができるとした．

（2）ドイツ法における変更解約告知と日本での存在意義

ドイツ法では，使用者による変更解約告知が行われた場合には，労働者は，労働条件の変更が社会的に不当でない限りという留保を付して受け入れ，労働契約は変更後の労働条件で継続するものとされる．労働裁判所が，労働者の訴えを受けて，労働条件の変更が社会的に不当であると判断すると，従来の労働条件に戻り，変更中の賃金の差額が給付されることになる．労働者が訴えを提起せず，あるいは提起しても敗訴した場合には，変更後の労働条件が継続することになる（マンフレート・レーヴッシュ著・西谷敏・中島正雄・米津孝司・村中孝史訳『現代ドイツ労働法』（法律文化社，1995）459頁）．

ドイツのような労働条件変更の有効性を判断する仕組みが整備されている国と異なり，強制的な決着を図る手段として民事訴訟しか用意されていない日本において変更解約告知を認めることは，経済的に優位にある使用者の立場をさらに高め，解雇の脅威による労働条件の不利益変更の強引な実現を可能とするシステムを制度化してしまう結果となる．日本においては，変更解約告知に相当する事案については，これまでの判例で形成されている整理解雇に関する法理で厳格に判断すべきである（大阪労働センター第一病院事件・大阪高判平11・9・1労働判例862号94頁）．

6 解雇と賃金，不法行為，解雇の金銭解決制度

1）解雇と賃金，不法行為

（1）解雇と賃金

無効の解雇により就労できなかった労働者は，使用者の「責に帰すべき事由」による就労不能ということになるので，その期間中の賃金請求権を有する（民法536条2項前段）．

当該期間中に労働者が他の職について得た収入については，使用者に償還すべきものとなるが（民法536条2項後段），最高裁のあけぼのタクシー事件判決（最1小判昭62・4・2判例時報1244号126頁）は，労働基準法26条（休業手当）により平均

賃金の6割は対象外とされ，平均賃金の4割及び平均賃金の算定の際に算入されない賃金（労基法12条4項）については償還対象となり，使用者は，償還対象となる部分については直接控除して支払うことができる，と判断している（あけぼのタクシー事件について詳しくは，櫻庭涼子「解雇期間中の賃金と中間収入——あけぼのタクシー事件」『労働判例百選［第9版］』（有斐閣，2016）156〜157頁）．

（2）解雇と不法行為

無効とされる解雇を不法行為として，損害賠償を請求する事件も出てきている．故意・過失，権利侵害，損害の発生，解雇と損害との因果関係という不法行為の成立要件が満たされれば，事案に応じた適当な期間の得べかりし賃金相当額を逸失利益として，損害賠償の請求が認められると解される（菅野和夫『労働法〔第11版補正版〕』758頁）．

2）解雇の金銭解決制度

解雇の金銭解決制度とは，裁判により解雇が無効と認められたときに，一定の金銭の支払いにより労働契約を終了させようとするものである．

2000年代初頭より，導入の可否や制度設計について議論がなされ，近年，具体化に向けての議論も進んできているが，とくに労働者側からの反対意見が強く，また，解決金の額や判決の在り方など課題も少なくない．

第3節　労働契約の終了に伴う措置

労働基準法は，労働契約の終了に伴う措置として，退職時等の証明，金品の返還および帰郷旅費の支給について，定めをおいている．

1　退職時等の証明等

労働者の就職活動を容易にするとともに，解雇や退職をめぐる紛争を予防する趣旨で（平11・1・29基発45号），退職時等の証明等が定められている．

1）退職時の証明書の交付
（1）証明書への記載事項

労働者が，退職時に，① 使用期間，② 業務の種類，③ その事業における地位，④ 賃金，⑤ 退職の事由（退職の事由が解雇の場合にあっては，その理由を含む）につ

いて証明書（モデル様式がある）を請求した場合には，使用者は，遅滞なくこれを交付しなければならない（労基法22条1項）．

　⑤の退職の「事由」として記載すべきものは，辞職（自己都合退職），勧奨退職，解雇，定年退職等，労働者がその地位を喪失した理由である．解雇の場合には，その理由も「事由」に含まれることから，労働者が，解雇の有効性を争う際に，使用者に解雇の理由を明示させる法的根拠となり，使用者は，具体的に示す必要があると解される．たとえば，就業規則の一定の条項に該当するとして解雇した場合には，当該条項の内容及び当該条項に該当するとされる事実関係を証明書に記入する必要がある（平11・1・29基発45号）．

　使用者側が安易に事実と異なる解雇理由を示し，後の労使紛争処理手続において真実が明らかになり，それが使用者側に非常にマイナスに影響することも少なくないことに留意する必要がある．

（2）他事記載の禁止

　労働者の就職活動を容易にすることに主眼があり，この証明書や次に述べる解雇予告時の証明書には，労働者の請求しない事項を記入してはならないとされている（他事記載の禁止．労基法22条3項）．たとえば，労働者が懲戒解雇された場合でも，その旨を記載するよう労働者が請求しない場合には，記載することができない．解雇された労働者が解雇の事実のみについて証明書を請求した場合には，解雇の理由を証明書に記載することはできない（平11・1・29基発45号）．

2）解雇予告時の証明書の交付
（1）解雇予告時の証明書の交付義務

　解雇予告を受けて退職の日までに，労働者が，解雇理由の証明書を請求した場合には，使用者は，遅滞なく交付しなければならない（労基法22条2項）．

（2）解雇理由の確認の意義

　解雇の効力を争う労働者にとっては，使用者の主張する解雇理由こそが戦う標的であり，その確認は，後の労使紛争処理手続において決定的に重要な意義を持ち，早期の明示を受けて，効果的な準備作業をすることができる．そこで，退職日を待つことなく，早期に解雇理由を明示させることにより，解雇をめぐる紛争の迅速な解決を実現させようとするものである（厚生労働省労働基準局編『平成22年版労働基準法上』330頁）．

3）ブラック・リストの禁止

（1）ブラック・リストの禁止の意義

使用者は，「予め第三者と謀り」，労働者の就業を妨げることを目的として，労働者の，① 国籍，② 信条，③ 社会的身分もしくは ④ 労働組合運動に関する「通信」をし，又は，退職時や解雇予告時の証明書に「秘密の記号」を記入してはならないとされている（労基法22条4項）．

これは，いわゆる「ブラック・リスト」を作り，組合活動家等，特定の労働者の就職を計画的に妨害することを禁止するものである．

（2）禁止の対象となる事項

禁止されるのは上記4つの事項に関するものに限定され，これらと関係なく作られたもの，たとえば，金融機関が横領等で懲戒解雇した従業員の名前を相互に通報しあう行為は禁止されない．また，「予め第三者と謀り」という要件（事前の通謀）があるので，上記4つの事項に関するものでも，事前の申し合わせに基づくことなく，個々具体的な問い合わせに回答することは禁止されていないと解されている．

2　金品の返還と帰郷旅費の支給

1）金品の返還

（1）金品の返還の意義

労働者に対する金品返還の遅延による不当な足留めの防止と，退職労働者や死亡労働者の遺族の経済的生活への配慮から，労使の金品等に関する関係を早期に清算させるために，労働者の死亡又は退職の場合に，労働者や労働者死亡の場合の相続人等（権利者）の請求があったときには，使用者は，7日以内に賃金を支払い，積立金，保証金，貯蓄金その他名称の如何を問わず，労働者の権利に属する金品を返還しなければならないとされている（労基法23条1項）．

賃金又は金品に関して争いがある場合には，使用者は，異議のない部分を7日以内に支払う必要がある（労基法23条2項）．

（2）退職金の支払時期

退職金も，労働協約，就業規則，労働契約等によって予め支給条件の明確なものは賃金であり，原則として，その対象になると解される．しかし，毎月支払われる賃金と性質が全く同一であるとまでは言えず，就業規則等にその支払時期が規定されている場合には，その支払時期に支払えばよいとされている（昭和63・3・

第14章 労働契約の終了 *227*

14基発150号).

2）帰郷旅費の支給

満18歳に満たない者については，解雇の日から14日以内に就業前の住居地や保護を受ける父母等親族の住居地に移動する（帰郷する）場合には，使用者は，必要な旅費を負担しなければならないとされている．但し，当該労働者の責めに帰すべき事由により解雇され，使用者がその事由につき労働基準監督署長の認定を受けた場合には，支払う必要はない（労基法64条，年少則10条）.

第4節　雇用保険制度による失業等給付

1　雇用保険制度による失業等給付の意義
1）雇用保険制度の意義

労働者が，失業や，育児，介護などによる雇用継続の困難に遭遇した場合などに，給付を行うことなどにより，労働者の生活の安定や，雇用の安定を図る仕組みが，雇用保険法の定める雇用保険制度である．

雇用保険制度においては，付帯事業として雇用安定と能力開発の2事業も行われているが，その基本部分といえるのが，失業者への求職者給付をはじめとする失業等給付である．

2）失業等給付の意義

労働契約が終了し，失業した場合には，雇用保険法の定める失業等給付等を受けながら，新たな仕事に就くまで生活を維持することになる．

2　被保険者の範囲と種類
1）被保険者の範囲と種類

雇用保険は，農林業，畜産，養蚕又は水産業の従業員5人未満の個人事業に関しては任意適用とされ，また，対象外とされる労働者もあるが，1週間の所定労働時間が20時間以上で，31日以上引き続き雇用されることが見込まれる労働者を1人でも雇用する事業においては，事業主や労働者の意向に関わりなく，必ず加入する必要がある（雇保法5条1項，6条，同附則2条1項）.

228　第Ⅱ部　個別的労使関係法

2）被保険者の種類

被保険者は，次の ①〜④ の 4 種類に分類される（雇保法37条の 2・1 項，38条 1 項，42〜43条）．

① 　一般被保険者（②〜④以外の被保険者）
② 　高年齢被保険者（65歳以上の被保険者）
③ 　短期雇用特例被保険者（季節的に雇用される者等）
④ 　日雇労働被保険者（日々雇用される者，30日以内の期間を定めて雇用される者）

3　失業等給付

失業等給付には，失業した場合の「求職者給付」，再就職の促進を目的とする「就職促進給付」，再就職に役立つ「教育訓練給付」，雇用継続を図る「雇用継続給付」の 4 種類がある．

1）求職者給付
（1）求職者給付の意義

求職者給付とは，失業した場合に，求職活動をする間の生活保障として支給されるものである．求職者給付としては，被保険者の種類に応じて様々なものが用意されている．

（2）一般被保険者に対する基本手当の給付日数

一般に，「失業手当」としてイメージされている，一般被保険者に対する「基本手当」は，離職日以前 2 年間に，被保険者期間が通算して12カ月以上あること（特定受給資格者や特定理由離職者は 1 年間に 6 カ月以上）が基本要件とされ，失業者の，① 年齢，② 算定基礎期間，③ 就職困難者であるか否か，④ 特定受給資格者または特定理由離職者であるか否かに応じて，90日から360日の給付日数が定められている．特定受給資格者とは，事業主の倒産などにより離職を余儀なくされた者であり，また特定理由離職者とは，有期労働契約が更新されなかったなど止むを得ない理由で離職した者を意味する．

（3）一般被保険者に対する基本手当日額

基本手当日額と呼ばれる 1 日当たりの支給額は，原則として離職日直前の 6 カ月の毎月の賃金（賞与等を除く）から算出した賃金日額から，そのおよそ50〜80％で算出される．

離職の日における年齢による上限額の定めがあり，29歳以下が6750円，30歳以上45歳未満が7495円，45歳以上60歳未満が8250円，60歳以上64歳以下が7083円となっている．下限額は，年齢に関係なく，1984円となっている（2018年8月1日現在）．

2）就職促進給付
（1）就職促進給付の意義
就職促進給付とは，再就職の促進を目的として支給されるものである．
（2）就職促進給付の種類
就職促進給付の基本となるのが，早期に再就職をした場合に支給される「就職促進手当」であり，① 安定した職業に就いた場合の再就職手当，② 臨時・短期的な職業に就いた場合の就業手当，③ 就職困難者が安定した職業に就いた場合の常用就職支度手当，④再就職後の賃金が離職前の賃金より低い場合の就業促進定着手当がある．

そのほか，「移転費」，「広域就職活動費」，「短期訓練受講費」，「求職活動関係役務利用費」も用意されている．

3）教育訓練給付
（1）教育訓練給付の意義
教育訓練給付とは，再就職に役立つ一定の教育訓練を受講し，修了した場合に，受講費用の一部を支給するものである．
（2）教育訓練給付金
教育訓練給付としては，一定の要件を満たす一般被保険者（在職者）又は一般被保険者であった者（離職者）が，厚生労働大臣の指定する教育訓練を受講し，修了した場合に，10万円を上限として，受講費用の20％が，一般教育訓練給付金として支給される．

より専門的・実践的教育訓練を受けたときは，年間40万円を上限として，受講費用の50％が，専門実践教育訓練給付金として支給される（被保険者となったときには，20％の追加支給がある）．

2022年3月31日までの時限措置として，45歳未満の若年離職者が受講する場合には，教育訓練支援給付金として，求職者給付の基本手当日額の80％が支給される．

4）雇用継続給付

（1）雇用継続給付の意義

雇用継続給付とは，雇用継続が困難となった場合に，被保険者の賃金の低下を補てんして，雇用継続を図るための給付である．

（2）雇用継続給付の種類

雇用継続給付としては，雇用継続が困難となる理由に応じて，① 高年齢雇用継続給付（高年齢雇用継続基本給付金と高年齢再就職給付金），② 育児休業給付（育児休業給付金），③ 介護休業給付（介護休業給付金），が用意されている．

4 失業した場合に雇用保険制度による求職者給付を受給するまでの手続

1）受給資格の決定

（1）離職票の受領とハローワークへの提出

会社から離職票の交付を受け，ハローワーク（公共職業安定所）へ行き，「求職の申込み」を行った後，離職票を提出する．

（2）受給資格の決定

ハローワークでは，受給要件の確認，離職理由の判定を行い，受給資格の決定をする．離職者には，手続の概要をわかりやすく説明した「雇用保険受給資格者のしおり」が交付され，また，雇用保険受給者初回説明会の日時が指定される．

（3）雇用保険受給者初回説明会

離職者は，指定の日時に雇用保険受給者初回説明会に出席し，受給に関する重要な事項について説明を受け，「雇用保険受給資格者証」と「失業認定申告書」の交付を受ける．また，第1回目の「失業認定日」の告知を受ける．

2）失業の認定と基本手当の受給

（1）失業の認定

原則として4週間に1度，指定の「失業認定日」にハローワークに赴き，それまでの期間にした求職活動や就労等について報告をし，失業，すなわち，就職の意思とその能力があり積極的に求職活動を行っている状態にあること，の認定を受ける．

病気やけが，出産等のため，すぐには就職できないときには，失業の認定を受けることはできない．

（2）基本手当の受給

　失業の認定の日から1週間程度で，離職者の指定の金融機関の口座に，基本手当が振り込まれる．以後，4週間ごとに，失業の認定と受給を，給付日数の限度まで，繰り返すことになる．

3）待機期間と給付制限，受給期間
（1）待機期間

　基本手当は，離職後，ハローワーク（公共職業安定所）へ行き，「求職の申込み」を行い，離職票を提出した日から7日間は，「待機期間」として支給されない（雇保法21条）．

（2）給付制限

　正当な理由なく本人の都合で退職したときや，本人の責任による重大な理由により解雇されたときには，3カ月の「給付制限」がある（雇保法33条1項）．

（3）受給期間

　原則として離職の日から1年間を経過すると，給付日数が残っていても，受給できない（雇保法20条）．

第Ⅲ部　労使紛争処理制度

第15章　個別的労使紛争処理制度

第1節　総　　論

1　日本の労使紛争の現状と個別的労使紛争処理制度の展開

　労使紛争が発生した場合，本来的には，企業内で自主的に解決すべきものである．企業内で自主的に解決することが困難な場合には，企業外の第三者（機関）を活用しても，速やかに解決することが必要となる．

　日本では，そのピーク時の1949（昭和24）年においては55.8％にも達していたが，2017年6月末現在の推定で17.1％となっている「労働組合の組織率の低下」（厚生労働省政策統括官付参事官付雇用・賃金福祉統計室2017年12月25日発表「平成29年労働組合基礎調査の概況」3頁）や，「安定的労使関係の定着」などにより，集団的労使紛争は長期的に減少している．

　これに対して，個別的労使紛争は，新たな賃金・処遇制度の導入や非正規労働者の増大などにみられる「人事・雇用管理制度の変革」や，権利意識の高まりや私生活を重視する傾向，長期勤続志向の低下といった「労働者の意識の変化」などにより，多発する傾向がある（日本における労使紛争の現状とその要因について詳しくは，拙著『日本における労使紛争処理制度の現状』（晃洋書房，2008）4頁）．

　このような傾向に対応して，近年，個別的労使紛争を処理する機関が整備されてきた．

2　企業内の労使紛争処理制度

　日本の企業においては，団体交渉のほかに，団体交渉に類似する交渉形式又は労使間の話し合いの方式として，「労使協議制」や「苦情処理制度」が制度化されることがある．そのような制度が労使紛争を自主的に処理する機能を有している．また，法律により設置が促される企業内の紛争処理制度もある．

1）労使協議制と苦情処理制度

（1）労使協議制

労使協議制とは，労使間の合意に基づいて設置される集団的な協議の場を意味している．労働組合のあるところでは，労働協約で定められることが通常である．日本では，労働組合の有無にかかわりなく，労使間の重要なコミュニケーションチャンネルになってきているが（水町勇一郎『労働法〔第7版〕』（有斐閣，2018）368～369頁），団体交渉を形骸化させる手段として活用する企業も少なくない．労使協議制の対象とされている事項であっても，それが団体交渉の対象と解されるものについて，使用者が，正当事由なくして協議・交渉を拒否することは，単なる労働協約違反に留まらず，不当労働行為に該当することもある（松下電器事件・大阪地労委命令昭和37年12月19日命令集26・27号303頁）．

労使協議制の典型的なものについては，集団的な労使関係事項に関して，事前協議の方法による紛争予防的機能を大いに有していると言える．しかし，個々の組合員や労働者と使用者との紛争にも十分に対応しているという評価は得られていない．

（2）苦情処理制度

苦情処理制度は，典型的には，労働協約や就業規則の解釈・適用に関する当事者の紛争や，それに付随する個々の労働者の不平・不満を処理するために設けられる制度であり，事後的紛争解決機能を有するものである．労働組合のあるところでは，通常，労働協約で定められる（橋詰洋三『実務労働法II』（労働調査会，2005）61頁）．

苦情処理制度を設けているところも少なくはないが，実際のところは，ほとんど利用されず，機能していないというのが共通した見方である（片岡昇『自立と連帯の労働法入門』（法律文化社，1997）260頁等）．

2）法律により設置が促される企業内の紛争処理制度

企業の雇用管理に関する労働者の苦情や労使間の紛争は，本来，労使間で自主的に，迅速に解決することが望ましい．そこで，自主的な紛争解決を促進するために，雇用機会均等法やパートタイム労働法，育児介護休業法，労働者派遣法が，企業内の紛争処理制度として，苦情処理機関や相談への対応を定めている．

（1）雇用機会均等法に基づく苦情処理機関

第10章第4節で述べるように，雇用機会均等法は，同法の定める一定の事項に

について，労働者から苦情の申出を受けたときは，苦情処理機関，すなわち事業主を代表する者及び当該事業場の労働者を代表する者を構成員とする当該事業場の労働者の苦情を処理するための機関に対し，当該苦情の処理をゆだねる等その自主的な解決を図るように努めなければならないとされ，苦情処理機関の設置が努力義務とされている（均等法15条）．

このような企業内の苦情処理機関と，都道府県労働局長による紛争解決援助制度（均等法17条）や紛争調整委員会（機会均等調停会議）による調停（均等法18条）などは，それぞれ独立の制度であり，また，苦情を訴える労働者が，企業内の機関では公正妥当な処理を期待できないと判断される場合も多いと考えられることから，企業内の苦情処理機関がある場合においても，そこでの処理を経ることなく，直接，企業外の制度を利用することも可能である（拙著『日本における労使紛争処理制度の現状』13頁）．

（2）パートタイム労働法に基づく短時間雇用管理者による相談と苦情処理機関

①　短時間雇用管理者による相談

第9章第3節で述べるように，パートタイム労働法は，常時10人以上の短時間労働者を雇用する事業所ごとに，短時間雇用管理者を選任し，労働条件等に関する短時間労働者からの相談に応じるように努めるものとされている（パート労働法16〜17条及び同法施行規則6条及び平成19年10月1日厚生労働省告示6号）．

②　パートタイム労働法に基づく苦情処理機関

また，同法の定める一定の事項について，短時間労働者から苦情の申出を受けたときは，苦情処理機関，すなわち事業主を代表する者及び当該事業所の労働者を代表する者を構成員とする当該事業所の労働者の苦情を処理するための機関に対し，当該苦情の処理をゆだねる等その自主的な解決を図るように努めなければならないとされ，苦情処理機関の設置が努力義務とされている（パート労働法22条）．

雇用機会均等法に基づくものと同様，パート労働法に基づく企業内の苦情処理機関がある場合においても，そこでの処理を経ることなく，直接，企業外の制度を利用することも可能である．

（3）育児介護休業法に基づく苦情処理機関

第11章第1節で述べるように，育児介護休業法は，同法の定める一定の事項について，労働者から苦情の申出を受けたときは，苦情処理機関，すなわち事業主を代表する者及び当該事業所の労働者を代表する者を構成員とする当該事業所の労働者の苦情を処理するための機関に対し，当該苦情の処理をゆだねる等その自

主的な解決を図るように努めなければならないとされ，苦情処理機関の設置が努力義務とされている（育介法52条の2）．

雇用機会均等法に基づくものと同様，育児介護休業法に基づく企業内の苦情処理機関がある場合においても，そこでの処理を経ることなく，直接，企業外の制度を利用することも可能である．

（4）労働者派遣法に基づく苦情処理

第9章第4節で述べるように，労働者派遣法も，派遣労働者からの苦情に関して，労働者派遣契約の当事者である派遣元事業主と派遣先事業主に対して一定の措置を講じることを求めている．

まず，派遣契約の当事者は，派遣契約の締結に際して，派遣労働者から苦情を受けた場合の処理に関する事項を定めなければならないとされている（派遣法26条1項7号）．そして，それぞれ派遣元責任者，派遣先責任者を選任して，派遣労働者から苦情を受けた場合の処理にあたらせるとともに（派遣法36条3号及び41条3号），派遣労働者から苦情を受けた場合の処理に関する事項を，派遣元管理台帳と派遣先管理台帳の記載事項としている（派遣法37条1項10号及び42条1項7号）．

また，とくに，労働の現場において派遣労働者に指揮命令を行う派遣先事業主に対しては，「派遣労働者から当該派遣就業に関し，苦情の申出を受けたときは，当該苦情の内容を当該派遣元事業主に通知するとともに，当該派遣元事業主との密接な連携の下に，誠意をもって，遅滞なく，当該苦情の適切かつ迅速な処理を図らなければならない」義務が課せられている（派遣法40条1項）．

（5）障害者雇用促進法に基づく苦情処理

事業主に対し，一定の雇用率以上の障害者を雇用する義務を課すとともに，障害を理由とする差別的取扱いの禁止と，障害者に対する均等な機会・待遇の確保のための合理的な配慮義務などを定めている障害者雇用促進法は，障害者である労働者から，差別的取扱いの禁止や合理的な配慮義務に関する苦情の申出を受けたときは，苦情処理機関，すなわち事業主を代表する者及び当該事業所の労働者を代表する者を構成員とする当該事業所の労働者の苦情を処理するための機関に対し，当該苦情の処理を委ねる等その自主的な解決を図るように努めなければならないとされ，苦情処理機関の設置が努力義務とされている（障害者雇用促進法74条の4）．

雇用機会均等法に基づくものと同様，障害者雇用促進法に基づく企業内の苦情処理機関がある場合においても，そこでの処理を経ることなく，直接，企業外の

制度を利用することも可能である．

第2節　裁判所における労使紛争処理

1　裁判所における労使紛争処理

1）裁判所

　企業外において労使紛争を処理するものとしてまず想起されるのが司法機関の「裁判所」である．裁判所は，刑事，民事および行政事件に関して，公権的な法律判断を下し，紛争を最終的に解決する権限を有する国家機関である（憲法76条）．最高裁判所と，高等裁判所・地方裁判所・家庭裁判所・簡易裁判所などの下級裁判所がある（裁判所法1条及び2条）．

2）訴訟

　司法機関である裁判所が，紛争や利害の衝突に関して，対立する利害関係人を当事者として相対峙させて，法律的かつ強制的に解決するための手続きを，訴訟という．訴訟は，その対象とする事件の性質によって，刑事事件について事案の真相を明らかにし刑罰法令を適正かつ迅速に適用実現するための刑事訴訟，行政法規の正当な適用を確保するための行政訴訟，私人間の権利義務関係に関する紛争の解決を目的とする民事訴訟等に区別することができる．

3）労働関係民事訴訟の意義

　労使紛争に関して，最終的解決を強制的に導いてくれる唯一の制度であり，労使紛争処理制度の要となるのは，民事訴訟である．労働関係の民事訴訟（ごく少数の集団的労使紛争も含まれるが，その大部分は個別的労使紛争である．山川隆一「労働紛争解決システムの新展開と紛争解決のあり方」季刊労働法205号（2004）7頁）は，民事訴訟全体からみると，わずかな部分を占めるに過ぎないが，労働審判制度が始まるまでは，全国レベルでは増大傾向にあった．

　労働審判制度の運用開始後，労働審判で処理される事件数増加のあおりを受け，一時的に減少傾向になったが，労働審判手続を経ても解決しない事件は民事訴訟に持ち込まれるシステムになっていることから，多発傾向は維持している．

　処理件数の多寡はともかく，労使紛争処理制度の要として，迅速かつ公正な判断を示すことにより，労働関係をめぐる法的紛争に決着を付けるという，労働関

係民事訴訟の重要な使命に変わりはない.

4) 地方裁判所における労働審判制度の創設

地方裁判所では,労働審判法（平成16年法律第45号）により,個別労働関係の民事紛争を迅速に解決するためのものとして創設された労働審判制度が,2006年4月にその運用を開始し,2009年までは大幅な増加傾向を示した.2010年に至り,やや落ち着きを見せているが,多発する傾向は維持している.

5) 簡易裁判所における労使紛争処理

労使紛争に関しては,下級裁判所の最下位に位置する簡易裁判所が,訴額140万円以下の民事訴訟の第1審や,請求の目的物の価額が60万円以下の金銭の支払を目的とする少額訴訟及び民事調停や督促手続を扱っている.

個別的労使紛争は比較的少額の事件が多いことからすると,非常に多くの労使紛争が簡易裁判所において処理されていると推定できる.しかし,簡易裁判所に持ち込まれる労使紛争について,全国レベルの統計資料はない.簡易裁判所での労使紛争処理の実態が明らかにされないと,日本の労使紛争処理の実態を正確に把握することは困難である.

6) 社会保険労務士による補佐人制度

社会保険労務士は,「事業における労務管理その他の労働に関する事項及び労働社会保険諸法令に基づく社会保険に関する事項」について,裁判所の民事訴訟や行政訴訟の手続において,訴訟代理人の弁護士と同行するときには,裁判所の許可を得ることなく補佐人として出頭し陳述することが認められており（社労士法2条の2）,専門的知見を要する労働関係訴訟手続の円滑な進行に貢献できるようになっている.

2 労働関係民事訴訟

1) 労働関係民事訴訟

日本では,ドイツの労働裁判所のように労働事件を特別に扱う裁判所や訴訟制度はなく,手続の運用に多少の独自性がみられることもあるが,労使紛争も,通常の民事訴訟と同様の手続で処理される.民事訴訟を規律する基本法は,民事訴訟法である.

2）民事訴訟の仕組み

（1）民事訴訟の提起

　民事訴訟は，紛争の解決を求める者である「原告」が，「訴状」を管轄裁判所に提出することにより開始される（民訴法133条1項）．訴状には，紛争の当事者である原告と，相手方である「被告」，請求の趣旨，および請求の原因などが記載される（民訴法133条2項）．「請求の趣旨」とは，原告が訴訟で求める内容であり，「請求の原因」とは，請求の趣旨を正当化するために必要な法的根拠を具体的事実によって記載したものである．

　民事訴訟の流れと民事法廷については，**図15-1**を参照のこと．

（2）口頭弁論

　訴状を受理した裁判所は，訴状の記載事項の審査を行なった上で，口頭弁論期日を指定して（民訴法93条，民訴規60条），訴状の副本，答弁書の提出を求める催告書，期日呼出状を被告に送達する（民訴法138条）．民事訴訟における手続きは，口頭の陳述により訴訟の審理をするという口頭弁論で行なわれるのが原則である（民訴法87条1項本文）．「口頭弁論期日」とは，裁判所が審理を行う期日である．

　口頭弁論において，当事者双方の主張が示され，それにより争われるポイントである争点が明らかとなり，その争点について証拠調べが実施される．民事訴訟では，主張する事実の立証責任は，当事者にあるのが原則である．当事者は，自己が主張した事実を裏付ける証拠を提出して，その主張を証明することに努める．裁判所は，証拠調べの結果得られた証拠と弁論の全趣旨に基づいて，自由な判断で事実を認定する（「自由心証主義」，民訴法247条）．

（3）判決

　裁判所は，判決を下すのに十分な心証を得ると，口頭弁論を終結し，判決内容を確定する．判決内容は判決書と呼ばれる書面に作成される．判決書には，判決の結論を示す主文と，事実，理由，当事者及び法定代理人，裁判所が記載される（民訴法253条）．判決は言い渡されることによってその効力を生じる（民訴法250条）．

　当事者は，判決に不服がある場合には，上級の裁判所に上訴して，さらに審理を求めることができる．第一審が簡易裁判所の場合には，地方裁判所に控訴が，その地方裁判所の控訴審判決に対しては，高等裁判所に上告ができる．地方裁判所が第一審の場合には，高等裁判所に控訴が，その高等裁判所の控訴審判決に対しては，最高裁判所に上告ができる．第一審ないし控訴審の判決に対して上訴が提起されない場合，および上告審で判決が言い渡された場合には，当該当事者の

242　第Ⅲ部　労使紛争処理制度

図15-1　民事訴訟の流れと民事法廷

民事訴訟の流れ

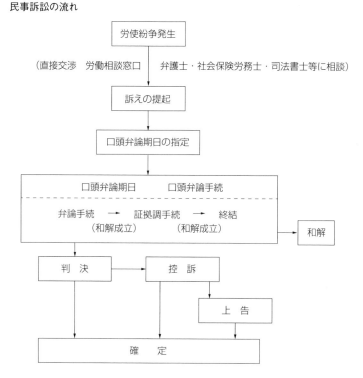

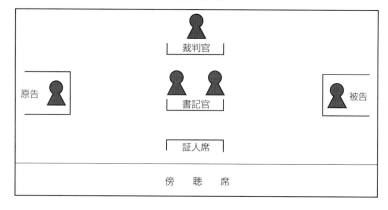

紛争についての判決は確定する.

（4）仮処分手続

以上で述べた，権利・義務の存否を最終的に決定する裁判（本案訴訟）のほかに，労使紛争に関しては，迅速な処理を期待して（通常は2～3カ月で仮処分が決定する. ミドルネット『ひとりでも闘える労働組合読本［三訂増補版］』（緑風出版，2007）136頁），民事保全法に基づく「仮処分」命令申立手続も多く利用され，本案訴訟の提起と同時に，あるいはそれに先立って，その申立てが行われてきている（八代徹也「仮処分事件の役割とその命令について」労働判例776号（2000）86頁. 保全訴訟については，菅野和夫『労働法〔第11版補正版〕』（弘文堂，2017）1115～1119頁）.

典型的にみられるのは，不当に解雇されたとして労働者が解雇の無効を主張して，従業員たる地位の保全と賃金の仮払いを求めるものである（解雇事件と仮処分について詳しくは，森井利和「解雇救済と仮処分」『労働法の争点［第3版］』（有斐閣，2004）286頁）.

2006年4月1日から個別的労使紛争処理に特化した迅速処理を旨とする労働審判制度が運用を開始したことにより，労使紛争処理の面における仮処分手続の重要性が相対的に低下していることは否定できない（菅野和夫『労働法〔第11版補正版〕』1116頁）.

3）労働関係民事訴訟の状況

（1）労働関係民事訴訟の状況

労働関係の民事訴訟は，近年は，通常訴訟事件は増加から横ばいの傾向，仮処分事件はやや減少の傾向にあった. しかし，2006年は，2006年4月1日から運用を開始して9カ月で877件の新受件数を集めた労働審判制度の影響を受けて，大きく減少し，地方裁判所の労働関係民事事件の通常訴訟の新受件数は2035件，仮処分事件は470件となっており，2005年から両者で減少した539件のほとんどが労働審判制度に向かったものと推定される.

その後，労働審判手続の新受件数の大幅な増加を受けて，その手続を経ても解決しない事件が持ち込まれる影響もあり増加傾向となり，2009年以降は3千件台で推移しており，2017年の民事通常訴訟の新受件数は，3526件となっている（最高裁判所事務総局行政局「平成29年度労働関係民事・行政事件の概況」法曹時報70巻8号（2018）54頁. なお，仮処分事件については，新受件数が449件であった2013年を最後に公表されなくなった）.

（2）労働関係民事通常訴訟の処理状況

　2017年の労働関係民事通常訴訟の既済件数は3339件で，終局事由別でみると，例年通り「和解」で終了した事件が過半数を大きく超え，63.1％を占めている．「判決」で終了した事件は25.6％であり，そのうち請求を認容する（一部認容を含む）判決は60.4％と，低い水準にある（最高裁判所事務総局行政局「平成29年度労働関係民事・行政事件の概況」47頁）．原告が訴訟に踏み切る本来の目的である「原告勝訴判決」に至るのは，既済事件全体の15.5％に過ぎない．

　2017年の既済事件の平均審理期間は14.7カ月となっており，2013年以降やや長期化している．係属後1年以内に終了した事件は49.3％，1年を超え2年以内に終了した事件は37.3％となっている．

　労使紛争処理制度としての労働関係民事通常訴訟の特徴としては，① 費用負担，とくに弁護士費用の負担が高い（行政型ADRでは無料，弁護士代理も必須ではない），② 平均審理期間が14.7カ月と長い（民事事件全体では8.6カ月），③ 和解する割合が63.1％と高い（同35.8％），④ 原告勝訴判決の割合が60.4％と低い（同80.0％）（最高裁判所事務総局民事局「平成28年度民事事件の概況」法曹時報69巻11号（2017）348及び350頁），⑤ 判決に至った事件の上訴率が50％程度と高い（同20％程度．房村精一「労働委員会と裁判所手続きの相違と判断」月刊労委労協2015年4月号17頁）といったことを指摘することができる．

　労働関係に関する民事紛争は，事実認定や規範的要件該当性の判断が困難なものが多く，また，民事訴訟手続も仕組みが複雑である．そのため弁護士を代理人とすると，弁護士費用が多くかかり，また期日調整の必要な人間が増えることにより，審理期間も，より多くかかることになる．事件によっては費用倒れになることもある．和解の割合が高いが，原告勝訴判決の割合も低い．判決に至れば上訴率も高く，何時，いかなる形で，解決するかの確かな見通しも立たないことが通常となる．このような事情が，民事訴訟に至る個別的労使紛争事件の少なさに反映していると解することができるし，少なくとも経済的な視点からすると，労使紛争を合理的に解決するものとして有効に機能してはいない．こういったことに認識が及べば，あっせんや調停による解決というADRの存在意義も容易に理解することができる（拙著『入門個別的労使紛争処理制度──社労士法第8次改正を踏まえて』（晃洋書房，2017）51〜51頁）．

3　労働審判制度

1）労働審判制度の意義と仕組み

（1）労働審判制度の意義

　裁判所に関しては，司法制度改革のなかで労働事件に関しても改革への動きがあり，2004年4月に労働審判法が制定され，2006年4月1日から労働審判制度がその運用を開始している.

　労働審判制度は，個別的労使紛争について，全国50カ所の地方裁判所の本庁と，5カ所の支部（東京地裁立川支部と静岡地裁浜松支部，長野地裁松本支部，広島地裁福山支部，福岡地裁小倉支部）に設置される労働審判委員会が，申立てがあれば相手方の応諾の意思に関係なく事件を審理し，和解による解決の見込みがある場合には調停を試み，和解に至らない場合には労働審判委員会の合議に基づく解決案である労働審判を下す制度である.

　労働審判の流れと労働審判委員会については，**図15-2**を参照のこと.

（2）労働審判制度の仕組み

　労働審判委員会は，裁判官が務める労働審判官1名と労働関係に関する専門的な知識経験を有する者として労働者側と使用者側から各1名選出される労働審判員2名により合計3名で構成される.

　手続は迅速性を重視し，3回以内の期日（3～4カ月程度）で終結するものとされている．相手方は手続への参加を強制され，労働審判に対し当事者から異議が出されなければ「裁判上の和解」と同一の効力が認められる．異議が出されたときには労働審判は失効するが，訴えの提起があったものと擬制され，訴訟手続に移行する.

2）労働審判制度の状況

（1）労働審判事件の新受件数

　全国の労働審判事件の新受件数は，その運用開始から増加傾向を続け，2009年からは3千件台で推移しており，2017年も3369件となっている（最高裁判所事務総局行政局「平成29年度労働関係民事・行政事件の概況」58頁）．例年，東京，横浜，さいたま，千葉，大阪，京都，神戸，名古屋，福岡，仙台及び札幌などの高等裁判所所在地である大都市や，産業経済の中心の中核都市における件数が多くなっている.

図15-2　労働審判の流れと労働審判委員会

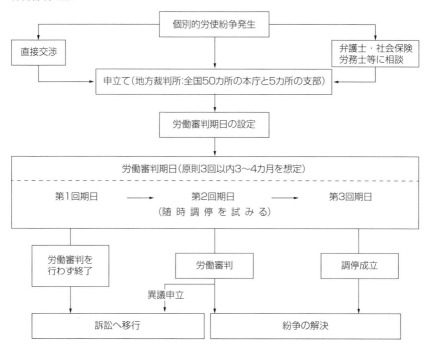

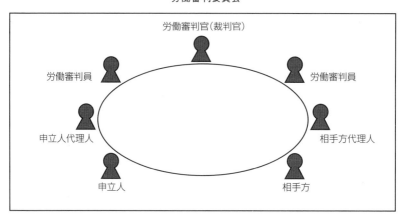

第15章 個別的労使紛争処理制度 *247*

（2） 労働審判事件の処理状況

2017年中に既済した3372件の終局事由ごとの処理状況は，調停成立が2421件で71.8％，労働審判に至ったものは487件の14.4％となっている．労働審判に対する異議の申立ては284件の58.3％である．

3回以内の期日を原則としているが，随時，調停が試みられ，1回以内で終わったものが40.4％，2回で終わったものが37.1％と，2回までで処理されているものが8割近くを占め，また，申立てから終局日までの平均審理期間も2.6月となっており，制度設計通りの非常に迅速な運用となっている（最高裁判所事務総局行政局「平成29年度労働関係民事・行政事件の概況」58～59頁）．

（3） 労働審判制度の高い解決実績の要因

労働審判制度は，調停重視型の紛争解決制度であり，機能の面では，後述する民事調停や都道府県労働委員会のあっせん，都道府県労働局の紛争調整委員会のあっせん・調停，社労士会紛争解決センターのあっせんなどと，基本的に変わるものではない．

しかし，相手方を手続に引きずり出すことのできる，「手続きへの参加強制」が図られていることと，「手続で終結しないときには民事訴訟に移行する仕組み」が，大きな強みとなって，その高い解決実績を挙げている．

（4） 労働審判制度の改善すべき点

とくに申立人であることの多い労働者にとって申立ての障害になっているのが，高額ではないが民事訴訟の半額程度の費用負担があること，そして，通常，弁護士代理が求められ，弁護士へのアクセス困難やその費用が大きな負担となることである．

運用開始からすでに10年以上を経過し，制度がすでに軌道に乗ったとみることもできるので，窓口相談の充実や，労働相談機関などとのより密接な連携を講じることや（毛塚勝利「労働審判制度創設の意義と課題」ジュリスト1275号（2004）61頁），弁護士代理の原則を解き，労働組合や経営者団体の役員などや，特定社会保険労務士（労働法の専門性が担保されている唯一の国家資格者である社会保険労務士が，紛争解決手続代理業務に係る研修を受け試験に合格してその旨の付記を受けたもの），労働法専門家などによる代理行為や補佐行為を認めることなどを検討し，申立人の大半を占める労働者にとって簡便に申立てができる制度に改善すべきである．

4 簡易裁判所における労使紛争処理

1）簡易裁判所の諸制度

（1）簡易裁判所の諸制度の手続の特色

　国民に一番身近な裁判所として，簡易裁判所では，民事訴訟や少額訴訟，民事調停，支払督促等の手続が行われている．

　利便性を図るために，それぞれの手続の特徴などを判り易く比較した表や分かり易いパンフレットが作成，配布され，利用者の便宜に資している．また，民事訴訟や少額訴訟により「給料支払請求の訴え」を起こすための訴状作成を分かり易く解説した用紙や，「給料支払請求の訴え」のための定型「訴状」（菅野和夫『労働法〔第11版補正版〕』1121頁），民事調停で「賃金」支払を求めるための定型「調停申立書」も無料で提供されている．同じ民事訴訟でも，地方裁判所の手続と比べると，簡易裁判所で行えるものは，利用し易くなっており，本人訴訟の可能性も高くなっている．

（2）隣接法律職の関与の期待

　2003年4月施行の改正司法書士法により，司法書士特別研修（司法書士法3条2項1号）を修了後，簡裁訴訟代理能力認定考査に合格し認定を受けた「認定司法書士」は，簡易裁判所で民事訴訟をはじめとする各種の手続や和解交渉等の「簡裁訴訟代理関係業務」を当事者に代わって行うことができる．

　認定司法書士が労働法を詳しく勉強し，簡易裁判所の手続で積極的に個別的労使紛争を手掛けるようになると，簡易裁判所の個別的労使紛争処理機能は一層増大するものと思われる．しかし，流動化している労働法の規制を常に把握することを望むのは困難であり，むしろ，特定社会保険労務士に，簡裁訴訟代理権を付与する制度を設けるほうが，「国民に対する利便性と司法サービスの向上」にも役立つことになり（大槻哲也『社労士大槻哲也の奮闘記』（中央経済社，2012）82頁），まさに得策であるし，特定社会保険労務士による単独の補佐行為を認めるだけでも，簡易裁判所の個別的労使紛争処理機能は大いに高まるものと解される．

（3）労使紛争に対応する簡易裁判所の諸制度

　労使紛争については，争いの対象が多額ではないものも多く，また，当事者の話し合いで解決するのに適した事案もあり，訴額140万円以下の民事訴訟や60万円以下の金銭の支払に関する少額訴訟，民事調停が，有効に対応するものと解される．

2）訴額140万円以下の民事訴訟

（1）訴額140万円以下の民事訴訟の仕組み

訴額140万円以下の民事訴訟では，弁護士なしの「本人訴訟」が行われることも想定され，簡易な手続により迅速に紛争を解決するものとされている（民訴法270条）．裁判所の許可があれば，弁護士でない者も訴訟代理人となることができる（民訴法54条1項但書）.

訴えの提起は，訴状によるほか（民訴法133条），口頭によることもできる（民訴法271条）．弁論の簡略化も図られており，口頭弁論期日に出す予定の主張や証拠を，事前に準備書面で裁判所に提出しておく必要はなく，いきなり口頭弁論で行うこともできる（民訴法276条1項）.

但し，解雇無効の確認を求める事件のように，訴訟の目的の価額を算定することができないとき又は極めて困難であるときは，その価額は140万円を超えるものとみなされ（民訴法8条2項），その対象とならない.

（2）訴額140万円以下の民事訴訟の状況

2016年の訴額140万円以下の民事訴訟の第1審通常訴訟の新受事件は，32万6170件となっている（最高裁判所事務総局民事局「平成28年度民事事件の概況」352頁）．その中における労働関係事件の占める割合は明らかではないが，多発している個別的労使紛争は少額の事件が多いことからすると，少なくないものと推測される.

既済事件の審理期間は，係属後3カ月以内に処理されたものが74.1%，3カ月を超え6カ月以内に処理されたものが19.4%，6カ月を超え1年以内に処理されたものが5.6%，1年を超えて処理されたものが0.9%となっており，係属後6カ月以内には93.5%の事件の処理が終了している．その平均審理期間は，10年ほど前は2.0～2.3カ月で推移していたが，この7～8年はやや長めとなっており，2016年は2.9カ月となっている（最高裁判所事務総局民事局「平成28年度民事事件の概況」355～356頁）．それでも，労働関係事件に強く要請される事件の迅速処理は十分に実現されている.

3）60万円以下の金銭の支払に関する少額訴訟

（1）少額訴訟の仕組み

少額訴訟手続は，60万円以下の金銭支払の請求を目的とする訴えについて利用できる（民訴法368条1項本文）．原告は，訴えを提起する際に，少額訴訟による審理・裁判を求める旨を申述する（民訴法368条2項）．この手続では，反訴の禁止（民訴

法369条), 証拠方法の制限や上訴の制限などがあるので, 少額訴訟手続を提起された被告は, 通常の手続に移行させる旨の申述をすることにより, 通常の手続へ移行させることができる (民訴法373条1項及び2項).

少額訴訟手続では,「一期日審理の原則」により, 特別の事情がある場合を除き, 最初にすべき口頭弁論の期日で審理を完了し (民訴法370条1項), 相当でないと認める場合を除き, 口頭弁論終決後直ちに, 判決が言渡される (民訴法第374条1項). 少額訴訟の終局判決に対しては, 控訴はできず (民訴法377条), ただ, 判決書又はそれに代わる調書の送達を受けた日から2週間以内に, その判決をした裁判所に異議を申し立てることができるだけである(民訴法378条1項). 適法な異議があったときは, 訴訟は, 口頭弁論の終結前の段階に戻り, 簡易裁判所の通常手続により, その審理及び裁判をすることになる (民訴法379条1項).

(2) 少額訴訟の状況

2016年の新受事件は, 1万1030件となっている (最高裁判所事務総局民事局「平成28年度民事事件の概況」353頁). 労働関係事件の占める割合は, 全国レベルの数字や新しい数字は出ていないが, 東京簡易裁判所における2002年1月から12月までの数字でみると,「賃金等」と「解雇予告手当」とを合わせて13.9%と, 高い割合を占めている (菅野和夫『労働法〔第8版〕』(弘文堂, 2008) 751頁).

既済事件の平均審理期間は, 1.8カ月で (最高裁判所事務総局民事局「平成28年度民事事件の概況」356頁), 短期間での処理が行われており, 労働関係事件に強く要請される事件の迅速処理は, 十分に実現されている.

4) 民事調停

(1) 民事調停の仕組み

民事調停とは, 調停委員会が, 紛争の解決を目指して当事者を説得し, その結果として当事者を合意に導くことにより, 紛争を解決しようとする制度である. 民事調停に関する基本法として「民事調停法」が制定され, 同法に基づいて, 民事調停手続を定める「民事調停規則」が制定されている. 民事調停では, 紛争の対象となっている金額に関係なく, 簡易裁判所を利用できる (民事調停手続に関しては, 茗荷政信・近藤基『書式和解・民事調停の実務 [全訂2版]』(民事法研究会, 2000) が, 調停手続の概略と「給料請求」についての「調停申立ての書式」や退職金請求やセクハラによる損害賠償請求の記載例を掲載しており, 非常に参考になる).

民事調停は, 申立てにより始まるが, 民事訴訟を審理している裁判所が調停に

よる解決が妥当と判断して，調停を勧めることにより，調停に至ることもある（石原豊昭・石原輝・平井二郎『訴訟は本人で出来る［改訂3版］』（自由国民社，2007）327頁）．申立て手続については，簡易裁判所の調停係が受付窓口で相談に応じている．申立ては，口頭でもできるが，通常は，調停申立書を提出することにより行われる（民調規3条1項及び民調法2条）．

　民事調停は，原則として，調停主任である裁判官1名と，良識ある民間人（弁護士や学識経験者）から選ばれた民事調停委員2名が加わって組織される調停委員会によって，非公開で行われる（民調法5条1項本文，同法6条及び民調規10条）．

　民事調停の申立てがなされると，調停委員会は，調停を行う日時である「調停期日」を決めて，申立人と相手方に通知する（民調規7条1項）．調停期日には，調停主任裁判官，民事調停委員及び当事者の他に，裁判所書記官や利害関係人などが出席して，当事者双方や証人，参考人などの第三者からの事情聴取や，事実関係の調査，当事者の説得などが行われ，解決のための調停案が調停委員会から示される．

　当事者間に合意が成立し，調停調書に記載されると，「調停の成立」となり，手続は終了する（民調法16条）．調停調書は「裁判上の和解と同一の効力」すなわち「確定判決と同一の効力」を有する（民調法16条）．当事者間に合意が成立する見込みがない場合に，相当であると認められるときには，適切妥当と考えられる解決案を裁判の形で明示することが紛争終結の契機となることを期待して（民事調停実務研究会編『民事調停事件の申立書式と手続［三訂版］』（新日本法規出版，1994）19頁），当事者双方の申立ての趣旨に反しない限度で，職権により「調停に代わる決定」が下される（民調法17条）．この決定に対して，当事者は，決定の告知を受けた日から2週間以内に異議の申立てがあると決定は効力を失うが，異議の申立てがないと，決定は「裁判上の和解と同一の効力」すなわち「確定判決と同一の効力」を有することになる（民調法18条1～3項）．

　調停調書や調停に代わる決定が，金銭の支払など給付義務を内容とする場合に，当事者や利害関係人が任意に履行しない時には，調停調書正本又は調停に代わる決定正本に執行文の付与を受けて，執行機関に執行の申立てをして，強制的に履行させることができる（民事調停実務研究会編『民事調停事件の申立書式と手続［三訂版］』19頁）．

（2）民事調停による労働関係事件の処理

　民事調停に，労働関係事件の占める割合は，非常に少ないといわれていた（菅

野和夫「労使紛争と裁判所の役割」法曹時報52巻7号（2000）4頁）．しかし，全国の数字や新しい数字は明らかではないが，東京簡易裁判所では，民事調停の労働事件への利用が進み，2002年で約110件の労働関連事件に関する民事調停の提起があったことが指摘されていた（岩出誠『実務労働法講義下巻（改訂増補版）』（民事法研究会，2006）866頁）．

　また，最高裁は，労働審判事件の負担軽減を図る意図もあり，簡易裁判所における労働関係事件への対応を強化するために，2011年4月から，試験的に，東京簡易裁判所において，労働問題に詳しい弁護士や社会保険労務士を調停委員に起用し，民事調停による労使紛争解決能力を向上させる取り組みを開始した（日本経済新聞2010年8月14日朝刊34面）．その初年度である，2011年度の調停申立件数は103件，終局件数は81件，調停成立が36件（44.4％），不成立が32件（39.5％），調停に代わる決定が2件（2.5％），取下げ等が11件（13.6％）となっており（水口洋介「簡易裁判所の個別労働関係調停事件について」月刊労委労協2012年6月号），意外に解決率は高くはない．

　民事調停の労働関係事件への利用の増大を見込んで，民事調停員に，社会保険労務士を任命している簡易裁判所も増えてきているようである．また，裁判所は，労使紛争を弁護士に依頼することなく解決しようとする当事者に対しては，労働審判ではなく，民事調停を勧めるようになっており，民事調停も，労使紛争処理に大きな役割を果たしつつあるものと思われる．

（3）民事調停の状況

　2016年の民事調停の新受事件数は，3万5708件である（最高裁判所事務総局民事局「平成28年民事事件の概況」353頁）．そのうち，「宅地建物」，「農事」，「商事」，「交通」，「公害等」，「特定」を除いた，労働関係民事事件が含まれると想定される「一般」の新受事件数は2万180件であり，民事調停全体の56.5％を占めている（最高裁判所事務総局編『司法統計年報1民事・行政編平成28年』（法曹会，2017）61頁）．

　「民事一般」の民事調停の既済事件は2万264件であり，既済事由の内訳は，調停成立によるものが6980件（34.4％），調停に代わる決定によるものが3519件（17.4％）となっている（最高裁判所事務総局編『司法統計年報1民事・行政編平成28年』61頁）．調停に代わる決定に対する異議申立ての割合は民事調停全体で1.7％と極めて低く（最高裁判所事務総局民事局「平成28年民事事件の概況」356頁），民事調停手続において半数以上が解決に至っている．

　審理期間は，民事調停全体の既済事件平均で3.3カ月，期日の実施回数の平均

も2.0回であり（最高裁判所事務総局民事局「平成28年民事事件の概況」357頁），迅速に行われる手続きとなっている．

第3節　行政機関による労使紛争処理

1　労働委員会における個別的労使紛争処理

1）労働委員会

（1）中央労働委員会と都道府県労働委員会

労働委員会は，集団的労使紛争の解決を援助するために設立された，公益・労働者・使用者委員からなる三者構成の独立の行政委員会であり，国に中央労働委員会，都道府県に都道府県労働委員会がある．

中央労働委員会と都道府県労働委員会は，それぞれ独立の機関であり，不当労働行為事件を処理する際に，中央労働委員会が都道府県労働委員会の処分に関して再審査する権限を有する限度で上下の関係に立つにとどまるものである（東京都地方労働委員会事務局「東京都地方労働委員会」判例タイムズ728号（1990）97頁）．

（2）都道府県労働委員会による個別的労使紛争処理の開始

労働委員会は，戦後から長い間，労働組合がらみの集団的労使紛争だけを扱う機関であった．しかし，不当労働行為事件の減少から，労働委員会の先細りに危機を抱いた労働委員会内部や，労働弁護士の努力などにより，都道府県労働委員会においては，福島県，愛知県及び高知県の3県を先駆として，2001年4月から，徐々に，個別的労使紛争のあっせんや労働相談を行うようになり（詳しくは，拙稿「労働委員会による個別的労使紛争処理」『法と政治の現代的諸相　松山大学法学部開設二十周年記念論文集』（ぎょうせい，2010）381頁），2003年度から，東京都，兵庫県，福岡県を除く，44道府県の労働委員会において，労働関係調整法に基づく労働争議の調整と，労働組合法に基づく不当労働行為の救済に加えて，地方自治法180条の2の規定に基づき知事から事務の委任を受ける形で，個別的労使紛争をも扱っている．

当初は，2で述べる労政主管事務所が労働相談を担当し，労政主管事務所と連携して，労働委員会は個別的労使紛争のあっせんだけを行うという体制をとるところがほとんどであったが，その体制の充実度に格差はあるものの，制度の活性化を図る意図で，自ら労働相談を行う労働委員会も27県に増え，あっせん申請の増加に結び付けようとしている（拙稿「労働委員会による個別的労使紛争処理」389～

254　第Ⅲ部　労使紛争処理制度

392頁）.

　労働委員会の行うサービスは，労働局など他の行政機関と同様，いずれも無料であり，また，個別的労使紛争においても労働者本人だけで，その立場を正当に主張できるように，労働関係法等の専門的研修を受けた職員を擁する事務局が手続を運営している．ただし，都道府県労働委員会の事務局職員は，労働委員会に配属された2～3年の期間だけ，労使紛争処理関係業務に従事する者も少なくなく，その採用時から退職まで一貫して労働行政関係業務に従事する都道府県労働局の労働基準監督官等の専門的公務員ほどの専門性を期待することはできない.

　労働委員会が独自に個別的労使紛争のあっせんを行っていない東京都では，その実績は不明であるが，労働委員会とは別個に，産業労働局が，2001年6月に，独自の「東京都個別的労働紛争調整委員」制度を開始している．兵庫県では，第4節の2で述べるように，1996年9月から，県レベルの労使団体が運営する兵庫労使相談センターが，「労使二者構成による労働相談」と，一時中断した時期はあったものの，相談者の求めに応じて紛争解決のためのあっせんを行うサービスを提供しており，その存在と実績を考慮して，「個別的労使紛争のあっせん事務」の労働委員会への委任は保留されている（永友節雄「個別労働紛争の現状と課題——兵庫労使相談センターから」ジュリスト1408号（2010）103頁）．福岡県は，労働委員会が独自には個別的労使紛争の処理を行わないと決断し，労働者支援事務所が，個別的労使紛争に関して，2002年4月1日から4つの事務所であっせんを行う「個別紛争早期解決援助制度」を開始するとともに，2013年4月1日からは，三者構成の労働委員会委員を活用するあっせんも行っている（労働委員会委員によるあっせんも，運営主体は労働者支援事務所である．詳しくは，拙稿「労政主管事務所における労使紛争処理の現状」松山大学総合研究所所報92号（2017）106～107頁）.

2）都道府県労働委員会における個別的労使紛争のあっせん
（1）個別的労使紛争のあっせん手続

　都道府県労働委員会における個別的労使紛争のあっせんは，基本的には，従来からノウハウを蓄積している集団的労使紛争の斡旋と同じような手続で行われる．まず，事務局職員立会いのもと，大きな会議室にあっせん委員と両当事者が集まり，あっせんの開始が宣言された後，各当事者は専用の控え室に移動する．当事者から対面を望まない意向が示されたときは，その意向を尊重する労働委員会がほとんどである.

あっせんは，小さな会議室（調整室）で行われ，そこに順番に当事者を呼んで交互面接方式であっせん作業を行う．あっせん作業には事務局職員も立ち会う．原則として，交互面接方式で行うのは，都道府県労働局の紛争調整委員会におけるあっせんと同じである．

道府県労働委員会における個別的労使紛争のあっせん手続の概要は，**図15-3**を参照のこと．

労働委員会では，あっせんなどに使用できる専用の部屋が常に必要以上に確保されているという施設面での優位性がある（東京労働局には，やや狭いという印象を受けるが，専用のあっせん室が4部屋あり，不意の事態に備えて，非常ボタンも設置されている．しかし，大方の労働局では，共用の会議室等をやりくりして，あっせんを行っているのが実情である）．また，当事者の緊張感を和らげるために，北海道労働委員会のように，労働審判や民事調停等と同様に，「ラウンドテーブル」であっせんを行うという工夫をしているところもある（佐藤公一「個別労使紛争解決制度の効果的周知及び早期解決に向けた取組について」月刊労委労協2003年12月号42頁）．

公・労・使の三者によるあっせん委員会を構成して対応するのが通常で，集団的労使紛争を処理する場合と同様，三者構成が解決に威力を発揮する．道府県労働委員会の行う個別的労使紛争のあっせんの第1の特長は，公労使の三者構成で行うことである．三者構成は，委員を3名揃えるのに苦労する面で，1人で行う労働局の紛争調整委員会のあっせんと比べると機動性の面では劣るが，任意の和解を促す部分においては，労働審判制度と同等以上の紛争調整機能がある．使用者委員が会社側の控え室に入って本音を聞いたり，説得したり，労働者委員が労働者側の控え室に入って本音を聞いたり，説得したり，といった懇切丁寧な調整を行うことも可能となり，それにより和解困難な事案においても解決を見ることがありうるという点に，三者構成のメリットを見出すことができる（拙稿「労働委員会による個別的労使紛争処理」404頁）．ただし，事案や当事者の意向などによっては三者ではなく単独のあっせん員による手続も選択できる制度の可能性も検討するに値すると解される（拙稿「労働委員会による個別的労使紛争処理」402～403頁）．

あっせんにより，双方の意見が一致したときは，あっせん委員の立ち会いの上で，当事者間で合意の文書を作成させて和解を成立させることにより，事件は終了する．あっせんが不調のときは，打ち切りとなる．

（2）個別的労使紛争のあっせんの状況

全国の44の道府県労働委員会であっせん申請を新規に受け付けた件数は，2004

図15-3 道府県労働委員会における個別的労使紛争処理の概要

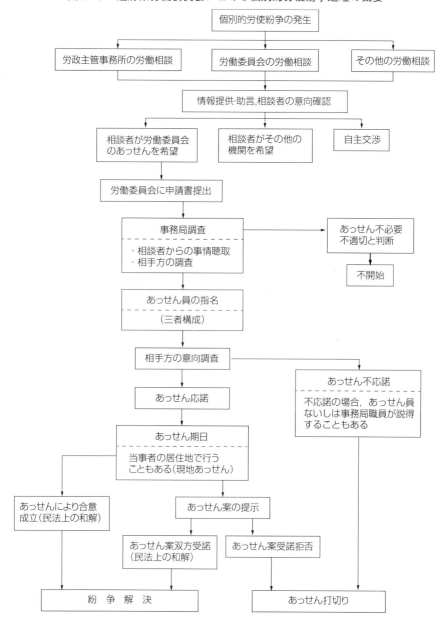

年度が318件，2005年度が316件，2006年度が300件，2007年度が375件と，少数にとどまっていた．その後，周知活動等，各道府県労働委員会の努力もあり，2008年度は481件，2009年度は503件と，増加傾向に転じた．しかし，2010年度は397件と前年比2割程度の減少を見せ，その後も減少傾向にあり，2017年度も288件となっている（「各機関における個別労働紛争処理制度の運用状況」中央労働委員会HP）．

2017年度において，あっせん申請書受付日から終結日で算定される処理期間は，2カ月以内でその82.6％の処理が終了しており，迅速な運用が行われている．しかし，解決率（取下げ及び不開始を除く終結件数に対する解決件数の比率）は，2013年度において54.9％であったものが，2017年度は45.3％と低下傾向にあり（「各機関における個別労働紛争処理制度の運用状況」中央労働委員会HP），三者構成のメリットを活かせているとはいえない結果が出ている．

申請受理件数は，労働審判や都道府県労働局のあっせん等と比べると，非常に少なく，それは，労働基準監督署やハローワークを配下に置く労働局の制度ほどには，労使に知られた存在ではないということに起因する面があると思われる．独自に高いレベルの労働相談を行う等の方法で制度の一層の周知に努めることや，他の労働相談機関や労働組合との有機的連携，使用者団体への理解要請等により，なお一層の活性化に励む必要がある．

鳥取県労働委員会のように，人口が全国最小にもかかわらず，個別的労使紛争に積極的に取組み，例年，全国トップクラスの申請受理件数を誇り，2017年度においても，41件のあっせん申請を受理したところもある（鳥取県労働委員会については，太田正志「鳥取県労働委員会個別労使紛争解決支援センター『労使ネットとっとり』の取組み」月刊労委労協2015年3月号41～48頁及び拙稿「鳥取県労働委員会における個別的労使紛争処理──労働委員会の活性化モデル」松山大学総合研究所所報83号（2015），拙稿「労働委員会における個別的労使紛争処理のフロンティア」山田省三・青野覚・鎌田耕一・浜村彰・石井保雄編『毛塚勝利先生古稀記念労働法理論変革への模索』（信山社，2015）799～818頁参照）．

労働審判制度や都道府県労働局のあっせん等では対応しにくい就業規則の不利益変更のような会社全体に関わる利益紛争や差別問題などの事案に関して，迅速さにこだわらず丁寧な処理をする等，その紛争調整機能の独自性を発揮して，その存在意義を示すことも活性化策として効果的であろう（拙著『日本における労使紛争処理制度の現状』96頁）．

258 第Ⅲ部 労使紛争処理制度

2 労政主管事務所における労使紛争処理
1）労政主管事務所

都道府県により機能の程度に大きな格差はあるものの，とくに大都市を抱える東京都や神奈川県，大阪府，福岡県などでは，「労政主管事務所」による労働相談やあっせんが，個別的労使紛争の処理に大いに活躍してきた．

その具体的な名称は様々で，「労政事務所」が最も多いものの，「労働相談情報センター」（東京都，長崎県，熊本県）や「（商工）労働センター」（神奈川県），「労働事務所」（大阪府），「労働者支援事務所」（福岡県）等があり，集団的労使紛争や労働組合の結成・運営に関する相談にも応じている．

2）労政主管事務所における労働相談とあっせんの状況

労政主管事務所が行うのは，労働相談までのところが多く，「あっせん」まで行うところは，都道府県労働委員会や都道府県労働局が個別的労使紛争のあっせんを開始した影響を受けて，2003年度以降は，埼玉県，東京都，神奈川県，大阪府，福岡県，大分県の6都府県と減少し（「資料都道府県労働相談事業の現状」全日本自治団体労働組合『第4回地方労働行政交流集会』(2005) 34頁），2017年度は，埼玉県を除く5都府県で行われていると，公表されている（「各機関における個別労働紛争処理制度の運用状況」中央労働委員会HP）．埼玉県の担当部局によると，埼玉県が行っている「労使調整」は，相談員が相談者の求めに応じて相手方に電話等で事実確認を行い和解を勧めるに止まるものなので，あっせんとして扱われないようになったとのことである．

（1）労働相談の状況

最近の労働相談の件数の全国集計はないが，相談件数の多いところの2017年度の数字は，東京都が5万1294件（前年度5万3019件）（とうきょうの労働2018年6月号3頁），大阪府は1万1604件（同1万1408件）（大阪府総合労働事務所『平成29年度労働相談報告・事例集』(2018) 1頁），神奈川県は1万1673件（同1万2115件）（神奈川県商工労働部労政福祉課「平成29年5月31日記者発表資料」），福岡県が1万757件（同1万93件）（福岡県福祉労働部労働局労働政策課労働福祉係発表「平成29年度労働相談」）と，高い水準を維持している．

（2）あっせんの状況

あっせんを行っているところの全国集計は，6都府県の時点の2010年度に1000件を割り，2014年度が845件，2016年度が596件と減少傾向となり，5都府県の集

計となった2017年度は516件となっている（「各機関における個別労働紛争処理制度の運用状況」中央労働委員会HP）.

2017年度の解決率（取下げ及び不開始を除く終結件数に対する解決件数の比率）は73.2%であり，例年，7割前後の高い和解率を維持している（「各機関における個別労働紛争処理制度の運用状況」中央労働委員会HP）.

3 都道府県労働局における個別的労使紛争処理

1）都道府県労働局

（1）都道府県労働局

2001年10月1日施行の個別労働紛争解決促進法により，本格的に個別的労使紛争の処理に乗り出したのが，厚生労働省の都道府県労働局である．都道府県労働局のもとには，労働基準監督署，公共職業安定所及び内部組織の雇用環境・均等部（室）（規模の大きな北海道，東京，神奈川，愛知，大阪，兵庫，福岡の労働局では「雇用環境・均等部」で，その他は「雇用環境・均等室」）がある．

（2）都道府県労働局における個別的労使紛争処理制度

都道府県労働局における個別的労使紛争処理制度は，雇用環境・均等部（室）が所管する個別労働紛争解決促進法や雇用機会均等法，パートタイム労働法，育児介護休業法に基づく制度と，職業安定部が所管する障害者雇用促進法に基づく制度に分かれている．

都道府県労働局は，全国津々浦々で個別的労使紛争処理のネットワークを張り巡らし，個別的労使紛争の解決を裁判外で簡易・迅速に図る制度として高い実績を維持している．

2）個別労働紛争解決促進法に基づく制度

個別労働紛争解決促進法に基づく制度を統括するのは，雇用環境・均等部（室）である．個別労働紛争解決業務を担当する専門官職である労働紛争調整官が各労働局1名以上，全国で58名配置されている．最も多くの事件を処理する東京労働局には6名の労働紛争調整官が配置されている．

個別労働紛争解決促進法に基づく制度は，総合労働相談，都道府県労働局長による助言・指導及び紛争調整委員会のあっせんからなる．

個別労働紛争解決促進法に基づく個別的労使紛争処理制度の概要については，図15-4を参照のこと．

図15-4　個別労働紛争解決促進法に基づく個別的労使紛争処理制度の概要

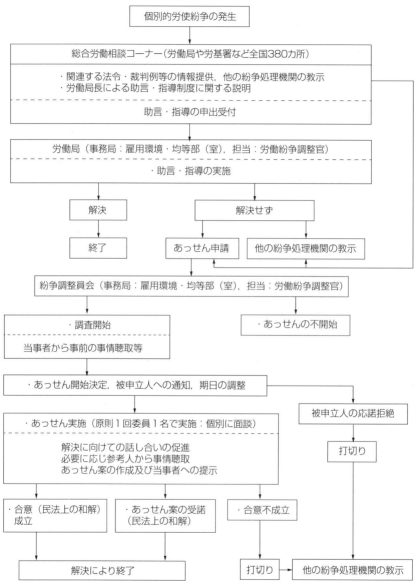

（1）総合労働相談コーナーにおける総合労働相談

紛争の未然防止・自主的解決の促進のために，全国の労働局や労働基準監督署，都市圏の主要駅の民間ビルなど380カ所に設置され，労働者や事業主に対して，あらゆる労働問題に関する相談，情報提供のワンストップサービスを実施しているのが，総合労働相談コーナーにおける総合労働相談である（個労法3条）．社会保険労務士などのような専門的知識を有する常勤の総合労働相談員が午前9時から午後5時まで対応している．

2017年度の全国の相談件数は110万4758件（前年度比2.3％減）にも上っている．そのうち，労働基準法等の違反に係るものを除く，労働条件その他労働関係に関する事項についての個々の労働者と事業主との間の紛争である「民事上の個別労働紛争」は，25万3005件（同1.0％減）もあった（厚生労働省雇用環境・均等局総務課労働紛争処理業務室2018年6月27日発表「平成29年度個別労働紛争解決制度の施行状況」）．

（2）都道府県労働局長による助言・指導

都道府県労働局長による助言・指導とは，紛争の解決について，当事者の一方又は双方から援助を求められた場合に，都道府県労働局長が，当事者に対して事情を聴き，判例等の関係情報・資料を示す等により，あるべき姿や問題解決の方向性等につき必要な助言や指導を行い，解決に導くものである（個労法4条1項）．援助を求めたことを理由として，事業主が，労働者に解雇その他の不利益な取扱いをすることは禁止されている（個労法4条3項）．

実際に手続を行うのは労働紛争調整官や総合労働相談員である．助言は口頭により，指導は文書によるのが原則となっている．助言や指導に強制力はない（助言・指導の具体例については，拙著『日本における労使紛争処理制度の現状』137頁以下）．

2017年度の全国の助言・指導申出受付件数は9185件（前年度比2.3％増）となっている（厚生労働省雇用環境・均等局総務課労働紛争処理業務室「平成29年度個別労働紛争解決制度の施行状況」）．

（3）紛争調整委員会のあっせん

紛争調整委員会のあっせんとは，労使間の民事紛争について，当事者の一方又は双方から申請された場合に，学識経験者からなる委員が，双方の主張を聞き実情に応じた和解による解決を導くものである（個労法5条1項）．申請をしたことを理由として，事業主が，労働者に解雇その他の不利益な取扱いをすることは禁止されている（個労法5条2項）．委員会は，6人以上36人以内の委員（総計381人）で組織され，3人で1チームを構成し，事案はチームごとに割当てられ，労働局

長の指揮命令を受けず，中立的立場で紛争処理を行う．手続は非公開で，通常は１人の担当委員で行われる（個労法施行規則７条１項．あっせん手続について詳しくは，拙稿「個別労働紛争解決促進法に基づく紛争調整員会によるあっせんの実際」松山大学総合研究所所報59号（2009）を参照）．

当事者双方が求めた場合には，委員の全員一致に基づくあっせん案を提示して，その受諾を促すことになる．委員は，弁護士や大学教員，社会保険労務士等の専門的知識を有する学識経験者から選ばれる．あっせん手続では，当事者に和解を促す作業が中心となり，あっせん案が提示された場合でも，それを両当事者が受諾してはじめて解決ということになる（あっせん手続の実際については，拙稿「個別労働紛争解決促進法に基づく個別的労使紛争処理の実際」松山大学総合研究所所報96号（2018）47～102頁を参照）．

2017年度の全国のあっせん申請受理件数は5021件（前年度比2.0％減）となっている．2017年度中に手続を終了したものは4952件で，そのうち合意が成立したのは1899件（38.3％），紛争当事者の一方が手続に参加しない等の理由によりあっせんを打ち切ったものが2816件（56.9％）であった．88.3％が２カ月以内に処理されており，迅速な手続となっている（厚生労働省雇用環境・均等局総務課労働紛争処理業務室「平成29年度個別労働紛争解決制度の施行状況」）．

3）雇用機会均等法に基づく制度
（1）雇用機会均等法に基づく個別的労使紛争処理制度

国の労働行政機関として，先行して個別的労使紛争の処理を行っていたのは1985年制定の雇用機会均等法に基づく諸制度であり，雇用機会均等法に関する相談に対応するとともに，労働局長による個別紛争解決の援助及び機会均等調停委員会による調停を制度化していた．その後，法改正による変化が見られるが，その基本的な姿を維持し，労働相談，労働局長による個別紛争解決の援助（助言・指導・勧告）及び紛争調整委員会による調停からなる．

当初は，雇用機会均等法の実効性の確保制度という性格が濃厚であった．しかし，民事紛争の解決制度に変容してきている．（詳しくは，拙稿「雇用機会均等法に基づく機会均等調停会議による調停の実際」松山大学総合研究所所報66号（2010）14頁）．

雇用機会均等法に基づく諸制度を統括しているのは，都道府県労働局の雇用環境・均等部（室）である．パートタイム労働法や育児介護休業法，障害者雇用促進法にも，同様の制度が設けられるに至っている．

第15章　個別的労使紛争処理制度　　*263*

（2）苦情の自主的解決

労使間の紛争は，本来当事者間で自主的に解決すべきものであることから，まずはそのための機関を設置して，労使間で解決すべきことを求めている.

すなわち，事業主は，配置・昇進・降格・教育訓練，一定範囲の福利厚生，職種及び雇用形態の変更，退職の勧奨・定年及び解雇並びに労働契約の更新，一定範囲の間接差別，婚姻・妊娠・出産等を理由とする不利益取扱い，妊娠中及び出産後の健康管理に関する措置等に関する事項について，労働者から苦情の申出を受けたときは，苦情処理機関，すなわち事業主を代表する者及び当該事業場の労働者を代表する者を構成員とする当該事業場の労働者の苦情を処理するための機関に対し，当該苦情の処理をゆだねる等その自主的な解決を図るように努めなければならない，とされている（均等法15条）.

なお，苦情処理機関等を経ることなく，各種のADRや，民事訴訟による解決を求めることも可能である．当初から自主的解決が困難と思われるもの等については，苦情処理機関等を経ることが無駄となることもある.

（3）紛争の解決の促進に関する特例

労働者と事業主との間の紛争については，個別労働紛争解決促進法が適用されるのが原則である．しかし，雇用機会均等法に基づいて雇用環境・均等部（室）が所管する，募集・採用，配置・昇進・降格・教育訓練，一定範囲の福利厚生，職種及び雇用形態の変更，退職の勧奨・定年及び解雇並びに労働契約の更新，一定範囲の間接差別，婚姻・妊娠・出産等を理由とする不利益取扱い，セクシュアルハラスメント，妊娠中及び出産後の健康管理に関する措置等に関する労働者と事業主との間の紛争については，特例として，雇用機会均等法に基づく労働局長の助言・指導・勧告や，紛争調整委員会による調停の対象となるとされている（均等法16条）.

（4）雇用機会均等法に基づく労働相談

雇用機会均等法に基づく労働相談は，2006年度以降2万件台で推移していたが，2017年度の相談件数は1万9187件となった.

相談の内容としては，セクシュアルハラスメント（35.5％），婚姻，妊娠・出産等を理由とする不利益取扱い（23.1％），母性健康管理（14.0％），妊娠・出産等に関するハラスメント（13.1％）が多く，性差別（募集・採用，配置・昇進，教育訓練，間接差別等）（6.6％）も目立っている（厚生労働省HP「平成29年度都道府県労働局雇用環境・均等部（室）での法施行状況」）.

264　第Ⅲ部　労使紛争処理制度

（5）紛争の解決の援助
①　都道府県労働局長による助言・指導又は勧告

　募集・採用，配置・昇進・降格・教育訓練，一定範囲の福利厚生，職種及び雇用形態の変更，退職の勧奨・定年及び解雇並びに労働契約の更新，一定範囲の間接差別，婚姻・妊娠・出産等を理由とする不利益取扱い，セクシュアルハラスメント，妊娠中及び出産後の健康管理に関する措置等に関する労働者と事業主との間の紛争に関し，当該紛争の当事者の双方又は一方から，その解決につき援助を求められた場合に，当該紛争の当事者に対し，都道府県労働局長が，必要な助言，指導又は勧告をするのが，紛争の解決の援助である（均等法17条1項）．助言・指導については，個別労働紛争解決促進法4条に基づく助言・指導と同様のものであり，雇用機会均等法29条に基づく法違反のあった事業場に対する是正指導とは別個のものである．

　実際に手続に当たるのは，雇用環境・均等部（室）の職員であり，援助を求められた場合には，両当事者から事情をよく聴取し，必要に応じて調査を行い，適切な助言，指導又は勧告をすることにより，紛争解決を導くように援助することになる．この援助は，当事者の意思を尊重しつつ，任意に，迅速・簡便を旨として行うものであり，当事者以外の申立てや職権で行われるものではない．

②　申立受理件数と処理実績

　雇用機会均等法17条に基づく助言・指導・勧告の申立受理件数は，2001年度から2006年度までは，年間100件台で推移していたが，2007年度は改正法の影響を受けて，546件と大幅に増大し，高い水準を維持していた．2014年度に300件台となって以降減少傾向となり，2017年度は208件であった．

　申立ての内容は，セクシュアルハラスメント（48.6％）が最も多く，次いで，婚姻，妊娠・出産等を理由とする不利益取扱い（37.5％）が多くなっており，この2つの事項で9割近くを占めている．詳細は明らかではないが，2017年度中に援助を終了した203件のうち，助言・指導・勧告を行った結果，約6割の119件が解決に至っている（厚生労働省HP「平成29年度都道府県労働局雇用環境・均等部（室）での法施行状況」）．

③　不利益取扱いの禁止

　労働者が紛争の解決の援助の利用を躊躇することがないように，事業主は，労働者が，紛争の解決の援助を求めたことを理由として，当該労働者に対して，解雇その他不利益な取扱いをしてはならないとされている（均等法17条2項）．

（6）調停

① 紛争調整委員会（機会均等調停会議）による調停

都道府県労働局長は，配置・昇進・降格・教育訓練，一定範囲の福利厚生，職種及び雇用形態の変更，退職の勧奨・定年及び解雇並びに労働契約の更新，一定範囲の間接差別，婚姻・妊娠・出産等を理由とする不利益取扱い，セクシュアルハラスメント，妊娠中及び出産後の健康管理に関する措置等に関する労働者と事業主との間の紛争に関し，当該紛争の当事者の双方又は一方から調停の申請があった場合において，当該紛争の解決のために必要であると認めるときは，個別労働紛争解決促進法6条1項の紛争調整委員会に調停を行わせるものとするとされている（均等法18条1項）。

この調停は，男女の均等な機会及び待遇に関する事業主の措置に関する労使間の個別的紛争について，学識経験者からなる公正，中立な第三者機関による調停で，簡易，迅速に解決しようとするものであり，紛争調整委員会の委員から指名される3人の調停委員によって行われる（均等法19条）。必要があるときは，1人の調停委員によって調停を行うことも可能とされている（均等則10条1項）。

雇用機会均等法に基づく調停を行うための会議を「機会均等調停会議」という（均等則3条1項）。

機会均等調停会議では，関係当事者から事情を聴取し，調停案を作成し，関係当事者に対し調停案の受諾を勧告する（均等法20条1項，22条）。セクシュアルハラスメントに関する紛争については，その必要があり，関係当事者双方の同意があるときは，セクシュアルハラスメントを行ったとされる者から事情を聴取することができる（均等法20条2項）。調停案を当事者双方が受諾した場合には，民法上の和解契約成立となり，紛争解決ということになる。調停による解決が見込めない場合には調停は打ち切ることができ，その旨が関係当事者に通知されることになる（均等法23条）。

紛争調整委員会（機会均等・均衡待遇・両立支援・障害者雇用調停会議）による調停手続の流れについては，**図15-5** を参照のこと。

② 時効の中断及び訴訟手続の中止

調停の利用を促進するために，時効の中断と訴訟手続の中止が定められている。

時効成立を危惧することなく訴訟提起前に調停が利用できるように，調停が打ち切られた場合に30日以内に訴えを提起したときは，時効が調停申請時に遡って中断される（均等法24条）。

266　第Ⅲ部　労使紛争処理制度

図15-5　紛争調整委員会（機会均等・均衡待遇・両立支援・障害者雇用調停会議）の調停手続の流れ

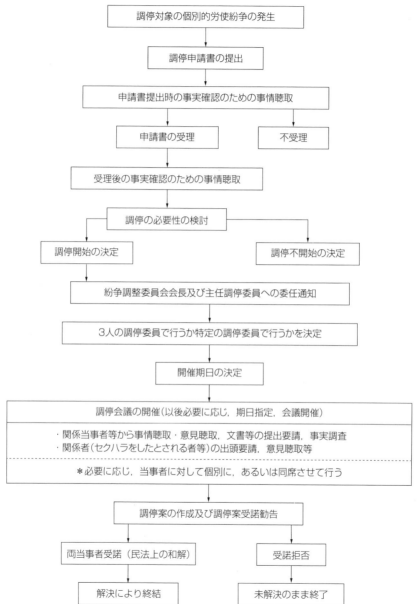

関係当事者間に訴訟が係属する紛争について，調停による解決手続を先行させるという選択を可能とするために，調停の開始又は当事者間に調停により解決を図る旨の合意がある場合には，関係当事者による共同の申立てがあるときには，受訴裁判所は，4カ月以内の期間を定めて訴訟手続の中止をする旨の決定ができるとされている（均等法25条）．

③　申請受理件数と処理実績

機会均等調停会議による調停の申請受理件数は，2007年改正法施行以来大幅に増加しており，2006年度において僅か5件であったものが，2007年度は62件となり，2017年度も46件となっている．調停申請の内容としては，セクシュアルハラスメントが34件（73.9％）と多く，次いで，婚姻，妊娠・出産等を理由とする不利益取扱いが11件（23.9％）等となっている．

2017年度において，前年度に受理したものも含めて45件の調停が開始され，そのうち16件に関して調停案の受諾勧告が行われ，13件について双方が調停案を受諾し，解決に至っている．調停開始事件数を分母とする解決率は28.9％と低いが，調停案受諾勧告事件数を分母とする解決率は81.3％と非常に高くなっており，受諾可能性を非常に意識した調停案作成という印象を受ける．調停案作成率でみると35.6％と低く，例年，30％台から60％台で推移している（厚生労働省HP「平成29年度都道府県労働局雇用環境・均等部（室）での法施行状況」）．

制度的には，当事者の一方の申請で調停手続が動きだすことになっているが，手続が開始されても被申請者の出席が得られず，実質的な調停作業に入ることができない，あるいは当事者間の意見の隔たりが大きいこと等から，双方が受諾する可能性のある調停案を見出せない等の理由で，手続を打切りにより終了せざるを得ない事案が多くなっているようである．このような運用は，意を決して申請に至る労働者の期待に大きく背くものと思われる．

④　不利益取扱いの禁止

労働者が調停の利用を躊躇することがないように，事業主は，労働者が，調停の申請をしたことを理由として，当該労働者に対して解雇その他不利益な取扱いをしてはならないとされている（均等法18条2項）．

4）パートタイム労働法に基づく制度

パートタイム労働法に関しても，雇用機会均等法や育児介護休業法，身体障碍者雇用促進法に基づく諸制度と同様の労使間の紛争の解決に関する諸制度が整備

されており，都道府県労働局の雇用環境・均等部（室）が所管している．

（1）苦情の自主的解決

労働条件の書面による明示（パート労働法6条1項），差別的取扱いの禁止（パート労働法9条），教育訓練（パート労働法11条1項），福利厚生施設（パート労働法12条），通常の労働者への転換（パート労働法13条）及び事業主が講ずる措置の内容等の説明（パート労働法14条）に関して，短時間労働者から苦情の申出を受けたときは，事業主は，苦情処理機関に委ねる等，事業所内で自主的な解決を図るよう努力する義務がある（パート労働法22条）．

なお，苦情処理機関等を経ることなく，各種のADRや，民事訴訟による解決を求めることも可能である．

（2）紛争の解決の促進に関する特例

労働者と事業主との間の紛争については，個別労働紛争解決促進法が適用されるのが原則である．

しかし，パートタイム労働法が定める（1）で述べた事業主の措置についての労働者と事業主との間の紛争については，特例として，パートタイム労働法に基づく労働局長の助言・指導・勧告や，紛争調整委員会による調停の対象となるとされている（パート労働法23条）．

（3）パートタイム労働法に関する労働相談

2017年度のパートタイム労働法に関する労働相談は，2446件となっている．

相談の内容としては，体制整備（23.7％）が最も多く，次いで，均等・均衡待遇関係（20.1％），正社員転換（18.6％）等となっている（厚生労働省HP「平成29年度都道府県労働局雇用環境・均等部（室）での法施行状況」）．

（4）紛争の解決の援助

① 都道府県労働局長による助言・指導又は勧告

パートタイム労働法が定める（1）で述べた事業主の措置に関する労使紛争に関して，当事者の双方又は一方から解決につき援助を求められた場合に，労働局長が必要な助言・指導・勧告を行うのが，個別紛争解決の援助である．その手続は，雇用機会均等法に基づくものと同様に行われる（パート労働法24条1項）．助言・指導については，パートタイム労働法18条に基づく法違反のあった事業場に対する是正指導とは別個のものである．

② 申立受理件数

パートタイム労働法24条に基づく助言・指導・勧告の申立受理件数は，2016年

度には 5 件あったが，2017年度は 0 件であった（厚生労働省HP「平成29年度都道府県労働局雇用環境・均等部（室）での法施行状況」）．

③　不利益取扱いの禁止

紛争の解決の援助の利用を躊躇することがないように，事業主は，短時間労働者が，紛争の解決の援助を求めたことを理由として，当該労働者に対して，解雇その他不利益な取扱いをしてはならないとされている（パート労働法24条 2 項）．

（5）調停

①　紛争調整委員会（均衡待遇調停会議）による調停

パートタイム労働法が定める（1）で述べた事業主の措置に関する短時間労働者と事業主との紛争について，当事者の双方又は一方から，調停の申請があった場合において，都道府県労働局長は，当該紛争の解決のために必要であると認めるときは，個別労働紛争解決促進法 6 条 1 項の紛争調整委員会に調停を行わせるものとされている（パート労働法25条 1 項）．

その手続は，雇用機会均等法に基づくものと同様に行われ，「均衡待遇調停会議」の名称で行うものとされている（パート労働法施行規則 9 条）．

②　申請受理件数と処理実績

パートタイム労働法25条に基づく均衡待遇調停会議による調停の申請受理件数は，2016年度には 3 件あったが，2017年度は 0 件であった（厚生労働省HP「平成29年度都道府県労働局雇用環境・均等部（室）での法施行状況」）．

③　不利益取扱いの禁止

調停の利用を躊躇することがないように，事業主は，短時間労働者が，調停の申請をしたことを理由として，当該労働者に対して解雇その他不利益な取扱いをしてはならないとされている（パート労働法25条 2 項）．

5）育児介護休業法に基づく制度

育児介護休業法に関しても，雇用機会均等法やパートタイム労働法，身体障碍者雇用促進法に基づく諸制度と同様の労使間の紛争の解決に関する諸制度が整備されており，都道府県労働局の雇用環境・均等部（室）が所管している．

（1）苦情の自主的解決

事業主は，育児介護休業法で定める育児休業制度，子の養育に関するその他の制度，介護休業制度，家族の介護に関するその他の制度並びに子の養育又は家族の介護をする労働者に関して事業主が講ずべき措置としての所定労働時間の短縮

措置等及び労働者の配置に関する配慮に関し，労働者から苦情の申出を受けたときは，苦情処理機関，すなわち事業主を代表する者及び当該事業場の労働者を代表する者を構成員とする当該事業場の労働者の苦情を処理するための機関に対し，当該苦情の処理をゆだねる等その自主的な解決を図るように努めなければならない，とされている（育介法52条の２）．

なお，苦情処理機関等を経ることなく，各種のADRや，民事訴訟による解決を求めることも可能である．

（２）紛争の解決の促進に関する特例

労働者と事業主との間の紛争については，個別労働紛争解決促進法が適用されるのが原則である．

しかし，育児介護休業法に基づいて雇用環境・均等部（室）が所管する，（１）で述べた事項についての労働者と事業主との間の紛争については，特例として，育児介護休業法に基づく労働局長の助言・指導・勧告や，紛争調整委員会による調停の対象となるとされている（育介法52条の３）．

（３）育児介護休業法に関する労働相談

2017年度の育児介護休業法に関する労働相談は，７万7963件となっており，育児関係の相談が５万3865件（69.1％），介護関係の相談が２万1588件（27.7％），その他が2510件（3.2％）となっている．

育児関係の相談内容は，育児休業が２万7639件（51.3％）と多くを占め，次いで，育児休業以外（子の看護休暇，所定労働時間の短縮の措置等など）が１万7329件（32.2％），育児休業に係る不利益取扱いが4090件（7.6％），育児休業等に関するハラスメントの防止措置が3163件（5.9％）等となっている．

介護関係の相談内容は，介護休業以外（介護休暇，所定労働時間の短縮の措置等など）が１万37件（46.5％），介護休業が8643件（40.0％），介護休業等に関するハラスメントの防止措置が2107件（9.8％），介護休業に係る不利益取扱いが501件（2.3％）等となっている（厚生労働省HP「平成29年度都道府県労働局雇用環境・均等部（室）での法施行状況」）．

（４）紛争の解決の援助

① 都道府県労働局長による助言・指導又は勧告

（１）で述べた事項に関する労働者と事業主との間の紛争に関し，当該紛争の当事者の双方又は一方から，その解決につき援助を求められた場合に，当該紛争の当事者に対し，都道府県労働局長が，必要な助言，指導又は勧告をするのが，

紛争の解決の援助である（育介法52条の４・１項）.

その手続は, 雇用機会均等法に基づくものと同様に行われる. 助言・指導については, 育児介護休業法56条に基づく法違反のあった事業場に対する是正指導とは別個のものである.

② 申立受理件数と処理実績

2017年度の育児介護休業法に基づく紛争の解決の援助の申立受理件数は, 119件となっており, 育児休業に係る不利益取扱い関係が58件と多数を占め, 大半が育児に関するものとなっている. 2017年度中に援助を終了した115件のうち, 86件（74.8％）が, 労働局長が助言等を行った結果解決に至っている（厚生労働省HP「平成29年度都道府県労働局雇用環境・均等部（室）での法施行状況」）.

③ 不利益取扱いの禁止

労働者が紛争の解決の援助の利用を躊躇することがないように, 事業主は, 労働者が, 紛争の解決の援助を求めたことを理由として, 当該労働者に対して, 解雇その他不利益な取扱いをしてはならないとされている（育介法52条の４・２項）.

（5）調停

① 紛争調整委員会（両立支援調停会議）による調停

（1）で述べた事項に関する労働者と事業主との間の紛争に関し, 当該紛争の当事者の双方又は一方から調停の申請があった場合において, 都道府県労働局長は, 当該紛争の解決のために必要であると認めるときは, 個別労働紛争解決促進法６条１項の紛争調整委員会に調停を行わせるものとするとされている（育介法52条の５・１項）. その手続は, 雇用機会均等法に基づくものと同様に行われ, 育児介護休業法に基づく調停を行うための会議を,「両立支援調停会議」という（育介法施行規則60条の２）.

② 申請受理件数と処理実績

育児介護休業法に基づく調停は2010年４月１日にスタートしたものであるが, その８年目となる2017年度の申請受理件数は10件となっている. その内容としては, 育児休業に係る不利益取扱い関係が４件と多数を占め, 介護に関するものは１件であった. 2017年度に調停を開始した10件のうち, ７件で調停案の受諾勧告が行われ, そのうち６件が双方により受諾され, 解決に至っている（厚生労働省HP「平成29年度都道府県労働局雇用環境・均等部（室）での法施行状況」）.

③ 不利益取扱いの禁止

労働者が調停の利用を躊躇することがないように, 事業主は, 労働者が, 調停

の申請をしたことを理由として，当該労働者に対して解雇その他不利益な取扱い
をしてはならないとされている（育介法52条の5・2項）.

第4節　私的機関における労使紛争処理

1　労使紛争処理を行う私的機関の特性

　私的機関においても，労働相談等の労使紛争処理サービスを提供するところが
ある．私的機関においては，法令等に基づく公的機関よりも，労使紛争処理ニー
ズの変化に，柔軟かつ迅速に対応することができるという特性を認めることがで
きる．

　また，裁判所や行政機関のように権威や法の裏付けがないことから，良いサー
ビスを提供しないと利用者から見捨てられる運命にあり，利用者の要求に応じた
サービスを提供し，ビジネスとして成り立たせようという努力を期待することも
できる（拙著『労使紛争処理制度の概要』（愛媛労働局労働基準部，2001）68頁）.

2　兵庫労使相談センターにおける労働相談，あっせんサービス
1）兵庫労使相談センター

　兵庫労使相談センターは，阪神・淡路大震災を契機として，労使間の問題を，
公平，迅速に解決しようと，連合兵庫と兵庫県経営者協会が開設して，1996年9
月9日から，無料の労働相談，紛争解決あっせんサービスを提供してきているも
のである（当初の状況について詳しくは，拙著『日本における労使紛争処理制度の現状』
177頁以下）.センターは，JR元町駅から徒歩10分程度の所にある兵庫県中央労働
センターの1階にある．

　兵庫県では，兵庫労使相談センターの存在と実績を考慮して，兵庫県労働委員
会が個別的労使紛争のあっせんを開始するに至っていない（永友節雄「個別労働紛
争の現状と課題——兵庫労使相談センターから」ジュリスト1408号（2010）103頁）.

2）兵庫労使相談センターにおける労働相談
（1）労使二者構成による労働相談

　兵庫労使相談センターにおける労働相談の特徴は，労使双方の相談員がペアを
組んで2人で応じるということと，対象とする労使紛争に限定はなく，労働者側
の問題だけでなく，整理解雇の方法など使用者側の相談や，労働組合内部の問題

に関する相談にも応じるということである.

相談員は,都道府県労働委員会委員経験者を中心に,県経営者協会と連合兵庫が推薦する労使各7名,合計14名が交替で務めている.相談員の中には,社会保険労務士の資格を有する者もいる.相談員の専門性の維持・向上のために,2カ月に1回程度の定例研修会を開催し,相談事例を題材として,意見交換や事例研究をする機会を設けている（永友節雄「個別労働紛争の現状と課題——兵庫労使相談センターから」101頁）.

(2) 労働相談の開設日

日曜日,祝日,お盆,年末年始を除く毎日,月曜日から土曜日の午前10時から午後6時まで,電話（フリーダイヤル,0120-81-4164「はい・良い労使」),面接,メールによる労働相談に対応しており,土曜日やメールへの対応は,その利便性を高めている.

(3) 労働相談の実績

サービスを開始した1996年9月9日から2009年度までの14年弱の平均では,月に21人,24件の相談を記録している.2009年度においては,相談者数200人（労働者162人,使用者38人),相談件数は227件となっている.相談内容は,労働条件が121件,労使関係が53件,雇用が12件,勤労者福祉が9件,その他が32件となっている（永友節雄「個別労働紛争の現状と課題——兵庫労使相談センターから」100頁）.

1996年9月9日から2017年3月までの累計の相談件数は,5048件となっている.うち,1108件の解雇事件を含む,正規従業員からパートへの移行,賃金切り下げ,残業賃金不払い,賃金不支給のまま社長の夜逃げ等の「労働条件」に関するものが4174件,団体交渉,ユニオンショップ,リストラ等の「労使関係」に関するものが874件となっている（兵庫労使相談センターのHP）.

3）兵庫労使相談センターにおける紛争解決あっせんサービス

(1) 紛争解決あっせんサービスの処理実績

開設から2001年までの間に54件のあっせん実績があったが（あっせんの具体例は,窪田鐵夫「個別労使紛争解決制度の課題と展望——兵庫労使相談センターの11年」Int'lecowk 63巻5・6号（2008）22頁及び拙著『日本における労使紛争処理制度の現状』181頁),都道府県労働局による個別的労使紛争についてのあっせんサービスが始まった2001年以降は,労働相談を受けても,相談者の相手方と接触することはしないことを基本としてきた.

274 第Ⅲ部 労使紛争処理制度

（2）紛争解決あっせんサービスの再開

しかし，相談事案の中に，労使双方の解決意欲が高く，かつ相談員による若干のアドバイスで早期解決を見込めるものの存在が認識されたことから，研究会での検討・論議を行い，改めてマニュアル等を整備した上で，2009年秋以降，相談者の希望や担当相談員2名の合意を条件として行う，あっせんサービスを再開している（永友節雄「個別労働紛争の現状と課題——兵庫労使相談センターから」98頁及び100頁）．しかし，記録されたあっせんの事例はない．

兵庫県労働委員会が個別的労使紛争のあっせんサービスを行っていない現状では，兵庫労使相談センターのあっせんが大いに期待されるところである．

3 社会保険労務士会が行う労働相談と個別的労使紛争のあっせん
1）社会保険労務士
（1）社会保険労務士

社会保険労務士は，社会保険労務士法に基づく国家資格者で，社会保険労務士試験に合格し，全国社会保険労務士会連合会に登録することで，社会保険労務士として業務を行うことができるものとされている（社労法14条の2）．2018年6月末日現在の個人会員数は，4万1441人である（月刊社労士2018年8月号17頁）．

（2）社会保険労務士の業務

社会保険労務士の業務は，社会保険労務士法2条に定めがあり，① 書類等の作成の事務，② 提出代行事務，③ 事務代理，④ 裁判所における補佐人業務，⑤ 労務管理その他の労働及び社会保険に関する事項の指導，相談の業務，そして，⑥ 紛争解決手続代理業務，の5つに大別することができる．

①〜⑤までは，すべての社会保険労務士が従事できるが，⑥については，紛争解決手続代理業務に係る研修を受け試験に合格して，その旨の付記を受けた「特定社会保険労務士」のみが，業として行うことが許されている．

（3）特定社会保険労務士の紛争解決手続代理業務

特定社会保険労務士が，業として行うことのできる紛争解決手続代理業務の対象となるのは，次の①〜⑦である（社会保険労務士の業務に関して詳しくは，全国社会保険労務士会連合会編『社会保険労務士法詳解』（全国社会保険労務士会連合会，2008）138頁）．

① 個別労働紛争解決促進法に基づく紛争調整委員会における個別労働関係紛

争のあっせん手続の代理

② 雇用機会均等法に基づく機会均等調停会議における個別労働関係紛争の調停手続の代理

③ パートタイム労働法に基づく均衡待遇調停会議における個別労働関係紛争の調停手続の代理

④ 育児介護休業法に基づく両立支援調停会議における個別労働関係紛争の調停手続の代理

⑤ 障害者雇用促進法に基づく障害者雇用調停会議における個別労働関係紛争の調停手続の代理

⑥ 都道府県労働委員会における個別労働関係紛争のあっせん手続の代理

⑦ 裁判外紛争解決促進法（平成16年法律第151号．通称「ADR法」）による法務大臣の認証に基づいて厚生労働大臣が指定する団体が個別労働関係紛争について行う紛争解決手続の代理（紛争価額が120万円までは単独で，120万円を超える事件は弁護士との共同受任）

2）総合労働相談所における労働相談

　社会保険労務士会総合労働相談所は，各都道府県の社会保険労務士会によって運営されている無料の労働相談窓口であり，ADR法の成立等に合わせて，「ADR機関」として認証を得るため，その基礎固めと実績作りの場として設置されたものである（栄治男「民間型ADR機関の認証をめざして」月刊社会保険労務士2005年7月号58頁）．

　総合労働相談所における労働相談の体制は，それぞれの会により様々であるが，たとえば，愛媛県社会保険労務士会が開設する総合労働相談所においては，月曜日から金曜日まで，来所しての面談による労働相談は16時から17時まで，電話によるものは16時から19時まで受けている．

3）社労士会労働紛争解決センターにおける個別的労使紛争のあっせん

（1）民間認証ADR機関としての社労士会労働紛争解決センター

　社労士会労働紛争解決センターは，ADR法に基づく法務大臣の認証と，社会保険労務士法に基づく厚生労働大臣の指定を受けて，労働関係全般に関する専門家である社会保険労務士が，その知見を活かして，個別的労使紛争を，あっせんによって，簡易，低廉，迅速に，解決に導く機関である（社労士会労働紛争解決セ

ンターについて詳しくは，拙稿「社労士会労働紛争解決センターの個別的労使紛争に関するあっせんの実際」松山大学総合研究所所報71号（2012）及び拙稿「社労士会労働紛争解決センターの現状と課題」月刊社労士2011年8月号58〜59頁参照）．利用費用はセンターにより異なり，32のセンターが無料で，有料の14のセンターでも，1万800円〜1080円と低廉なものとなっている．

2008年6月9日に法務大臣の認証を受け，同年6月13日に，第1号で厚生労働大臣の指定を受けた京都府社会保険労務士会を先駆として，社会保険労務士会が事業者となって運営する民間認証　ADR機関である社労士会労働紛争解決センターが，連合会及び各地の社会保険労務士会に設置されてきている．

社労士会労働紛争解決センターのような民間が設置するADRも，「認証紛争解決事業者」としてADR法に基づく法務大臣の認証を受けることにより，その手続実施による報酬受領の許容や，時効中断，訴訟手続の中止決定，調停の前置に関する特則などの法的効果が認められることになる（ADR法5条）．また，社会保険労務士法に基づいて，「個別労働関係紛争の民間紛争解決手続の業務を公正かつ的確に行うと認められる団体」として，厚生労働大臣の指定を受けることにより，その手続において，特定社会保険労務士が，紛争当事者を代理することが認められることになる（社労法2条1項1号の6）．

あっせん手続は，共通するところがほとんどであるが，実際にあっせん作業を行う委員の体制等について，センターにより多少の違いはみられる．典型的な手続の流れについては，**図15-6**を参照のこと．

（2）社労士会労働紛争解決センターの開設状況

2018年9月1日現在，栃木，大分を除く，45の都道府県会と連合会が，全国に46の社労士会労働紛争解決センターを設立し，個別的労使紛争に関するあっせんサービスの提供を開始している．まもなく，すべての都道府県会に設置される予定となっている．

（3）社労士会労働紛争解決センターの運用実績

設置されてから日が浅いこともあり，また，全国の社労士会に設置されておらず，周知も進んでいない状況で，あっせん申立件数は徐々に増加し，累計ではすでに1000件を超えるまでに至っている．

2014年度は208件，2015年度は149件，2016年度は109件，2017年度は99件となっている（公表されている最新の2016年度の取扱実績については，月刊社労士2017年12月号40〜47頁参照）．北海道，東京及び大阪のセンターでは，2017年度において年間10

第15章 個別的労使紛争処理制度　277

図15-6　社労士会労働紛争解決センターにおけるあっせん手続の流れ

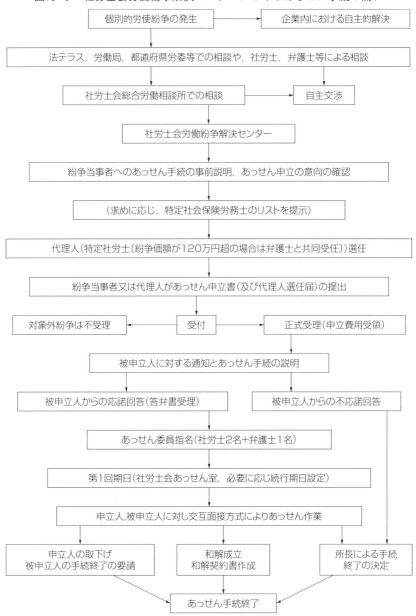

278 第Ⅲ部 労使紛争処理制度

件以上の申立てを受けており，すでに軌道に乗っていると見ることのできるところも少なくはない状況になってきている．

（4）社労士会労働紛争解決センターへの期待

社労士会労働紛争解決センターは，もともと労働関係法規に詳しい専門家集団が運営する機関であり，社会保険労務士一般に対する研修も定期的に行われており，あっせん委員等として関与する社会保険労務士に対する研修も，他の制度に関与する委員等に対するものと比べると，労働関係法規の基礎知識は不要であることから，紛争処理に特化した研修にすることも可能である等，高度の専門性を維持しながらも運営費用を低く抑えることができるという優位性が認められる．

全国レベルの，新たな，しかも専門家組織による「労働問題に特化した民間型ADR」として，質の高い労使紛争処理機能を期待することができることから，公的機関における労使紛争処理の負担を軽減する効果がある．また，労使紛争処理制度のメニューを豊富にし，紛争当事者の選択肢を増やすことにもなり，制度間競争によるサービス向上も期待することができる．

4 弁護士会紛争解決センターにおける労使紛争処理

1）弁護士会紛争解決センター

（1）弁護士会紛争解決センター

弁護士会紛争解決センターは，1990年3月に開設された第二東京弁護士会仲裁センターを先駆として，和解あっせんや仲裁により，民事上の法的紛争の終局的解決を導くサービスを有料で提供するために，弁護士会が維持運営する民間のADRである．2017年7月現在で，全国32の弁護士会により，37カ所設置されている．全国すべての弁護士会にあるわけではなく，また，労使紛争処理に特化したものでもなく，処理する労使紛争も少数ではあるが，労使紛争処理制度の1つと見ることができる．

和解のあっせん手続にはADR法（ADR法について詳しくは，内堀宏達「裁判外紛争解決手続の利用の促進に関する法律の概要」法律のひろば2005年4月号4頁等を参照），仲裁手続については仲裁法（仲裁法について詳しくは，近藤昌昭・後藤健・内堀宏達・前田洋・片岡智美『仲裁法コンメンタール』（商事法務，2003）及び小林久起・近藤昌昭『司法制度改革概説8民訴費用法／仲裁法』（商事法務，2005）等を参照）が適用される．

（2）弁護士会紛争解決センターの名称

その名称は会により様々であり，「紛争解決センター」の他，「紛争解決支援セ

ンター」,「示談あっせんセンター」,「仲裁センター」,「あっせん・仲裁センター」,
「民事紛争解決センター」,「示談あっせんセンター」,「示談幹旋センター」,「和
解あっせんセンター」,「法律相談センター」といったものがある.

2) 弁護士会紛争解決センターにおける労使紛争処理の状況

全国の紛争解決センターにおける受理件数は,2016年度は1093件となっている.
解決件数は417件で,受理事件全体の解決率は38.2%となっている.

紛争類型は多岐にわたるが,「職場の紛争」として区分され,ほとんどが個別
的労使紛争と思われる事件の受理件数は63件で,全体の5.8%と必ずしも多くは
ない.その内訳は,「解雇・退職」が18件,「賃金」が14件,「労働災害」が2件,
「その他」が29件となっている（日本弁護士連合会編著『仲裁ADR統計年報（全国版）
2016年度（平成28年度）版)』(日本弁護士連合会ADR（裁判外紛争解決機関）センター,
2017) 28~31頁).

5 公益社団法人民間総合調停センターにおける労使紛争処理
1) 公益社団法人民間総合調停センターと大阪府社会保険労務士会の連携
(1) 公益社団法人民間総合調停センターの意義

大阪府では,大阪弁護士会が主になって,社会保険労務士をも含む各種専門士
業団体や経済団体,消費者団体,自治体等が参加し,労使紛争を含む,あらゆる
民事紛争を,公正,迅速,低費用で,「和解あっせん手続」ないしは「仲裁手続」
で解決するワンストップサービスを提供する公益社団法人総合紛争解決センター
が,2009年3月2日からその業務を開始し,同年9月14日にはADR法に基づく
法務大臣の認証を受け,2015年12月1日からは名称を民間総合調停センターに改
め,非常に興味深い試みを展開している.

大阪弁護士会が独立して運営する紛争解決センターは,存在しない状況である.
但し,日本弁護士連合会編著『仲裁ADR統計年報（全国版）2016年度（平成28年度)
版』では,民間総合調停センターで扱った事件も含めた集計が行われている.

(2) 公益社団法人民間総合調停センターと大阪府社会保険労務士会の連携

民間総合調停センターに,独自に社労士会労働紛争解決センター大阪を運営し
ている大阪府社会保険労務士会も準会員として関わっており,和解あっせん人・
仲裁人候補者として11人の特定社会保険労務士が加わっている（公益社団法人民間
総合調停センターHP「和解あっせん人・仲裁人候補者」).

その関与の実態は，主たるあっせん人である２人の弁護士を，特定社会保険労務士であるあっせん人１人が労働関係法規に関する専門知識で補佐するものである．社労士会労働紛争解決センターにおけるあっせんが，主たるあっせん人である２人の社会保険労務士を，１人の弁護士が民事法規に関する専門知識で補佐するものであるのと，ちょうど逆の形になっていて，興味深い．

　大阪府では，民事の個別的労使紛争処理に関しては，同じ民間型ADRである民間総合調停センターと社労士会労働紛争解決センター大阪が競合していることになる．また，このセンターは，厚生労働大臣の指定を受けていないことから，個別労働関係紛争であっても，手続の実施に携わっている特定社会保険労務士が紛争解決手続の代理をすることができないという不合理な状況になっている．

２）公益社団法人民間総合調停センターの利用費用とその処理実績

（１）公益社団法人民間総合調停センターの利用費用

　公益社団法人民間総合調停センターの利用費用は，和解あっせん・仲裁のいずれでも，申立人の負担する１万800円の申立手数料と，当事者負担（分担か一方負担）の解決金額に応じた成立手数料（100万円未満は１万6200円，100万円以上200万円未満は２万1600円，200万円以上500万円未満は３万2400円等で，事案により30％増減の可能性）となっている．

（２）公益社団法人民間総合調停センターの処理実績

　民間総合調停センターにおける処理実績は，毎年百件台の申立てを受けており，2017年度は150件の申立て（和解あっせん事件148件，仲裁事件２件）を受け，繰越を含む終結事件数は162件，成立した事件は48件（29.6％），応諾されたが不成立の事件が42件（25.9％），不応諾による終了が72件（44.4％）であった（公益社団法人民間総合調停センター「平成29年度事業報告書」２頁．同センターHP）．

　労働関係事件は，2012年度は５件，2013年度は４件，2014年度は９件，2015年度は２件，2016年度は５件となっている（『仲裁ADR統計年報（全国版）2016年度（平成28年度）版』29頁）．少数ではあるが，大阪府内での件数ということからすると，それ相応の件数を処理しているとみることができる．

6　一般社団法人日本産業カウンセラー協会設置のADRセンターによる労使紛争処理

1）一般社団法人日本産業カウンセラー協会とADRセンター

（1）一般社団法人日本産業カウンセラー協会

　一般社団法人日本産業カウンセラー協会とは，厚生労働省職業能力開発局所管の公益法人であり，産業カウンセリングの普及や産業カウンセラーの養成を行っている全国的組織であり，東京都港区に本部，全国に支部がある．

（2）一般社団法人日本産業カウンセラー協会設置のADRセンター

　2018年9月1日現在，一般社団法人日本産業カウンセラー協会が設置する4つのADRセンターが，ADR法に基づく法務大臣の認証と，社会保険労務士法に基づく厚生労働大臣の指定を受けて，男女間の関係の維持調整に関する紛争に加えて，個別労働関係紛争の調停を行っている．

　「ADRセンター」が東京都港区,「東京支部ADRセンター」が東京都渋谷区,「中部支部ADRセンター」が愛知県名古屋市,「関西支部ADRセンター」が大阪府大阪市にある．

2）ADRセンターによる個別労働関係紛争の調停手続とその処理実績

（1）ADRセンターによる個別労働関係紛争の調停手続

　ADRセンターの調停手続は，産業カウンセラーの有資格者で，かつ対象となる紛争分野の専門家で構成される調停者候補者から原則1名（センター長が事案の内容等からみて相当と認めるときは，2人以上）選任される調停人により行われる．

　利用費用は，申立人が負担する2万7000円の申立手数料と，当事者双方折半負担の紛争価額に応じて算出される成立手数料（300万までは8％など），および，2回目以降の期日があれば当事者双方がさらに1日各6000円負担するというものである．

（2）ADRセンターによる個別労働関係紛争の調停手続の処理実績

　2016年度の4つのADRセンターにおける処理実績は，合計で2件の申立てを受け，既済した1件は，「被申立人の不応諾」により終了している．

7　弁護士団体や労働組合，NPO法人等による労使紛争処理

　6までに検討したものの他，私的機関により行われるものとして，弁護士団体や労働組合等による労働相談や，NPO法人等により行われる労働相談や紛争の

282　第Ⅲ部　労使紛争処理制度

調整等，多様なものがある．

1）弁護士団体が行う労働相談

「日本労働弁護団」や「過労死弁護団」，「働く障害者のための弁護団」等の弁護士の団体が，常設ないしは特設で無料の労働相談を行っている．

2）労働組合等が行う労働相談

ナショナルセンターである連合（日本労働組合総連合会）や全労連（全国労働組合総連合）等は，全国規模で，無料の労働相談を実施している．

また，ナショナルセンターに加盟している労働組合や全国組織に加盟していない多くの労働組合が，様々な労働相談活動を実施している．たとえば，連合の構成組織であるUAゼンセン同盟は，全国に支部を置き，電話やメールによる無料の労働相談の全国ネットワークを有している．

3）NPO法人による労使紛争処理

（1）NPO法人による労使紛争処理

近年，特定非営利活動促進法（通称NPO法）に基づいて法人格を取得した「特定非営利活動法人」を意味するNPO法人による労使紛争処理も行われるようになっている．

（2）NPO法人個別労使紛争処理センター

たとえば，NPO法人個別労使紛争処理センターは，社会保険労務士を中心として，弁護士，司法書士，行政書士，税理士，経営コンサルタント等，職業生活にかかわる専門家が無料の法律相談を行い紛争の早期解決を支援するとともに，求めに応じて，有料での紛争の「調整」を行ってきた．

NPO法人個別労使紛争処理センターは，2009年6月26日にADR法に基づく法務大臣の認証を受け，同年8月5日に，第6号で社会保険労務士法に基づく厚生労働大臣の指定を受けて，「労使紛争解決サポート首都圏」という名称で，個別的労使紛争の解決のサポートを行っている．

「労使紛争解決サポート首都圏」の手続は，個別労使紛争事件について，弁護士，認定司法書士及び社会保険労務士からなる委員候補者から，弁護士1名を含む2名の委員を選任して，調整による和解を目指す手続である．2016年度における「調整」の申立ては0件である．

あ と が き

61歳の誕生日から6カ月も経とうとするこのごろは，還暦だと騒いでいた少し前が，遠い昔のように感じます．

さて，満23歳で私を産んでくれた母は，満85歳となります．8人兄妹の最初の子で，父親の愛情と干渉を一身に受けて育ったようです．母が生まれた時に，父親は北海道の山の中で働かされており，母の名前はタコ部屋の主が付けたという話もあります．小学校に入るころは，父親の仕事が順調でお金があり，普通はモンペ姿と風呂敷で通うような時代に，セーラー服と赤いランドセルを無理強いされて，恥ずかしい思いもしたようです．終業式の日には，いつも玄関先で父親が，通知表を待ち構えていたとのことです．

戦時中においても，タンスの中には，カニ缶や舶来のクッキー缶がいっぱい入っていたようですが，その後，父親，母親ともに大病を患い，回復はしたものの，医者代で財産を使い果たし，母が高等学校に進もうという頃には，試験を受けさせられ合格はしたものの，進学は断念するしかなかったようです．女だからといって，自転車に乗ることも許されず，結婚後に練習をしたこともありましたが，乗れるようにはなりませんでした．そういったこともあってか，他の兄弟は，皆，集団就職や出稼ぎで，一度は故郷を離れる経験をしている中で，母だけは，結局，青森から出ることは一度もありませんでした．父親からすれば，どこの馬の骨かもわからぬ，九州長崎出身の男と勝手に結婚してしまったのが痛恨の極みであったに違いありません．

趣味は親孝行と言いながらも，故郷を遠く離れた地に居る親不孝者を，まだまだ温かく見守っていただければと，切に願います．

2018年10月8日

村 田 毅 之

《著者紹介》

村 田 毅 之（むらた たかゆき）

1957年	青森県青森市生まれ
1976年	青森県立青森高等学校卒業
1980年	明治大学政治経済学部経済学科卒業
1980～82年	東京都職員（千代田区立永田町小学校事務主事）
1988年	明治大学大学院法学研究科博士後期課程単位取得
1993～00年	明治大学法学部非常勤講師
2000～06年	松山大学法学部専任講師を経て助教授
2006年4月～	松山大学法学部教授（12～14年法学部長）
2011年4月～	愛媛県労働委員会公益委員（16年5月～会長）
2013年4月～	愛媛労働局紛争調整委員会委員
2013年9月～	社会保険労務士総合研究機構所長

主要著書

「日本における労使紛争処理の実態」松山大学総合研究所所報102号（2019）

「個別的労使紛争処理制度の新展開と都道府県労働委員会の課題」中央労働時報1236号（2018）3頁

「個別労働紛争解決促進法に基づく個別的労使紛争処理の実際」松山大学総合研究所所報96号（2018）

『入門個別的労使紛争処理制度——社労士法第8次改正を踏まえて——』（晃洋書房，2017）

「労政主管事務所における労使紛争処理の現状」松山大学総合研究所所報92号（2017）

「過半数代表者——トーコロ事件」『労働判例百選』［第9版］（2016）

労働法の再構築
——働き方改革の時代を迎えて——

2019年2月17日　初版第1刷発行	＊定価はカバーに表示してあります

著 者	村 田 毅 之©
発行者	植 田　　実
印刷者	河 野 俊一郎

著者の了解により検印省略

発行所　株式会社　晃 洋 書 房

〒615-0026　京都市右京区西院北矢掛町7番地
電話　075(312)0788番(代)
振替口座　01040-6-32280

印刷・製本　西濃印刷㈱

ISBN 978-4-7710-3136-4

JCOPY　〈㈳出版者著作権管理機構　委託出版物〉

本書の無断複写は著作権法上での例外を除き禁じられています.
複写される場合は，そのつど事前に，㈳出版者著作権管理機構
（電話 03-5244-5088, FAX 03-5244-5089, e-mail:info@jcopy.or.jp)
の許諾を得てください.